## "中国新闻学丛书"编辑委员会

顾　问：柳斌杰　南振中

主　任：李　彬　赵月枝

委　员：（按姓氏笔画顺序排序）
王君超　王润泽　王维佳　王鹏飞　史安斌　吕新雨
李　珮　李　彬　李希光　杨萌芽　吴　玫　吴　靖
张　垒　张　桐　赵月枝　胡　钰　俞　凡　洪　宇
程曼丽

## "中国新闻学丛书"出版委员会

主　任：杨国安　杨萌芽

委　员：（按姓氏笔画顺序排序）
马　龙　王鹏飞　纪庆芳　杨　波　杨国安　杨萌芽
陈建恩　郑　鑫　胡玲霞　姜　畅　谌洪波　薛建立

QINGHUA XINWEN CHUANBOXUE JIANGZUO JINGXUAN 2001—2021

# 清华新闻传播学讲座精选 2001—2021

史安斌　张耀钟　编

河南大学出版社
HENAN UNIVERSITY PRESS

·郑州·

## 图书在版编目（CIP）数据

清华新闻传播学讲座精选.2001-2021/史安斌,张耀钟编.--郑州：河南大学出版社,2023.4
ISBN 978-7-5649-5452-9

Ⅰ.①清… Ⅱ.①史… ②张… Ⅲ.①新闻学－传播学－文集 Ⅳ.①G210

中国国家版本馆CIP数据核字(2023)第087416号

| | |
|---|---|
| **责任编辑** | 辛德萱　姜　畅 |
| **责任校对** | 韩　璐 |
| **装帧设计** | 翟淼淼　郭　灿 |

| | |
|---|---|
| **出版发行** | 河南大学出版社 |
| | 地址：郑州市郑东新区商务外环中华大厦2401号　邮　编：450046 |
| | 电话：0371-86059715（高等教育与职业教育出版分社） |
| | 　　　0371-86059701（营销部） |
| | 网址：hupress.henu.edu.cn |
| **排　版** | 河南大学出版社设计排版部 |
| **印　刷** | 河南瑞之光印刷股份有限公司 |
| **经　销** | 全国新华书店 |
| **版　次** | 2023年4月第1版 |
| **印　次** | 2023年4月第1次印刷 |
| **开　本** | 710 mm×1010 mm　1/16 |
| **印　张** | 14.5 |
| **字　数** | 268千字 |
| **定　价** | 45.00元 |

（本书如有印装质量问题，请与河南大学出版社联系调换。）

# 总序：新时代　新征程　新闻学　新探索

李　彬　赵月枝

中国共产党成立一百年前夕，酝酿有年的"中国新闻学丛书"开始问世。"中国新闻学"自然指立足于中国的新闻学，它离不开中华民族5000多年源远流长的文明史、中国人民近代以来180余年屡挫屡奋的斗争史、中华人民共和国70多年正道沧桑的发展史，以及其中蔚为大观的新闻与传播实践史，包括新闻学与传播学的学术传统。同时，由于主流传统同马克思主义道统水乳交融，中国新闻学又始终心系天下，关注人类命运共同体及其新闻传播实践，离不开《国际歌》寄寓的国际主义情怀——"英特纳雄耐尔"(international)。充分展现这些学术内涵，乃是这套丛书的学术工作任务，而非一篇总序所能应对的。而说明丛书的缘起，至少可以彰显"中国新闻学"的立意与定位。

早在2002年，范敬宜甫任清华大学新闻与传播学院首任院长之际，高瞻远瞩，身体力行，积极倡导以马克思主义为指导，建设具有"中国特色、中国气派、中国作风"的新闻学及其学科体系与教育体系，一时影响广泛。2008年，由于金融危机爆发以及全球资本主义体系性危机进一步加重，"马克思归来"日益成为汇聚中外前沿学术思想的时代强音，而如何赓续中国新闻学的马克思主义中国化传统，进而创新网络时代的马克思主义新闻学，愈发成为中国新闻学人迫在眉睫的时代使命。

党的十八大后，随着新时代的气息春风徐来，新闻学也迎来前所未有的良机。2016年，习近平主持召开哲学社会科学工作座谈会并发表讲话，强调加快构建中国特色哲学社会科学及其学科体系、学术体系和话语体系，并重点建设具有"支撑作用"的学科（其中引人注目地提到了新闻学），令人倍感鼓舞。

为了响应新时代召唤，中信改革发展研究基金会（后面简称"中信基金会"）于2014年成立，聚集了一批各学科守正创新的一流学者，致力于推进中国特色、中国气派、中国风格的哲学社会科学建设。2017年，中国特色新闻学研究会在清华成立伊始，就与中信基金会密切合作，举办了首届"中国特色新闻学高级研讨班"。其间，我们同来自五湖四海的青年学者一起，从不忘本来、吸收外来、面向未来的视角畅谈了理论逻辑与历史逻辑有机统一、普遍意义与中国特色若合一契的中国新闻学构想。

在此基础上，中信基金会将"中国新闻学丛书"作为重点研究项目列入基金会工作计划。之所以亮出"中国"的旗号，当然不是也不可能是"囊括四海，并吞八荒"，而只是凸显梁启超所谓"中国之中国、亚洲之中国、世界之中国"的历史意识，表明更自觉地面向中国实践、更深入地扎根中国大地、更自信地践行中国道路的学术追求，也就是中信基金会的三句宗旨——坚持实事求是、践行中国道路、发展中国学派。

——坚持实事求是。丛书作者术有专攻，论著也是各抱地势，但无论是深入历史，还是透视现实；无论是穷究学理，还是钻研实务：无不遵循实事求是的治学精神，如一代马克思主义新闻学家甘惜分晚年希冀的"立足中国土，请教马克思"。

——践行中国道路。坚持实事求是为的是践行中国道路，正如解释世界为的是改变世界。何谓中国道路？一句话，就是中国共产党领导的革命、建设、改革所开辟的道路。而这条道路的灵魂在于社会主义，即习近平所言，中国特色社会主义不是别的什么主义而是社会主义。中国新闻学说到底也是为社会主义新闻业立魂，立言，立心。

——发展中国学派。随着中国道路日渐开阔，文化自觉与学术自觉日益醒悟，中国学派也呼之欲出。事实上，近代以来，特别是新中国成立70多年以来，中国新闻学已经取得长足进展，从梁启超到邵飘萍，从邹韬奋到范长江，从邓拓到穆青，从延安窑洞人民广播的手摇发电机到数字时代融媒体，一代代中国记者以及学者以其辛勤耕耘和开创性工作奉献了无数心血和智慧，也为中国新闻学及其学派奠定了厚实基础。现在的关键在于我辈是否具有足够自信，摆脱制约中国新闻学想象力与创造力的"学术殖民"心态，用中信基金会理事长孔丹的话说，将"他信"变为"自信"，将著书立说的立足点从"彼岸"转到"此岸"。

19世纪初，西方文脉俨然在欧陆，德国柏林洪堡大学等更是文化圣城，吸引着东西南北的欧美知识精英，而在立国不过六十多年的美国，哈佛文人R. W. 爱默生（Ralph Waldo Emerson）却提出了美国文化走自己路的主张，发表了美国文化的独立宣言《美国学者》("American Scholar")。如今，经过建设和改革开放锻造的中华人民共和国，已经进入建设中国特色社会主义的新时代，发展中国学派以审视中国经验、提炼中国理论、贡献中国方案,更可谓名正言顺、水到渠成。

2019年立春时节,河南大学新闻与传播学院与河南大学出版社同意,将这套丛书纳入河南大学献礼中华人民共和国成立70周年的重点图书。河南,向称中原,数千年来一直被视为中华文明的腹心,一句"逐鹿中原"总能激荡人心。而河南大学又是百年名校,文脉悠长,俊采星驰,校友中就包括一代中国名记者邓拓。"中国新闻学丛书"能够落户河南大学,也是得其所哉。

大鹏之动,非一羽之轻也;骐骥之速,非一足之力也。十多年来,我们一直勉力耕耘,与各方有生力量一道推进中国特色、中国气派、中国风格的新闻学建设,这套丛书就是一批阶段性成果。我们深知,无论是中国特色社会主义事业,还是中国特色社会主义学术事业,都不可能一蹴而就,也不可能仅凭少数人埋头苦干就获得成功,而需要持之以恒的扎实工作,更需要一批又一批、一代又一代的中国学者共襄此举。

2022年6月

李　彬,清华大学新闻与传播学院教授,河南大学黄河学者(2013~2018)

赵月枝,清华大学人文讲席教授,加拿大皇家学会院士

# 目 录

开篇：重思中国传播学 …………………………………………… 李 彬 001

## 新闻与责任

如果有来生 还是做记者——兼论中国国情与新闻传播 ……… 范敬宜 017
在改革中构建新闻传播教育科学体系 ……………………………… 柳斌杰 027
我心中的穆青和新华社 ……………………………………………… 张严平 041
有志于使新闻工作留名青史 ………………………………………… 李东东 052

## 传播与社会

向世界说明一个快速发展又复杂多元的中国 ……………………… 周明伟 065
自觉担当起打造大国传播的历史使命 ……………………………… 周树春 076
增强国际影响力、树立国家新形象：对外传播策略思考 ……… 王 惠 088
传播研究与全球权力结构转型 ……………………………………… 赵月枝 101
传播学发展的三个新趋势与三个新问题 …………………………… 洪浚浩 116

## 历史与现实

告别百年激进 ………………………………………………………… 温铁军 129
电影，配得上这个时代吗？ ………………………………………… 尹 鸿 147
假新闻，算法和民粹主义政治动员 … 科林·斯帕克斯（Colin Sparks）160

## 中国与世界

国学与国家文化软实力 ……………………………………………… 王 杰 175

中国故事的传播之道 ················································ 王义桅 184
新闻传播领域的国家语言能力问题 ······················ 李宇明 195

终篇：全球传播的新视阈与中国对外传播的重新定向 ········ 史安斌 205
后　记 ······································································· 220

# 开篇：重思中国传播学（代前言）

**主讲人：李彬**
**主讲人简介：**

  李彬，清华大学新闻与传播学院长聘教授、博士生导师，学术委员会主任，河南大学黄河学者，宁夏大学、辽宁大学、西安政治学院、西北政法大学、天津师范大学兼职教授。研究方向为传播理论、新闻传播史论、新闻传播与社会变迁等。主要著作有《传播学引论》《传播符号论》《大众传播学》《新中国新闻论》《全球新闻传播史》《中国新闻社会史（1815—2005）》《唐代文明与新闻传播》《水木书谭：新闻与文化的交响》《清谭杂俎——新闻与社会的交响》等。

时间：2015 年 10 月 29 日

  本学期一开学，研究生院就让我先报一个讲座题目。当时想来想去都找不到如意的，正好我那段时间看了一篇文章，也是我多年来一直关注的话题，题为"重构中国传播学"。于是，一冲动，就将此题报上去了，后来有点后悔，因为这个题目太大太新，恐心有余而力不足。另外，我的本意重于反思，题目改为"重思"或更恰当。通过重思中国传播学，想来也能同理地重思其他学科。由于能力所限，对这个题目，我只能当作一种尝试，一种初步的探索，但愿多少有助于大家拓展思路，激发一点求学问道的想象力与创造力。

  何谓传播学？按大道至简的理解或定义，传播学是探讨人类传播现象及规律的学问。不言而喻，人类一切活动都离不开传播，少不了传播。"吾日三省吾身"，属于发生在自身的传播；"相看两不厌，只有敬亭山"，是人与自然万物的对话；"故人具鸡黍，邀我至田家……开轩面场圃，把酒话桑麻"，是人际间的交往。至于现代传播活动，更是比比皆是，举世滔滔，看看"低头一族"就可想而知了。

传播活动，古今皆然。而研究传播成为一门学问与学科，则是伴随现代资本主义的兴起而出现的。资本主义的市场扩张和全球拓展，导致人类信息空前涌流，使得社会交往空前活跃，形成了《共产党宣言》论述的世界历史图景，用鲁迅的话说："无穷的远方，无数的人们，都和我有关。"于是，针对信息、传播与交往的探讨，也就自然形成了。特别是二战前后电子媒介的迅猛发展，现代传播更是势如破竹，新闻报道、广播电视、竞选演讲、商业广告、战争宣传、危机公关等，日益广泛地影响着人类世界与社会生活。为此，新闻学、政治学、社会学、心理学、语言学等学科高度关注，纷纷展开研究，从而相互交叉，不断融汇，最终在美国形成一种专门学科——传播学（Communication）。

传播学及其兴起除了传播科技的直接作用，更值得关注的还在于现代世界的政治、经济、文化、社会、心里等背景。一个直接而明显的事实是，美国传播学的基本理论与研究方法、主要问题与学术关切等，无不契合二战前后美国社会的政治、经济、文化等演化脉络。2015年是世界反法西斯战争胜利70周年，二战期间，美国就有一大批政治学者、社会学者、心理学者投身宣传研究，许多成果为战后传播学在美国的形成奠定基础。冷战更是极大地推动了美国传播学进程，美国传播学奠基人施拉姆参与编著的《报刊的四种理论》就是冷战的产物。所谓四种理论，其实只是两种，也隐含着两大阵营的对峙，一种是"自由主义理论"，一种是"极权主义理论"。当然，传播学也不乏契合传播规律的科学内容，如议程设置、意见领袖等传播学概念如今都已融入人们的日常用语。

上面讲的多是美国的情况，传播学难道只是美国的学问吗？当然不是。除了在国际学界占据主导与主流的美国传播学，西方马克思主义传统的欧洲批判传播学也颇有声势。如葛兰西的文化霸权或文化领导权思想，法兰克福学派对资本主义异化问题的文化反思，英国的文化研究学派与传播政治经济学研究，福柯的话语权力思想、布尔迪厄的文化资本理论、阿尔都塞的意识形态国家机器等一批法国思想学说，以及哈贝马斯对公共领域的形成和瓦解所作的阐发等，这些学术理论无不对传播学的形成与发展产生深刻影响，对人类传播理论的贡献不在美国实用实证研究之下。

不过，作为一门学科，传播学又不能不说是一门美国的学问，或源于美国的学问。虽然一般不这么说，也不这么理解，但实际上却将美国传播学当作放之四海而皆准的普遍科学。所谓"国际接轨"，无非就是按照美国的理论、方法、思路等研究传播，发表成果。比如，中国的新闻传播院系有个现象，就是研究生的论文开题与答辩时往往会被问："你的研究用了什么理论？"这里说的理论，实际上是美国的学说、观点等。假如你的研究没有以这样那样的美国传播学理论为依据，那么无论选题再有价值，思路再有新意，研究再有水平，都好像不入流，甚至不合格。相反，如果照猫画虎、移花接木地与所谓国际接轨，即便是用众所不知的语言讲众所周知的常识，也是一等一的学问。这一状况与趋势，姑且称之为"趋美国化"。

中国全面引进与推进传播学或美国传播学研究，约在二十世纪八十年代初，距今已经三十多年。尽管在冷战正热的五六十年代，中国人民大学新闻系已将《报刊的四种理论》翻译出来，供内部批判，但八十年代大规模展开的恰恰是施拉姆一路的冷战传播学，而与此同时，欧洲传统的批判研究则"门前冷落鞍马稀"。其间，一个看似矛盾的情况是，美国传播学被视为客观普适的科学，而欧洲批判理论如传播政治经济学，则由于同马克思主义关联密切而被视为非科学的意识形态。这一状况与趋势，就是常说的"去政治化"。去政治化有两类：一是不讲政治，不问政治，不关心政治；一是去掉一种政治，再讲一种政治，即所谓"去政治化的政治"。八十年代以降的思想文化气候，既可见日渐远离政治的趋势，蔓延至今遂有小清新、小确幸一路的政治冷漠，又不乏种种"去政治化的政治"。而无论如何，结果是趋美国化与去政治化在此汇流，渐渐构成今日传播学的总体格局，中国如此，他国亦然。

我们需要重新反思的就是这种总体格局。三十年河东，三十年河西，今日的中国与世界既不同于三十年前，更迥异于六十年前。天翻地覆慨而慷，人间正道是沧桑。一方面，当初适用自身需要的美国社会科学（包括传播学），由于陷入自娱自乐的内卷化，越来越失去思想的活力与学术的敏锐，就像华裔美国学者黄宗智批评的："今日美国一般的社会学、政治学系，对学生们要求的是首先建立所谓'理论'或模式，然后才做经验研究，这种认识方法的结果之一是模式堆积如山，绝大多数十分庸俗。"[1] 留美传播学者李金铨在2014年的一篇专业文章中的看法也与之所见略同：

> 一九七〇年代，我初入研究院就读时，新闻系内部密集出现以下的"理论"：议程设置、知识鸿沟、使用与满足、沉默的螺旋、认知共同适应、第三者效果、涵化、框架和铺垫、创新扩散，等等。这些"理论"的生命力不等，有的一开始就有气无力，有的刚提出时颇有新意，但因为长期孤立使用，过劳而透支，很快呈现疲态。几十年后，我都

---

[1] 黄宗智：《经验与理论：中国社会、经济与法律的实践历史研究》，中国人民大学出版社，2007，第545页。

快退休了,看过各种走马灯似的流行,抓住几个老题目不断再生产,固然资料累积很多,但见解增加几许?何况连这类"内部理论"也长久不见有人提出,而整个学科生态又满于划地自限,不作兴跨学科互动,其理论贫瘠的尴尬境况可想而知。坦白说,今天在美国有些大学博士课程,可以狭窄到从上述的"理论"选择一个题目,写一篇不痛不痒的论文,就可以拿到学位了。[1]

另一方面,更值得我们深思的是,这样一路传播学在整体思路上是否束缚了我们的学术想象力与创造力,对迅速发展、急剧变化的中国来说,其核心概念与基本理论是否足以有效地解释现实,更不用说有益地改变现实了。正如不止一位学者指出的,与其他人文社会科学相比,中国传播学已经无法与当代中国及其传播实践展开生机勃勃的对话。那么,原因何在呢?除了美国传播学自身的生命力萎缩、解释力下降,关键恐怕还在于这套学术话语的理论预设与核心关切即使不说与中国社会大相径庭,至少也是颇异其趣。如前所述,美国传播学源于二战前后自身的一系列社会历史语境,是由于尊奉资本主义市场经济、民主政治、自由主义美国梦等,更由于其世界霸主的野心与地位,而形成的一路特色鲜明的学术旨趣以及研究内容。如果说美国经济学的理论预设是利益最大化,政治学的核心关切是分权制衡,那么传播学的理论预设与学术关怀可否归结为实用主义的观念形塑呢?如政治传播的形象塑造、商业传播的品牌营销、文化传播的价值推广等,说到底都致力于实用哲学基础上对人的观念的影响与塑造,如同基督教传教追求的目标,极而言之就成为"洗脑"(brainwashing),美国人发明"洗脑"一词看来并非偶然。

既然如此,那么假如超越这一理论预设与核心关怀,以开放的学术视野、鲜活的问题意识审视中国社会及其传播,是不是能够发现全新的、被遮蔽的核心问题呢?如果说中国血统的经济学是经世济民,政治学是小康大同,文艺学是气韵意境,那么传播学的关键词可否归结为理想主义的世道人心呢?具体说来,自古及今,中国人的传播行为及其观念在个人层面讲求正心诚意,在社会层面讲求将心比心,在天下层面讲求心心相印,这一切无不关乎人心或世道人心。厦门大学新闻传播学院教授陈嬿如有部著作《心传:传播学理论的新探索》,"心传"一语颇为传神地触及中国传播的核心旨趣。人类历史上,恐怕没有比中国人更在乎人心了,仅看流传不息的民谚俗语就可略知一二:足寒伤心,民怨伤国;屋漏在上,知之在下;兄弟同心,其利断金;大势所趋,人心所向;

---

[1] 李金铨:《传播研究的典范与认同》,载《书城》2014年第2期。

众心成城，众口铄金；人心不古，世风日下……从世道人心的视角入手，也许更能深切洞明地切入中国社会及其传播肌理，从而把握人间正道与传播正道。你看，飞将军的"桃李不言，下自成蹊"，诸葛亮的"鞠躬尽瘁，死而后已"，周恩来的"周公吐哺，天下归心"等，说到底无不在于正心诚意，他们的美名天下扬，并非源于刻意的传播，而是来自心悦诚服的倾心。自然的倾心与人为的洗脑，不说大相径庭，也是颇异其趣的。立足观念形塑的美国传播学面对难以形塑的对象时，充其量只能设身处地的"理解"，即所谓"我不同意你的观点，但我誓死捍卫你的表达权利"，就像赵汀阳一针见血挑明的——无非是温和的原教旨主义而已。而立足世道人心的中国传播与传播学，则在"礼不往教"之际，更着眼于心有戚戚焉的"接纳"，由此形成一种由近及远、和而不同的传播生态，如心平气和、政通人和、天下大同——显然比观念形塑的传播与传播学包含远为丰富的人文社会历史蕴含。

反思中国传播学也好，重构中国传播学也罢，归根结底无不基于中国社会的历史传统与文化逻辑，正如美国传播学无不基于自身历史传统与文化逻辑而繁衍生息。因此，我们只有真正了解中国，才能明白传播何为，学问所在。那么，我们不妨扪心自问一下，我们是否了解中国或者说自己了解的是怎样的中国呢？历史的中国？现实的中国？发展的中国？问题的中国？城市的中国？乡村的中国？内地的中国？边疆的中国？影像的中国？想象的中国？宝马香车，夜夜笙歌，还是热血、辛劳、眼泪、汗水的中国？诸如此类，纷繁错综，"横看成岭侧成峰，远近高低各不同"。清华国学院2014年编辑出版了一本演讲录，包括五位国学院导师的学术报告，总题为《全球史中的文化中国》，从各自专业角度对中国历史文化进行了深入浅出的剖析。如果说《全球史中的文化中国》着眼于历史中国与文化中国的解读，那么今年"中国好书奖"的获奖图书《道路自信：中国为什么能》，则可谓对现实中国与政经中国的剖析，汇聚了十五位具有战略思维的专家学者的访谈，如曹锦清、史天健、王绍光、张文木、金一南、林毅夫、胡鞍钢、潘维……这些剖析解读虽然各抱地势，取舍万殊，但都有一个大写的中国，借用许纪霖的话说："什么是现代中国，这一被认为是过于宏观和空疏的大问题，需要再次提出来引起我们的思考，因为任何一个微观的研究，都要借助某种宏观的知识背景，即使不研究宏观问题，也总是会自觉或不自觉地依赖于某一个或几个理论预设或者框架背景；而任何一个微观领域的研究，其真实的意义也只能放在宏观的知识背景里面才能获得理解。"

我们知道，中国是一个历史悠久、人口众多、内涵丰富的国家。如何认识中国，了解中国，把握中国，人们往往也像盲人摸象各执一端。对此，毛泽东的一篇经典文章《论十大关系》，提供了一种哲学认识论的思路与方法，就是说认识中国特别是现代中国，离不开十个相反相成的关系或相辅相成的矛盾，中国特别是现代中国从哪里来，往哪里去，就取决于这十大关系或矛盾，原文的表述是重工业与轻工业、农业的关系；沿海工业与内地工业的关系；经济建设和国防建设的关系；国家、生产单位和生产者个人的关系；中央和地方的关系；汉族和少数民族的关系；党和非党的关系；革命和反革命的关系；是非关系；中国和外国的关系。虽然十大关系及其表述如今不见得一一适用，正如马克思一百多年前的具体提法如今不见得一一恰切，但十大关系中的认识论和方法论却依然是理解现代中国的"要领"。按照十大关系的思路与方法，重思中国传播学有四组关系尤为突出，构成不可或缺的思想维度：一是城市与乡村的关系，二是内地与边疆的关系，三是古代与现代的关系，四是中国与世界的关系。习近平与北京大学师生座谈时，提到国有四维，礼义廉耻，"四维不张，国乃灭亡"。重思中国传播学也有四个命运攸关的思想维度，四维不张，学乃灭亡。

先看城市与乡村的关系。

在世界几大文明体系中，中华文明的乡土色彩最为鲜明，先秦的耕战、千百年来的耕读传家与游牧经济、现代费孝通提出的"乡土中国"等，都可谓这一中华文明的突出表征。即使汉唐盛世、宋元明清出现了当时世界上罕见的国际大都市，长安、洛阳、汴梁、临安、金陵、北京等，也同样与乡土中国水乳交融，城乡始终存在一种有机互补的结构，就像《水浒传》《金瓶梅》《红楼梦》以及"三言二拍"等明清小说中的生活图景。"昨日入城市，归来泪满巾。遍身罗绮者，不是养蚕人。"宋代张俞这首《蚕妇》，是孩童都熟悉的作品。且不论作品主题，仅看进城出城如家常便饭，就反映了一种自如的城乡关系。随着近代列强入侵，出现了一批半殖民地的条约口岸城市，打破了传统中国的城乡格局，一种新的城市文明不仅带来现代的一整套生活方式，而且由于这种新型城市更与全球资本主义体系相关联，即《共产党宣言》所言，"它使农村从属于城市""使东方从属于西方"，从而同乡土中国的农耕游牧传统渐行渐远，中华文明由此遭遇数千年未遇之变局。城里人对乡下人的歧视，如"乡巴佬"等流行语，就是这一新型城乡关系习焉不察的例子。世纪之交的三农问题与当下新三农问题——农民工、失地农民和村落终结，也无不源于这一城乡结构引发的千年变局与百年动荡。从现代文学中，更可以直观地感受这一巨变：鲁迅的《故乡》，茅盾的《子夜》，老舍的《骆驼祥子》，萧红的《呼兰河传》，沈从文的《边城》，丁玲的《太阳照在桑干河上》，赵树理的《三里湾》，柳青的《创业史》，浩然的《艳阳天》，路遥的《平凡的世界》，刘亮程的《凿空》……北京大学青年学者贺桂梅在一篇近作中，论述赵树理的"乡村乌托邦"时更是尖锐地指出：

> 新世纪中国的最大变化在于，它实际上已经成为一个"城市国家"。这个剧烈的城市化过程，是以乡村社会的停滞、破坏乃至崩解为前提的，因此世纪之交提出的"三农"问题才格外严峻。在新的城乡关系结构中，如何修复乡村社会并在传统社区基础上重建"公共性"，成为重要议题（黄平、温铁军等）。

对城市与乡村的关系，如今上上下下越来越意识到其民族存亡、文明永续的意义。从每年的中央一号文件，到十八大以来着力推进的美丽中国——"望得见山，看得见水，记得住乡愁"，从习近平的绿水青山就是金山银山，到他强调把中国人的饭碗牢牢端在自己的手中，都表明一种日渐明确的忧患意识，即中华民族伟大复兴的中国梦，历史性、宿命性地取决于城市与乡村的有机关联。2015年中央政治局第22次集体学习的主题就是城乡关系，习近平主持学习时说：要把工业和农业、城市和乡村作为一个整体统筹谋划，建立城乡融合的体制机制，形成以工促农、以城带乡、工农互惠、城乡一体的新型工农城乡关系。与此相应，近年来，一批传播研究成果也在城市与乡村的维度上纷纷展开，有些博士论文作出颇富新意的探讨。不过，传播学总体上还延续着二十世纪八十年代"新启蒙"的思想逻辑，这套逻辑在八十年代末的电视政论片《河殇》里得到集中展现，虽然片中用了不少诗意化的煽情句子，呼唤国人告别黄皮肤、黄土地的黄河文明，拥抱蔚蓝色的海洋文明，其核心意思无非一句话——全盘西化。与此同时，广大山乡也被当作愚昧、落后、封建、保守的东西遭到排斥和放逐，告别乡村，走向城市，告别中国，走向世界（西方），成为现代性的集体无意识。受制于这套逻辑的中国传播学，正如赵月枝教授在《重构中国传播学》一文中的批评，不仅是西方中心主义的，而且也是城市中心主义的。2015年两会期间有部环保纪录片一度引起网民热议，这部涉及雾霾的作品为赵月枝教授的判断提供了传播实践领域的一个最新佐证。破土网上有篇文章分析得不无道理：

> 雾霾的危害并不仅仅面向中产阶级，但它却是中产阶级最为关切的污染。城市对空间的特有配置，让城市居民与土壤和河流隔离开来，因此土壤和水污染对于他们而言，并不具有切身的意义。只有城市上

空的大气,无视城市对空间的安排,同样笼罩在所有阶层的头顶。因此,大气污染是中产阶级最为可见的污染,他们比所有人都更需要蓝天。然而,对于身处农村空间中的穷人而言,土壤和水就是直接的生产和生活资料,相比于蓝天,干净的土壤和水对他们更有用处,因此他们也是土壤污染和水污染最直接的受害者。

农村的污染程度远大于城市地区,农村居民为此承受的健康损失也远大于城市。然而,底层民众因此承受的环境苦难,与公共舆论对它们的关注程度并不匹配。这在更大程度上,与农村居民缺乏公共舆论的话语权有关。于是,那些比雾霾要更为严重的环境污染,我们看不见也触不到,它们不被表征,而仅仅以一种高风险、不确定、无边界的形态,与千千万万底层民众的生活缠绕在一起,成为他们的梦魇。

再看内地与边疆的关系。

关于这对关系,毛泽东在《论十大关系》中有段话说得好,"我们说中国地大物博,人口众多,实际上是汉族'人口众多',少数民族'地大物博'"。如果说城市与乡村的关系虽说恍恍惚惚,但还在视野之中,那么内地与边疆的维度则日渐从人们意识中消弭殆尽了,只剩下类似萨义德揭示的"东方学"图景——遥远的、神秘的、传奇浪漫的、异域风情的。比如,无论新闻传播学,还是新闻传播业,不难觉察一种潜在的社会心理,在记者、学者、学生看来,中国差不多就等于内地,中华民族基本上就等于汉族,中文更是等于汉语,对毛泽东念兹在兹的问题要么浑然不觉,要么以高高在上的心态遥望辽远边疆,中央民族大学青年学者关凯称之为"挟现代性以自重"的优越感。近年来由于边疆问题凸显,又形成一种西方式的"恐怖主义"想象,自觉不自觉将少数民族与恐怖分子联想起来。某江浙名校的青年学者甚至觉得西部又穷又破又乱,索性丢弃算了。尽管这只是个别极端例子,但令人深思的是,对费孝通提出的"多元一体"的政治文化共同体,对赵汀阳阐发的"天下"以及"中华大家庭",有多少人具有"了解之同情"(陈寅恪)、"温情与敬意"(钱穆)呢?又有多少人不把多民族当"包袱",不把民族问题当"麻烦",不把少数民族当"外人"呢(郝时远)?诗人沈苇在人文百科全书似的《新疆词典》中,讲述了一个耐人寻味的故事。有位少数民族兄弟去北京旅游,回家后邻居问观感,他回答道:北京不错,就是太偏远了。听了这个故事,有些人会发笑,殊不知可笑的可能是自己。按照今天的世界地图,上边是北半球,下边是南半球,"南北对话""南南合作"都是基于这一地理认识。而在古代阿拉伯的世界地图上,现在的南半球却在上边，北半球在下边。猛一看以为阿拉伯人幼稚可笑，而稍一琢磨就明白真正幼稚可笑的是我们自己。与之相似，边疆与内地的维度也是同样道理。

清华大学国学院姚大力教授在《多民族背景下的中国边疆》演讲中，以超越现代性的宏阔历史视野，揭示了多民族统一国家的前世今生，从中华民族历史文化和中国国家建构的漫长过程中提炼了三个主题词：由南到北、由北到南、由东到西。所谓由南到北，是指史前人类从南方进入中国境内，在寻求生活资源的艰苦迁徙中不断分化、不断融合的历程："他们在全国各地留下了许许多多的史前文化遗迹，创造出一幅中国史前文化多头起源、多元发展，并在早期人类拓宽自身生存空间的过程中互相发生交互影响的灿烂画面。"这一历史进程约在公元前两千年，随着夏商周三代在中原的兴起而结束，中华文明也由此出现雅斯贝尔斯说的"轴心时代"以及文明的突破，有了定居农业，有了牲畜养殖，有了文字，有了城郭，有了诸子百家。公元后第一个一千年，华北或中原又成为中国历史文化不断向前推进的动力所在，历史变迁的空间节奏开始从"由南向北"转为"由北向南"，如南北朝的人口大规模南迁，宋元时代的南渡与江南地区的开发。

不管是由南到北，还是由北到南，都是雨养农耕文明的拓展，主要分布于有名的胡焕庸线以东。胡焕庸线是以历史地理学家胡焕庸命名的，他从东北"鸡冠"上的黑河到云南的腾冲画出一条直线，中华版图由此分为东西两大板块。这条线与300至400毫米的年降雨量分界线走向一致，此线以东，年降雨量在300至400毫米以上，以西在300至400毫米以下。胡焕庸线也是农业与游牧经济的分界线，汉族农耕文明及其传播停在这条线不是偶然的："把这根线叠加到中国各民族分布图上，就不难看出，在它以东，除去朝鲜族、壮族、侗族、傣族等其他几个农耕民族外，绝大部分是汉族人口；在它以西，则是广大的少数民族聚居区。所以它也可以被大致看作是汉族与其他少数民族分布区之间的划分线。"而将胡焕庸线东西两大板块融合起来，逐渐形成浑然有机的文明共同体，这一丰功伟业就不能不提到边疆少数民族，特别是自古以来各少数民族王朝对中华历史文化与中国国家建构的历史性贡献了。

这里，边疆帝国模式对中华民族历史文化和国家建构的伟大贡献，不仅在于形成一种多元一体的文明格局，也就是美国政治学者白鲁恂说的，中国其实是一个民族国家伪装下的文明国家；而且在于提供了一种更具包容性的政治理念，如清朝对满洲实行八旗制度，对蒙古实行盟旗制度，对中原实行行省制度，对西南少数民族实行土司制度，对西北回疆实行伯克制度，对西藏地区实行政教合一制度——是谓一国多制。可想而知，在这一系列因地制宜的治理模式中，蕴含着对不同生活方式与文化传统"发自内心的尊重"。新中国的民族区域自治制度以及处理港澳台问题的一国两制，追根溯源也都源于这一伟大的文明传统。这种传统既为中华民族生生不息奠定了必不可少的根基，又与内地汉文化的精神气质若合一契，正如在新疆生活工作十多年的王蒙所言："祖国各地，包括新疆、西藏等少数民族聚居区，文化上有着相当接近的追求与走向。其传统文化在总的方向上是一致的，比如敬天积善、古道热肠，尊老宗贤、崇文尚礼，忠厚仁义、和谐太平，勤俭重农、乐生进取等。"

上述两个思想维度，对重思中国传播学有什么意义呢？简言之，如果缺乏城市与乡村、内地与边疆的思想维度，就难免出现台湾新儒家徐复观当年反思国民党组织机构的致命缺陷时揭示的问题："横向不到边，纵向不到底。"所谓横向不到边、纵向不到底，是指这套西方中心主义与城市中心主义的传播与传播学即使适用，也多限于东部地区，更关注"北上广"发达状况，包括网民、中产阶级、消费主义、商业文化、个人自由，甚至拜金主义、"普世价值"等意识形态迷思，而在广大的基层乡村与西部边疆则往往圆凿方枘，甚至格格不入。比如，香港的回归说到底是人心的回归，中华民族大家庭的平等、团结、和谐、友爱归根结底也在于人心政治，人类命运共同体更是同样离不开人与人的相亲、心与心的相通，这一切都无法指望去政治化的美国传播学理论提供灵丹妙药，更无法指望一些虚情假意、雕虫小技的传播技巧，而需要立足于中华文明的传播传统——正心诚意、将心比心、心心相印。

以上重点谈了四维中的两维，城市与乡村的关系、内地与边疆的关系。下面再简单说说其他两个同样关系重大的维度——古代与现代、中国与世界。如果说城市与乡村、内地与边疆体现了内生性关系，那么古代与现代、中国与世界则更蕴含着外在性制约。由于这两个关系维度及其相关问题有点老生常谈了，这里只需有针对性地提示一二。

古代与现代、中国与世界的问题，简言之就是古今中西四个字，重思中国传播学也落在古今中西的坐标系，相信其他学科也不例外。关于古今中西，有一点需要特别关注。如今说起中华民族伟大复兴的中国梦，要么祖述秦皇汉武、唐宗宋祖、一代天骄，要么心仪当下世界第二大经济体，以及各方人士乐观预期中国经济赶超美国的愿景，而对辉煌的古代如何崛起为当下不是王顾左右而言他，就是七嘴八舌，莫衷一是。换言之，我们对伟大的古代越来越感到豪情万丈，对崛起的当下越来越觉得理直气壮，而对由古变今的转化过程，具体说对鸦片战争以来，特别是共产党诞生、新中国成立以来的历史意味则好像越来越恍恍惚惚语焉不详。而恰恰这一点构成古今中西的命门，牵一发而动全身的关键，群山万壑赴荆门，这就是现代中国的"荆门"，没有这一点，群山万壑就像群龙无首了。对此，宪法党章固然有明确表述，一系列重要文献也有权威论述，习近平总书记对"两个三十年"的概括更是直指要害，然而，时下精英知识界及其影响的舆论场却日益弥漫着五光十色、乱花迷人的历史虚无主义。这里的虚无主要针对的就是伟大的古代与崛起的当下之间的百年风云，特别是共产党、新中国的光荣与梦想，在此期间如果有什么值得一提的，也好像只剩下不堪回首的一系列痛苦记忆——弯路、错误、灾难、浩劫等，据说晚清与民国除外。1938年抗日烽火中，诗人艾青写了一首诗《我们要战争——直到我们自由了》，今日重温是不是也可以多少唤醒一点渐行渐远的历史记忆呢：

> 让我们流着眼泪
> 送走古老的中国
> 腐朽的中国
>
> 送走那
> 高利贷的
> 包身工的
> 学徒的
> 童养媳的
> 一切写了卖身契的奴隶的中国
>
> 不要怜惜让我们送走那
> 挤满了鸦片烟鬼的
> 走私的、流氓的
> 军阀的
> 官僚的
> 汉奸的
> 敌探的中国

在他笔下，如同五四新青年、延安新文人共同认识的，"国家的独立和人民的自由、幸福，不是由于祈祷获得的，而由于广大人民的鲜血和一片被蹂躏得糜烂了的土地所换取来的。现代中国的建设的基础不是奠定在空想和梦幻的沙滩上，而是奠定在它的人民的英勇牺牲所表现出来的意志的花岗岩上的"。

另一方面，正如国史学者李捷颇有洞见指出的，历史虚无主义之虚无还不在于虚无历史，因为流血流汗的历史，改天换地的历史，不可能上下嘴唇轻轻一碰就真的化为一缕青烟，历史虚无主义本质上虚无的还是历史中的价值，也就是共产党领导人民建立新中国，开辟社会主义道路的意义。古今中西的关系维度如果模糊了这一关键性的历史与价值，就无法理解伟大的古代怎么成为崛起的当代，中华民族伟大复兴的中国梦就真成为前不着村、后不着店的空中楼阁。同样，模糊了这一关系重大的历史与价值，中国传播学以及其他学科，也就难免沦为惶惶不可终日的丧家之犬。群山万壑赴荆门，这也是中国传播学的"荆门"。

梁启超先生曾将中国分为三段论：一是中国之中国，二是亚洲之中国，三是世界之中国。从古代的"中国之中国"一步步成为如今的"世界之中国"，关键正在于鸦片战争以来"古今中西"的凤凰涅槃。换句话说，如今我们所面对、所身处的中国，已是一个在古今中西的交互作用中浴火重生的新中国，就像"五四"新诗人郭沫若热切向往的"凤凰涅槃"的新中国。不管我们多么热爱传统文化，弘扬国学儒学，不管怎样尊孔读经，喜爱琴棋书画、汉字书法、唐诗宋词、四大名著、四大发明，我们都不能不面对一个显而易见的事实：祖先的荣光都已随风飘去，我们面对的、身处的已是经过现代风雨洗礼的新中国、新文化。我们只能在历史给定的舞台上，建设新中国，发展新文化，包括新的学术思想。在这种新文化包括新的学术思想中，我们当然需要而且必须继承优秀的中国文化，需要而且必须扬弃优秀的他国文化，但所有这一切都不是为了成为古人，更不是为了成为外人，而是为了古为今用，洋为中用，百花齐放，推陈出新，一句话，为了我们的新中国，为了我们的新文化。

拿传播学科来说，随着中国发展的历史进程，特别是两个一百年目标日渐逼近以及相应的文化自觉日渐凸显，如何在传播学科中体现中国人在传播理论与传播实践中的立场、观点与方法，改变传播研究亦步亦趋、唯人马首是瞻的总体格局，已经是大势所趋、人心所向。中国数千年幽远的文化传统，从诸子百家的传播思想，到因人而异、因地制宜等传播习俗，尤其是百年来中国道路的探索与实践，如马克思主义的传播、新文化新思想的深入人心、无产阶级文化领导权的兴衰起落、党性人民性的现代传播意识等，都在广阔领域留下丰富厚重的遗产。我们需要而且应该发掘自己的一切优秀基因，但目的在于发展繁荣现代中国的传播文化，而非陶醉于先人的荣光。同样，我们需要而且应该学习一切先进的传播理论与实践，不管是美国还是英国，也不管是俄罗斯还是加拿大，只要有益于我们的自主创新，都只管拿来，为我所用。而这里的关键在于以我为主，也只能以我为主，不能也不可能以古人为主、以外人为主。传播学科有个说法叫本土化，对此我有点不以为然。因为本土化预设了一个高高在上的东西——往往是美国的东西，而这个东西一出生就好像具有不言而喻的普适性，无可置疑的真理性，人们只需结合各自不同的本土实际，将这个居高临下的东西转换成各种各样在地的东西，就是本土化及其实质。实际上，稍微追问一下就明白，美国传播学不是本土的吗？不是根据本土实践而生成发展的吗？离开美国本土，这些东西从哪里来呢？黄宗智从实践角度明确指出，世界上没有放之四海和古今皆准的绝对、普适真理。任何理论都有它一定的历史和社会背景，都得通过当时的环境来理解，意图普适的理论，其历史背景都是特殊的，与特殊理论的不同最终只在于其话语权力，大家千万不要迷信追求任何超越实际的全能性理论，因为它只可能是通过强权而建立的意识形态。马克思、恩格斯的一段精彩论述，对我们理解所谓本土化问题尤有启发，他们在批评德国哲学家搬弄法国的社会主义文献时写道：

> 在这种著作从法国搬到德国的时候，法国的生活条件却没有同时搬过去。在德国的条件下，法国的文献完全失去了直接实践的意义，而只具有纯粹文献的形式，它必然表现为关于真正的社会、关于实现人的本质的无谓思辨。[1]

今天要讲的就是这些，下面再对前面的内容作个小结。中国传播学是二十世纪八十年代从全面引进美国传播学开始建构的，在其学习阶段难免亦步亦趋，而如今无论美国传播学还是中国传播学都面临危机，需要全面反思与重构。基于对中国社会历史文化的理解与把握，特别是城市与乡村、内地与边疆、古代与现代、中国与世界的关系维度，我们应该首先思考与明确中国传播学的理论预设与核心关切。为此，这里尝试提出世道人心的命题作为一种考虑，包括个人层面的正心诚意、社会层面的将心比心、天下层面的心心相印。这样一脉传播传统致力追求的不是高高在上的改变观念，而是多元一体的心平气和、政通人和、和而不同。最后，请允许我用两句前辈大家的名言，作为重思中国传播学以及类似问题的基本原则，并作为本次讲座的结束语。这两句话也是清华园两处景观的标志：一是陈寅恪的"我民族独立之精神、自由之思想"，一是闻一多的"诗人主要的天赋是爱，爱他的祖国，爱他的人民"。

整理：大岛樱子　周丹琪　陈薇　尉爽生　李晨晖　徐尚方　杨智森　周襄楠

校对：李海波　王沛楠

---

[1] 中共中央马克思恩格斯列宁斯大林著作编译局编译，《马克思恩格斯选集》(第一卷)，人民出版社，2012，第426页。

# 新闻与责任

# 如果有来生　还是做记者

## ——兼论中国国情与新闻传播

主讲人：范敬宜
主讲人简介：

  范敬宜，清华大学新闻与传播学院创院院长，教授，高级记者。1951年开始从事新闻工作，曾任《东北日报》和《辽宁日报》编辑、农村部副主任、主任、编委等，1983年任《辽宁日报》副总编辑，1984年调任外文局局长，1986年任《经济日报》总编辑，1993年任《人民日报》总编辑，1998年任全国人大常委会委员、人大教科文卫委员会副主任委员，2002年4月被清华大学聘为新闻与传播学院院长、教授。主要著作有《范敬宜文集》《敬宜笔记》《总编辑手记》等。2010年11月13日逝世，享年79岁。2013年起，清华大学与人民日报社等单位共同发起成立"范敬宜新闻教育基金"，主办一年一度的"范敬宜新闻教育奖"评选，纪念这位杰出的新闻工作者和教育家，奖励为中国新闻教育做出突出贡献的资深教授、业界名家和青年学子。

  【题记】李彬教授在纪念范敬宜院长的《骊歌一曲意难分》一文（刊于《新闻记者》2010年第12期）中，提到过范院长这次演讲的前后背景。

  2001年，学校批准成立新闻学院，2002年校庆之际正式建院。为了给学生提供更加自由的成长空间，清华也恰从2001年推行本科生转系制度，而试点就在新闻学院的前身人文学院传播系。于是从全校二年级学生中招收了一个新闻学转系班，三十五位同学，来自十六个专业，最是符合新闻教育的多学科背景。我来清华任教，适逢清华历史上第一个新闻学本科班组建，便请缨担任了班主任。

  这个"黄埔一期"成立后，进行了一周的开班教育，邀请三位名家对学生进行专业启蒙，第一讲就是老范。他来那天异常炎热，教室里没电扇，没空调，党委书记王健华教授不知从哪儿找来一台小电扇，放在讲台边，老范就站着一气讲了两三个小时。说实话，我后来没少听他讲话，但感觉好像都没有那天那么神采飞扬，一气呵成。了解老范的人知道，他的文章可入经典，而他平时不善言辞。

讲座后有问答环节，出身英语专业的陆娅楠问道：范老师，如果有来生，您最想做什么呢？老范沉吟片刻：如果有来生的话，我还是最想当记者、干新闻。《新闻记者》刊发刘鉴强记录范老演讲的文章时，就用这句话做标题——如果有来生，还是做记者。从此，这句话便成为一届届清华新闻学子的座右铭。这场"如果有来生，还是做记者"的讲座，在清华校内网上好评如潮。正在物色院长人选的校方，由此开始同他接触，从而玉成此事。

2005年2月24日，范敬宜院长在清华新闻传播前沿讲座的课堂上发表了《中国国情与新闻传播》的演讲。本文对这两次讲座进行了整合和编辑。

同学们，大家好！非常感谢大家在功课繁忙之余来听我的讲座，我很感动。来到新闻学院三年来，第一次有这么多这么全的同学聚在一起，我感到非常兴奋。平时一门课最多二三十人，可是，今天有很多新的面孔，有些同学可能认识我，但是我还不认识你们，不过，真的非常高兴。

在新学期开始之际，我们的学院举办这样一个系列讲座，我觉得很有意义，目的主要是想通过一个个具体的讲座对马克思主义新闻观进行系统的教育。当然，这项工作也是在不断探索与尝试，我也不知道自己是否能够讲好，但我觉得这是一个很好的做法，帮助我们开阔视野，从宏观上了解一些关于新闻媒体的重大问题，同时可以弥补具体课程上的不足，广泛深入地了解问题。对于主讲人来说，我想也是回顾个人经历和整理思想的过程。

我对新闻工作似乎有一种天生的情结。我小时候生活在上海一个叫静园的地方，10岁就自写自编，出了一份手抄的《静园新闻报》，版式是学《申报》和《大公报》。所以我工作以后，不用学就会画版——不到10岁我就会了。我把我家左邻右舍的事情都写了下来，然后偷偷把小报塞进邻居的门缝里。邻居们很奇怪："谁把我家的隐私写下来了？"我们家邻居有一个姓王的，在外国通讯社做记者，晚上回来的时候，经常在家门外偷偷吃一碗馄饨，边吃边东张西望，生怕被别人发现，我就给他发了个头条——《王大胖背着儿女偷吃馄饨》，结果惹了一场风波。

1951年我从上海圣约翰大学毕业。那时候对我影响最深的是魏巍的《谁是最可爱的人》。"亲爱的朋友们,当你坐上早晨第一列电车走向工厂的时候,当你扛上犁耙走向田野的时候,……请你们意识到这是一种幸福吧,因为只有你意识到这一点,你才能更深刻了解我们的战士在朝鲜奋不顾身的原因。朋友!你已经知道了爱我们的祖国,爱我们的伟大领袖毛主席,请再深深地爱我们的战士吧,他们确实是我们最可爱的人!"每当读到这儿,我总是热血沸腾,我要做魏巍,我要去白山黑水。于是我舍弃了去华东师大当助教的机会,对家里撒谎说我要去北京工作,然后坐上火车直奔东北,成了《东北日报》(后改名《辽宁日报》)的记者。

可是,记者没做几年,1957年我被打成了右派,"文革"期间我又被下放到全国最贫困的朝阳山区。我想也许这辈子我再也做不成记者了,那时我最大的愿望就是能在一个工厂或农场里做黑板报的编辑。

1975年我们去大寨学习,回来时经过北京,在郊外住一个晚上。我跑了好远的路去王府井的人民日报社看我的同学,等我晚上到了人民日报社,门卫告诉我:"今天是星期天,进不去。"我在农村那么多年,哪还有什么"星期天"的概念。那天晚上,我就在人民日报社门口的报栏前徘徊了一夜,把那天的报纸从头至尾看了个遍。那天是10月5日,我记得清清楚楚,望着人民日报社楼上影影绰绰上夜班的人们,我心里想:"在这里面工作的人是多么幸福啊,可惜我永远不会有这种幸福了。"戏剧性的是,18年后我成了《人民日报》总编辑。

我现在虽然不在职了,可每天都要写东西,因为我离不开新闻,新闻是一种最具有魅力的职业。我曾经对学生讲:如果有来世,我还是会选择做记者。有人问我:做新闻工作最基本的政治素质是什么?我的回答是:就是对党的新闻事业的深沉的热爱。

来到清华工作之后,我们制定的办学方向是"面向主流,培养高手"。为什么要"面向主流"?这是清华大学的地位所决定的。大家都知道,现今新闻院校的数量如雨后春笋般增长,2002年我们学院成立时,全国共有新闻院校200多家,现在已经超过500个。在林林总总的新闻院校中,清华大学作为全国一流的高等学府,如果不能把对学生的培养方向放在为主流媒体服务,那就没有必要在清华设立新闻学院。所以,清华大学的师资条件、办学定位要求我们,一定要为主流媒体服务。当然,"主流"并不仅限于像《人民日报》、新华社、中央电视台这样的媒体,而是说一种"高层次"的媒体,正如一些媒体并非官方主办,但是办得非常好,影响很大,因此,在理解"主流"概念时外延可以很宽泛。因而，我们培养的学生应该有这样的起点。

接下来，我们再来谈谈"高手"的含义。所谓"高手"，其实就是"学贯中西、博古通今"，这也是比量我院优秀的师资队伍这一硬件条件来说的。而且学校的领导也非常重视我们，甚至在国内的新闻宣传部门我们也得到了高度的重视，这也为我们"培养高手"创造了条件。那么，一定会有同学问："高手应该具备怎样的素质？"这很难用一两句话来概括。一般而言，业务应该很强，管理也应该很强，文笔也要很好……教科书上会标明很多。但是，我觉得在众多的因素当中，最重要的是把握大局。对于一个真正优秀的新闻工作者来说，文笔、外语、口才当然是重要的条件，但若要成为出类拔萃的新闻工作者，最重要的就是"把握大局""贴近基层"。

纵观新闻史，凡成为大家的都对中国国情、世界时情了如指掌，这样才能够纵横捭阖、居高临下，站得高看得远，比如过去的王韬、梁启超、张季鸾、王芸生、邓拓，这些人都是能对整个世界大局发言的。不论是西方还是中国，都会把新闻工作者比喻成"瞭望者"，意思就是站在船头，观察风云变幻，知道航船应当如何行走，能够告诉人们国内、国外的环境如何，应按照何种路线去走。这个比喻很贴切：国家是一个大船在海洋中航行，领导人是掌舵者，还有一个重要的角色就是瞭望者，负责观察形势，提供信息和警报。作为一个出色的新闻工作者，不仅仅是反映事实，还要发出预警，发出信号。

我至今还记得，曾经担任辽宁省委书记的任仲夷同志常常轻车简从跑到报社来，找很多记者谈心，让记者讲当下的舆论环境如何，老百姓在议论什么，对工作有什么意见……他说自己得到信息的渠道有两个，一个是政府业务部门，一个就是新闻记者。而且事实证明，往往新闻记者提供的事实更加真实与生动，因此，他非常重视新闻工作。而作为一个瞭望者，最重要的就是要了解、研究和判断，需要使自己的思想跟得上不断发展和变化的客观形势，站在时代的前面，进行正确的传播和引导。假如做新闻工作者的思想不符合或者落后于客观的情况，就会很容易造成误导。

外交部部长李肇星在"两会"期间就中国外交和政策答中外记者问，许多报纸做了整版报道，他的回答也很出色，所以受到了中外媒体的关注。我们来看看记者提的问题。

新华社记者问道："我们注意到在今年温家宝总理作的政府工作报告中有一个重要的判断，他说，在过去的一年里中国在国际上赢得了更多的理解与信任、尊重和支持，国际地位和影响力进一步提高。请问李部长，这个判断的现实依据是什么？"这显然就是一个关于"大局"的问题。

中国国际广播电台的记者问："中国新一届政府执政已经一年，你认为在这一年中中国的外交政策和前些年相比发生了哪些变化？你是否认为长期以来中国外交所持的'韬光养晦，有所作为'的原则已经发生了变化？更加侧重于'有所作为'，而不是'韬光养晦'了？另一个问题是，请问你担任外长以来，感受最深的事情是什么？有没有就此有感而写诗呢？"

李肇星同志有两个特点：一个是喜欢文学，看的文学书很多，大学的时候很喜欢写诗、写散文，他的诗写得很不错；另一个特点是特别孝顺父母，他来自山东的普通农民家庭，每次出国回来都要先回家看父母，而且他的车都停在村子外面，没有那种衣锦还乡的样子，因为怕父母不高兴，不摆阔气，考虑父母的感情。

来自路透社、塔斯社、合众社等外媒的记者问的也都是这样的"大问题"，都是带有全局性的问题。李肇星的回答都很朴实、风趣。作为一个外交家，他胸怀全局，怀揣五洲风云；作为记者，这种场合下也绝不会提出鸡毛蒜皮的问题。

我在看现场直播的时候就在想，未来清华大学新闻与传播学院毕业的同学就应该是这样的记者，能够向外国领导人提出尖锐问题的人。其实，我知道中国领导人也喜欢人家提出具有挑战性的问题。但现实情况是，并不是所有的人都能够提出这样的问题，经常是问"请问总理你对这个问题有什么看法？"他说，看法都有了，还用我多说么。这个记者就是提不出问题的记者。所以，我认为记者的修养第一步就是要把自己塑造成为纵览五洲风云、胸怀万家忧乐的人物，这才叫作政治家，而不是空头政治家。作为记者，要懂得政治，了解政治，要知道我们的国际环境、外交政策和对策。

从这个案例中我们可以理解什么是"审时度势"。新闻记者最大的特点应当是"审时度势"。新闻工作，写作的技巧是第二位的，第一位就是要把握大局。把握大局就是要了解国情、世情，就是要审时度势。中国的古人也很重视审时度势。成都的诸葛亮祠堂前有这样一副对联：能攻心，则反侧自消，自古知兵非好战；不审势，即宽严皆误，后来治蜀要深思。上联是赞扬诸葛亮，下联是批评诸葛亮。这两联连在一起就是总结诸葛亮的得失。上联的意思是说诸葛亮懂得政治工作，大仗就是要"攻心"，从思想上瓦解敌人，"反侧自消"就是说各种矛盾自然而然就解决了，"自古知兵非好战"，真正的政治家绝对不会好战，而是善于利用政治统领部队。下联则是在批评诸葛亮"不审势，即宽严皆误"，不能够审时度势，把握大局，甚至连小事情都要事必躬亲，不考虑大方向，那么，政策无论宽严都是错误，因而将来治理四川的人一定要接受诸葛亮的教训啊。这句话我觉得特别生动，很适合用在新闻工作，特别是新闻工作的领导工作上。将来你们当中一定有人会从记者、编辑到总编辑到台长、社长，这一点一定要注意。过去有一些人在宣传方面总是反复，就是因为不能很好地审时度势。当然，也可能有其他各种各样的因素。因此，我认为这个对联可以作为我们新闻工作的座右铭。

从一开始学新闻、做新闻时，就要开始研究大局。政策往往是把握不好平衡点时，则宽也不行，严也不行，如何来把握这个平衡点，就是需要了解大局，心中有大局。《三国志》中有一段著名的《隆中对》，其中诸葛亮讲到天下三分的形势已经开始形成，劝刘备珍惜机会巩固三国态势。我曾经到隆中去过，很偏僻的地方，我就很奇怪，在当时的情况下，交通不便，也没有电视，诸葛亮怎么会了解天下大事？只能说这个人了不得，在信息闭塞的条件下，用心研究了周围的形势。《隆中对》一共295个字，就已经把道理说得非常完整，用很辩证的观点阐述了即将出现的三国鼎立的情势，提出了相应的对策。

既然审时度势、把握大局如此之重要，究竟如何才能做到呢？把握大局最关键的是要了解国情、民情，也就是说我们的国家、人民群众现在是一种怎样的情况——怎样的心态？喜欢的、希望的是什么？不希望的是什么？我想这是最基本的东西。国情、民情弄清楚了，就好比有了一杆秤，把遇到的问题放在上面称一称，就能够预料到会发生什么，就能为判断新闻价值提供一个标准。

那么，我们的国情是什么？首先，我们有960万平方千米的土地面积，13亿的人口，发展中国家，现在要实现全民小康。民情就是现在老百姓基本的处境，改革开放以来，普通人的生活水平正在提高，但是收入水平正在拉大，各地区发展也不平衡。对于一个普通的老百姓来说，希望生活能够富裕起来，希望国家能够稳定，有一个好的发展的环境。

我们总觉得新闻框子太多，我也知道有的限制、纪律确实让人不满意，但是世界上不存在一点框子都没有的新闻。其实，就像这所房子，它也是一个框子，如果没有它，我们在外面零下几度会很冷。这是某一种规范，各国不同。关键不在于框子不框子，关键在于我们有没有本事在这个有限的空间里充分发挥自己的聪明才智。京剧大师盖叫天，武功特别好，甚至晚年还可以在一张八仙桌底下打完一套猴拳，而且手脚不会碰到桌子的任何部位，这就是炉火纯青，随心所欲而不逾矩。规矩本身也会有不合理的地方，但就整体而言，我们的舆论环境比先前宽松多了。但还有不少不尽如人意的地方，这样的情况下如何处理呢？不是说所有的规定、要求都不存在了，我们才可以写东西。我一直在想如何解决这个问题，其实在于如何找到正确的语言。没有不可写的，没有不可批评的。现在我们的宣传技巧和宣传艺术上还存在很多问题，限制了我们依据现行政策、按照更好的方式妥善处理问题。

讲了这么多，终归是想说明几个问题：

一是一个人生活在一个国度里、社会里，要时时刻刻研究怎样做行得通或者行不通。尽量去做行得通的，也不能因为某些事情行不通，碰了壁就放弃。

二是对国情的了解应当是多层次、多方面的。不仅要区别国内、国外，还要区别城市、乡村，发达地区、欠发达地区。记者的职业决定其可以接触到社会的各个层面，方方面面的议论都要听到，对于社会生活的同一个现象，处于不同位置的人，看法往往会产生分歧。那么我们怎么办？应该把坐船的人和看船的人分开对待，山里的和山外的分开对待。坐船的人，身在其中，往往不能感受到船在向前行驶，就像我们国家，一直在发展，大家却不停地抱怨：慢啊，慢啊。这时候需要回头看看，回头就会发现原来离开出发点很远了，离前面的目的地越来越近。在船上你觉得很稳，似乎没有运动，但站在岸上的人已经觉得你走了很远。这时候回头才会发现原来离岸边很远了。看山也是这样子，苏东坡有句很有名气的诗："横看成岭侧成峰，远近高低各不同。不识庐山真面目，只缘身在此山中。"一个人在外面看山，都会觉得山势雄伟，特别有气派，外国人往往看中国就是如此。今天偶遇的法国人告诉我说，中国20年的发展超过了我们200年甚至300年。他们就是在远处看，我们国内人是在山里看，经常看到乱石滚滚，这里一个树杈子，那里一片荆棘丛生，走路磕磕绊绊，往往看到的是具体的、局部的。对于我们国家的发展，身在其中和其外的感受差别巨大。作为新闻记者，既要做坐船的人，又要做看船的人；既要是一个山外人，又要是一个山中人。把两种视角结合起来也许能够比较全面地看问题。既不是只看到庐山的雄伟，而看不到山上的乱草，也不是因为看到乱草而看不到它的雄伟。别人可以随意议论，不负责任，我们作为媒体、喉舌，一定要有正确的看法。

所以，我们要做两种人——山里人和山外人，二者结合起来才能看到全局。全局把握好之后，才能抓住重大主题。比如说医疗问题，到底问题何在，需要花费很大力气去研究。在大局的角度上，如果能够写出震动全国的文章，可以说有本事。有一些小报，往往仅仅指正或者揭露，甚至30多个版面打开后不是凶杀就是绑架，所以一些同学和我抱怨说，现在报纸上都是"绝望新闻"。八十年代有一个著名电影演员李秀明，后来到国外去做生意，回来后同我讲，中国怎么会变成这个样子？她看了一些都市报，感到有些恐惧，他说自己的林肯车都不敢开出去。事实上，我们国家确实有这种问题，但还远没有达到开林肯车就会遭绑架的程度。所以，这就说明了一个导向问题。导向，就是能够比较正确地分析问题，能提出具体解决问题的办法。

从大的角度说，我想说审时度势把握大局有两个角度：一个是空间上的把握，一个是时间上的把握。空间上要求我们站得高，这样才能看得远。王之涣的诗写得好："白日依山尽，黄河入海流。欲穷千里目，更上一层楼。"杜甫的《望岳》中也写道："会当凌绝顶，一览众山小。"一般阅读时，我们都会将其列为风景感受，着眼于心胸视野的开阔，实际上也可以把它看作观察认识事物的方法：就是要站得高，从制高点看问题。刚才提到的李肇星答记者问，里面的提问、回答多是站在宏观角度，所以作为新闻工作的目光四射来把握整体局势，应该是高瞻远瞩的政治家。从时间的角度把握大局，就是要求我们把历史和现状融会贯通。许多新闻工作者都知道看问题离不开全局意识，但很多人讲的全局意识是仅限于空间的，就是把新闻放在一个广阔的空间高度来认识，可是人们往往忽略时间上的全局意识。所以，有人称其为"时盲"。很多事情都需要放在历史长河中考察，才能看到它的实际意义。仅仅考虑现在就很容易片面。

我在上课时经常对同学们强调，新闻事件要放到历史的长河中来理解。记得十几年、二十几年以前，什么都需要票证的时候，每个人30斤粮票，一个家庭一个月1斤油票，鱼什么的平时吃不到，过节时每家发一点鱼票，物资匮乏，只有三个节日才能供应鱼：春节、国庆和中秋。现在当然物资丰富了，要把事件放入历史长河中，流动地看问题才有意义。还有一次课上一位同学问，文化是不是就在写新闻的时候多一点形容词？我说不是。大文化的含义很广泛，历史是其中尤其重要的一方面。作为记者应该具备一定的历史修养，懂得从历史的高度看待新闻事实。

所以，新闻工作者做到审时度势把握大局，从方法上说，既有政治家的高瞻远瞩，又有历史家的纵观古今，新闻史上出现的各种大师都是在政治和文化上有很大的修养。正如邓拓，既是历史学家又是政治家，很容易站到一个很高的角度，审时度势，对未来的发展做出预见；再比如梁启超，本身没有学过新闻专业，那个时候国外的新闻理论还没有传入中国，但他学识渊博，眼界开阔，所以他写的文章往往具有前瞻性，而且纵横捭阖，挥洒自如，有一种摄人心魄的力量。

关于审时度势把握大局讲了很多，当然不是上过课就可以做得到，还需要到实践中体会。我简单讲两条自己的经验：

一是希望大家每天都能够看报、看《新闻联播》，我们国家发生了哪些大的事情，走向是怎样的，必须每天积累每天看，时间不会花费很多，不要说报纸不好看就不看,《新闻联播》不好看就转台。《人民日报》的任务是要做党和国家大政方针的解读,对于大家未来求职就业,也是有重要意义的。

二是注意身边的舆情。直到现在我身上总是会带着纸和笔,走到哪里记到哪里。光是的哥的话我就积累了好多。很多都写入了文章,非常有意思。前几天我写了一篇文章叫《安于做个老头儿》。有一天我坐出租车回家,到院门口的时候,司机看看我,我穿得很简单,他又看看院子,说:"老师傅,您家就在这儿住?"我说:"是啊。"他说:"哦,我明白了。你过去是个头儿,现在是个老头儿。"我觉得特别有意思,差一个字,完全两个层次了。我在文章中写的意思是,我们往往是老头儿了,不安于做老头儿,指手画脚,干预现在年轻的同志工作,所以,应该做一个健康的老头儿、快乐的老头儿,条件允许的情况下,做一个有所作为的老头儿。我自己也有所自勉。

三是离基层越近,离真理越近。这是因为基层是政策的出发点和归宿。为什么要讲深入群众?因为不深入就不能了解真实的情况。现在的假话太多了,前年我还写了篇文章,叫《人到七十学听话》,你要不仔细听,就很难发现什么是真话,什么是假话。

现在很多年轻人吃不得苦,缺少艰苦奋斗的精神。像"唐老鸭"(新华社摄影记者唐师曾)和吕岩松这样的优秀记者不多。现在的条件比过去优越,地方上知道记者要来,会给你提供最优越的条件,所以现在想深入都很难。我写了一首打油诗描写一些记者:

早辞宾馆彩云间,百里方圆一日还。
群众声音听不着,小车已过万重山。

如果不深入基层,就只会说些套话,什么"应该指出""众所周知",什么"毋庸讳言""必须强调",苍白无力却说得似乎理直气壮。

当年我做记者时,我虽然整天坐在办公室里,但认为自己文字不错,自视甚高,写文章很花哨。看完芭蕾舞演出,用力写了一篇报道。同事看了说:"范敬宜形容词可真多!""搽粉太厚,未必是美。"把我气得哟。后来再回头干新闻工作时,就不一样了,因为我在基层待了20多年。

1978年,我落实政策回到《辽宁日报》,人家谁也不要我,填工作证时,我什么身份也没有,连个助理编辑也不是。人事处长说:"就给你填个干部吧。"我就拿这个干部身份去采访——当我写出我最重要的报道时,我什么身份也没有;当我后来什么身份都有了,连我自己都数不清有多少个身份时,却再也写不出有分量的报道了。

每个人都不会是一帆风顺的,但要把困难当作磨炼。我认为有五种人不可以做记者:不热爱新闻工作的不可,怕吃苦的不可,畏风险的不可,慕浮华的不可,无悟性的不可。只有热爱新闻工作你才能心甘情愿地去吃苦,新闻事业充满风险,但值得我们去为之奋斗终生。

最后,还是我经常讲的那句话:如果有来生,还是做记者。

整理:刘鉴强 曲 元

# 在改革中构建新闻传播教育科学体系

**主讲人：柳斌杰**

**主讲人简介：**

  柳斌杰，1948 年 9 月生，陕西长武人，北京师范大学外研所西方经济专业和中国社会科学院研究生院哲学系马克思主义认识论专业毕业，硕士研究生，教授，博士生导师，高级经济师。1968 年参加工作，1971 年加入中国共产党，先后在白银有色金属公司、共青团中央、四川省人民政府、中共四川省委、国家新闻出版总署、国家版权局工作。曾任第十二届全国人大常委会委员、教科文卫委员会主任委员，清华大学新闻与传播学院院长，北京师范大学出版科学研究院院长，北京师范大学、中国传媒大学、上海理工大学等校博士生导师。出版《人类进步的旗帜》《文化力论》《21 世纪中国对外交往的哲学》《论文化体制改革》等专著，主编《WTO 协议解读》和"灿烂中华文明""中国名记者"等大型丛书。

时间：2013 年 11 月 21 日

  选择这个题目和大家交流，主要有三点考虑：第一，党的十八届三中全会召开后，中国进入了七年的改革攻坚期，我们整个教育体制和新闻传播教学体系也被推到了改革的前沿；第二，清华大学新闻与传播学院已走过了十年，第二个十年才开始，前不久召开了一次全国传媒界专家学者座谈会，就学院未来十年改革发展，听取了各位专家的意见和建议，我们正在谋划怎么样把学院办成国内领先、世界一流的新闻与传播学院，讨论制定十年改革发展规划；第三，清华大学作为国家高等教育体制改革的试点院校之一，也将进入改革攻坚期，学校和师生也十分关注我们新闻传播教育的改革发展。为了让大家了解这个全局，所以选择了这个题目，跟大家做一些交流。

在新闻与传播学院，无论是老师还是同学，是共同的职业理想和职业追求把大家聚集起来的。选择了新闻传播这样一个专业，你就选择了社会责任和社会服务的方向，选择了人生的担当和事业的追求，你的未来就跟这个选择紧密地联系在一起。在追求真理、记录历史、伸张正义、维护公平、为民执言的光荣岗位上，你的艰辛、你的风险、你的业绩、你的荣耀也就与你的职业生活联系在一起。从全世界最近发生的一些重大事件中可以看出，新闻传播这个事业是非常特殊的，它是透明的、公开的、大众的，是监督社会也受社会监督的一个公共门类。中外新闻传播实践都证明，新闻事业这一行的基本功就是要明大势、识大体、顾大局、谋大业，在纷繁复杂的社会现象和千变万化的现实中间，去发现、去选择、去加工、去传播真实可靠的信息，发表有利于文明进步的言论，开展维护公平正义的批评，引导舆论的主流方向。经过一定阶段的专业学习，大家对这个职业的基本性质已经有了一个初步的认识。这里，我想给同学们讲讲怎么去判断大势、辨识大体、把握大局、谋划大业。

## 明大势而进

一百多年前，孙中山就指出，"世界潮流，浩浩荡荡，顺之则昌，逆之则亡"。搞新闻、搞传播始终要眼观世界风云，把握大势，引导潮流。特别是在当今时代，从事新闻传播职业，把握规律、判断趋势更是一个基本的出发点和立足点。为什么要这样讲？因为我们现在的社会正处于一个工业化、信息化、全球化、现代化加速推进的新时代。生活在一个世外桃源或是远离城市的一座孤岛，像陶渊明遁世、鲁滨孙漂流一样的经典场景，在当今社会已经不存在了，每个人都会自觉不自觉地意识到自己是这个人类群体里的一员，自觉不自觉地都会处在一个社会的公共关系之中，愿意不愿意也要被海量信息所包围。目前这个大势与我们新闻传播专业密切关联的有三个方面的重点，必须把握好。

### （一）十八届三中全会的国家大势

这是改革开放三十五年以来党中央召开的第七个三中全会，过去的中央全会对中国的改革也作过一些决定，算下来大概有十几个，但就深度、广度和力度而言，十八届三中全会无疑是最大的一次，涉及整体改革、综合协调推进。十八届三中全会《决定》内容大家要好好地学习，它指引了中国之大趋势。我这里再强调一下大家需要了解和把握的几个重点。

一是全面深化改革。中央决定成立全面深化改革领导小组，从顶层设计到具体实施，要全面深化，对改革的各个门类都做出了设计，围绕改革的六大方面全面提出改革的要求，对社会最关心的政治体制改革足足用了三部分篇幅进行论述，例如对党的领导、人民当家作主、依法治国相统一的政治制度的改革，政府行政职能的改革，党的建设制度的改革，都有明确要求。新闻传播和政治制度联系密切，这次改革将会对新闻传播改革发展产生很大的影响。

二是提升改革目标。改革攻坚已经进入决胜期，十八届三中全会明确规定用七年时间基本建成社会主义市场经济，改革的目标是基本实现国家治理体系和治理能力的现代化。这是一个很高的要求，是过去所没有的。过去的改革始终是围绕建设市场经济体系展开的，这次中央确立的改革大目标发生了变化，就是完善中国特色社会主义制度，推进国家治理体系和国家治理能力现代化，这就上升到国家、社会治理制度的层面，是一个很大的变化，带有根本性长远性。

三是突出改革重点。通过六个围绕讲明经济体制改革、政治体制改革、文化体制改革、社会管理体制改革、生态文明体制改革和党的建设制度改革的重点。如在文化体制改革中，强调围绕核心价值体系、建设文化强国和深化文化体制改革；在教育、科技、卫生等社会体制改革方面，主要强调的是公平正义、惠及人民；重点要求都是非常突出的，这更加明确了未来改革的重点和方向。

四是强调市场的决定性作用。在资源配置方面，过去讲市场是发挥基础性作用，现在讲是决定性作用，表明了我国转向市场经济的决心，而且围绕这个决定性作用还做了城乡一体化发展等相应部署。城乡一体化发展是解决地区差别、城乡差别的一个关键问题，这些年东、中、西部和城市、乡村地区发展得很不平衡，差距不但没有缩小反而扩大了，这次改革就是要缩小城乡差距，实现城乡一体化发展。

五是强调人民主体和依法办事。人民是社会改革的主体，所以在每一个部分都强调了公平、正义和全体人民的权力、利益，强调了权力运行、公开透明，一切国家事务要置于人民群众的监督之下，突出人民当家作主的主体地位。我们要建设法治社会，必须依法办事，特别强调执政党也要依法办事，很快将出台规范执政党依法执政的规定，强调任何人不能超越法律制度的规定，坚持依宪治国、依法治国、依法执政、依法行政。

六是强调简政放权。十八大以来，全国人大和国务院出台了一系列法律法规，大大削减了掌握在政府手中的权力，还权于民、还权于企已经是一个总的趋势。在资本进入的限制方面，包括经济、文化、教育这些敏感的领域，都要降低门槛、予以开放。另外就是扩大各个社会组织的自主权，减少政府对企业、学校、医院这些单位的干预，减少对公民应有权利的干预。我们是从计划经济过来的,过去政府管得太多,干预了基层社会和公民权利,影响了基层社会的活力和公民创造力的发挥。对于学校而言,一方面要进行去行政化改革,另一方面要扩大学校自主办学的权力,将学校当作真正的学校去办,发挥教授治学的作用。

七是强调三个解放。在解放思想、解放和发展社会生产力的基础上,进一步提出要解放和增强社会活力。改革到了今天,面临许多困难和问题,我们明显地感觉社会创造力比不上别人,所以强调要解放社会活力。

这样一个大的局势,预示着中国未来发展的方向,将为新闻与传播领域带来一系列的机遇。七年之后如果我们能够落实这些决定,国家就会发生很大的变化。今天讲这些,是因为改革决定了国家的命运,也跟我们每一个人的命运息息相关,每一个改革的措施都涉及个人、家庭、社会的各个方面,作为新闻传播学专业的教师、实践者和同学,要了解这样一个大的形势,才能正确判断国家未来的前进方向。

### (二)全球进入新技术革命时期的传媒业大势

技术是改变传播方式的决定力量,每一次技术进步都会带来传播业革命,从印刷术到数字化都是证明。凡是技术革命都会对生产方式、生活方式带来巨大变化,给社会带来新的发展前景,这一次也不例外,互联网、云计算、大数据……这些技术变化的直接结果是扩大了人类的活动范围,提升了人类的创造能力,改变了新闻传播的方式。所以今天来讲新闻信息的国界线、网络世界的防火墙已经不太合时宜了,因为它已起不到多大作用了。什么原因引起的呢?就是技术变化所引起的。

信息、空间、3D制造、微生物等领域的新技术发展改变了我们的生产方式,也改变着我们的生活方式和整个新闻传播的旧模式。比如3D打印技术已经能够打印生产小型飞机,改变了过去焊接、部件加工、组装的方式,在电脑中设计好,材料配方配好,就可以直接打印生产。3D打印技术甚至可以制造人的器官,将扫描技术设备连上3D打印机设备,可以一层一层扫描人体细胞,哪里有缺陷就在哪里补充,只要有材料,缺器官都可以补进去。以前我们认为的神话,现在都已经实现了。空间技术也有突破性发展,上个月有消息称,二十世纪七十年代发射的一个宇宙探测装置已经飞出了太阳系,过去我们推测太阳系外还有巨大的宇宙空间,现在已经证实这个空间是存在的。光纤、存储载体的创新已经使海量信息传播进入大数据时代。所以大家可以想象,这些技术对我们未来的传播会产生什么影响,这样一个大趋势一定要掌握好、运用好。

我们说新闻传播学理论和实践体系落后，就是说它没有赶上技术发展的需要。技术是解决传播发展的一个重要基础因素，它变了你就要跟上，人类历史就是这么过来的。一开始人们只能面对面交流，后来出现了印刷术，可以实现远距离传播，之后有了电，无线电成为一种新的传播方式，声光电的应用衍生出新的传播方式，有了电话、电报、电影、广播、电视等。现在又有了互联网和数字技术，于是有了新媒体、大数据等，一开始还有人不承认互联网，千方百计封锁，结果互联网越做越大。每一次技术进步都会给传播领域带来巨大的革命。判断大势就是要把握这个规律，坚持与时俱进，要密切关注新技术的发展，及时构建适应新技术发展需要的新闻传播理论体系和实践体系，让学生与时俱进地学习新知识、掌握新技术、适应新形势。

**（三）从传媒领域所发生的一些现实问题看大势**

最近一两年传媒领域发生了一些问题，首先是《太阳报》、新闻集团在英国出了问题，引起世界公众的关注，紧接着美国又出现了斯诺登事件，将整个全球传播、信息保密等问题又提上了国际日程，还有最近接连发生的互联网新媒体影响国家安全、人身尊严的一些问题，引起了许多国家的共同关注，传媒成了人们关注的焦点。这个问题在中国反响也是很强烈的。昨天在清华大学召开的一个会上我讲了这个问题，今年的记者节正是中国传媒界非常难过的时候，一些记者的受贿问题引起了公众的不满，这些问题也引起了大家对传媒管理的新思考。大家担心这样的事件会对我们传媒的管理政策产生什么样的影响。以往出现的在管理尺度方面"收与放""紧与松""严与宽"的议论又多起来了。针对最近一些记者、律师、学者、"大V"中出现被抓、被批、被封网的现象，一些人怀疑现在是否出现了"政左经右""言右行左"的风向？民主是不是在"倒退"？面对这些问题，我认为是新闻的公开度透明度不够，事件报道不充分，使社会产生了误解。改革开放、民主建设、依法治国这些大趋势是不会变的，互联网也是取消不了的，知识分子还是要发挥作用的，媒体还是要监督社会的。

作为新闻这个专业的同学和老师，一定也注意到了这样的现实问题。我仅就这几点提醒大家，一定要认清大势，大势就像长江，几个礁石，几朵浪花，改变不了它滚滚东流的方向。要明大势而进，思考大势之下的新闻传播怎么样学习、怎么样研究、怎么样建设，这是与我们密切相关的事情。所以，我们所讲的新闻传播体系要重构，就是因为大势给我们带来了新的要求，不得不改。做传媒要眼观六路、耳听八方、心存公理、顺应潮流，只有把握大势才能从复杂的现象中找到本真，才能从丰富多彩的实践中找到公众关注的亮点。社会事件是千变万化的，也是相当复杂的，很多真相是遮蔽在表象的背后的，规律在现象的深处，单凭个案和现象往往看不透问题的本质，新闻实践中产生的许多失误往往来源于此。我们要好好研究新闻与大局的关系，提高这方面的能力和修养。

## 识大体而改

我们常讲要识大体，就是要知道最重要的道理和事件。我这里讲的大体是国家整个治理体系。十八届三中全会决定，国家要完善治理体系、制度体系，创造公平正义的社会环境，要办好人民满意的教育。清华大学改革就是大体制的需要，新闻与传播学院的改革同样也是清华大学改革的需要。新闻传播学科在清华大学建立的时间不长，还没有形成自己的体系，受苏联模式、传统计划经济模式影响较小，但由于受国内教育体制的制约，也显得比较陈旧、比较过时，脱离了时代发展的总趋势和新闻传播的新实践。我们的传播学涉及的面比较狭窄，技术能力比较落后，缺乏创造活力，人才培养难以适应改革开放和时代要求，无力应对全球传播的挑战。我们总是把新闻传播放在一个特定、封闭的条件下来学习、来研究，这与全球化发展现状不符，也与新闻传播发展实践相脱节。所以，我主张按照改革创新的要求，以贴近时代、贴近实际、贴近群众为主要方向，改造、改革和重构我们的新闻传播教育体系。具体来说，是出于这样几方面的考虑：

一是学生培养要求发生了变化。十八届三中全会《决定》对学生培养提出了包括道德品质、科学素养、社会责任、创新能力和实践能力等各个方面新的目标。按照目标来衡量，我们的新闻传播教育体系从招生、考试到教学，都存在不少缺陷，考分不能评价品质，考试考不出创新能力，无法适应新实践对学生培养的新要求。

二是新闻传播环境发生了变化。过去上级开了会，领导拿个笔记本记一记，再一级一级往下传达，信息单向灌输，封闭运行，资源是政府的，只要能给你采访证就能当记者。现在是一个立体化、即时性的传播，新闻信息四面八方而来，你不努力挖掘，你就只能是"旧闻记者"。十八届三中全会精神当天就通过各种媒体传达到国内外，一下子全国人民群众、社会各阶层都知道了。现在的传播也是一个全球化的体制，已经实现了国内国际一体化，国际的新闻就是国内的新闻，国内的新闻也影响国际的新闻。这种全球传播的态势，从格局上发生了变化,各国争夺的不是信息,而是话语权、首发权。你如果还固守老办法管新闻办新闻,那你只能是脱离实际、自欺欺人、陷于被动。

三是新闻受众发生了变化。受利益多元化的影响,新闻受众已经分层化、个性化、对象化,各种媒体都能够找到它对应的对象。现在是十多种传播方式并存的局面,就是它各自都有各自的优势和对象,党政干部看报纸,老年读者看杂志,汽车一族听广播,学生青年在上网,流动人口读手机,中小学生在念书,大叔大妈看电视……各自都有各自的需要,也许有些人痛恨互联网,但是互联网有着巨大的受众,形成了几乎近半数人口的舆论场,有些年轻人看不上主流媒体,但是主流媒体是国有官办,权威性无可置疑。在这样一个多元化、分层化、个性化、对象化的阅读时代,各种媒体都可以通过固有的特性,找到自己的出路、找到自己的对象,长期并存是必然的。所以我们教新闻学、传播学要将势、道、术、技融合起来,创造新体系,仅用一个模式或只教一个方面,是不能适应外界对传播人才多方面的需要的。

四是新闻传播形态发生了变化。过去的新闻传播是一成不变的刻板的形式,现在则是国际国内互通、线上线下互联、官方民间互动、传统数字互用的新局面。过去只是官方往下说,现在还有民间往上说,上下都说。在新媒体上,人们之间是一个互动的关系、平等交流的关系。主流和支流也是互融的,很难分清楚哪个是主哪个是次,哪个是源哪个是流。新媒体的源头也可能成为主流媒体的流,主流媒体中的流也可能成为新媒体的源,它是上下互动,相互交融的。面对这些发展趋势,我们必须下决心,对现行新闻传播教育体系进行认真的改造。现在我们讨论的问题就集中了:新闻传播教育体系是不是还固守原来的模式?新闻传播教育的内容是不是要扩展到整个全媒体传播领域?新闻教育课程还要不要进行优化?这些都是家长学生十分关注的问题。我们教育体制上关于一级学科、二级学科的规定限制了教师能动性的发挥,禁锢了学生跨学科的思维创造力。笼而统之的新闻学、传播学不利于学生在学科方向上更精准的选择。这样一个教育模式培养出来的学生缺少个性化的创新思维,缺少适应全媒体时代的传播能力,所以我们要按照新的要求、新的形势改革我们现有的教学体系。

新构建的新闻传播教育体系包括结构性的、制度性的,也包括实用性的、程序性的。比如清华大学这样的新闻传播学院,招收什么样的学生,培养什么样的人才,这就属于结构性问题。我们过去提出要培养高手,高级操盘人员,尽管培养这样的高手是有需要的,但也不见得完全符合我们清华办新闻学院的初衷。再加上我们现在的教学体系上往往限制了学生知识面的扩大,理论基础不够，在专业上就显得比较单一。只懂得新闻学、传播学一般性的社会科学理论是不够的，因为新闻渗透到社会实践的各个方面，需要各个方面的知识去支撑你的职业生涯。就这一点来说，我们需要开拓新的培养途径。当然清华大学本身有这样的条件，我们学校有很多全国一流的学科，技术科学、自然科学能为我们提供有效的知识支撑，但是现在我们还没有利用起来，"躲进小楼成一统"，很少开设扩大学生知识领域的课程。这都是这次教育体系改革中要考虑的因素。比如十八届三中全会提出了一些要求，对传播方面、传媒方面提出要建立舆论引导的新机制，要加强新闻传播的基础管理、内容管理、行业管理，防范打击互联网犯罪活动，整合媒体资源，推动传统媒体和新媒体的融合发展，进一步规范新闻传播职业资格制度，规范大众传播的行为，等等。这些要求就是我们新闻教育的参考系，需要我们在重构新闻传播教育体系时认真研究落实，纳入教学体系，变为教学实践。

## 随大局而动

对全国而言，教育系统算是一个中局，清华大学是一个局部，我们学院更是一个小局部。全国的改革是一个大局，清华大学和我们学院的改革必须同全国改革的大局相一致。我们经常说的一句话就是在大局下行动，你才能成功。我们只有随着全面深化改革这样一个大局来行动，才能达到目的。有些同志也讲改革，但离开大局，那是行不通的。

中国目前的大局是什么？就是在改革中完善国家根本制度和国家治理体系，实现治理能力现代化。处在大变动、大改革的时期，一个重要的问题就是要深刻理解人类的实践无止境，人们对真理的追求也是无止境的。在新闻传播领域里，理论研究和实践发展也是无止境的，人类在不同时期的传播过程中研究出来的每一个理论，总结出来的每一个经验，都是有价值的，为新闻传播业的发展提供了支持。西方国家最早进入了民主社会，形成的自由传播的理论代表着资本主义时代对新闻传播的认识水平。我们不能完全否定它，它适应了自由竞争那个时代所产生发展的理论体系，代表了当时的认识水平。我们的新闻传播理论是在我国阶级斗争时代，在那个特殊条件下认识和产生的理论，适合当时的情况。现在大家学习马克思主义新闻观，感到有很多困惑不解的问题，这是因为时代变了，条件变了。我首先要说，我们对马克思主义新闻观要坚定不移地学习好、运用好，运用它的立场、观点、方法来观察、处理新闻问题，这是没有错的，因为它是科学的世界观和方法论。但马克思主义在新闻传播理论上的一些论述，我们必须和它的时代背景和具体环境联系起来看。比如说，莱茵报时期，马克思同普鲁士王朝的书报检查制度做斗争，打了很多官司，主要是论述新闻自由的权利。现在是人民政权，我们有充分的表达自由。列宁在讲传播的时候说，一切传播的工具，包括报纸、期刊、图书、书店、图书馆、阅览室，都是党的机器的一个重要组成部分。这里过分地强调了党性，和我们今天的党性和人民性相统一，多种媒体并存的现实相去甚远。时代不同了，条件变了，思想也要前进。在这个意义上说，马克思主义对新闻传播的认识也是带有它的时代特色的，是相对真理，也不是一个终极的真理。马克思多次讲过，恩格斯多次重申了马克思的思想，马克思主义的产生不是穷尽了真理，而是开辟了认识真理的道路。他们认为他们这个思想理论不是僵化的教条，而是给你提供了一个认识工具，让你去认识真理、发现真理。按照这个精神来看，特殊条件下所产生的新闻传播理论和我们今天的实践有很大的差别，所以我们今天讲新闻传播学，必须把握中国特色社会主义这个大局，随着这个大局来进行建构，而不是照搬某一个时代的、某一个国家的模式。例如美国新闻学的"自由主义""功能主义""结构主义""实用主义"等理论，已经被"专业主义""技术主义"所替代，我们怎么还能照搬呢？无论是东方的还是西方的，照搬照抄都是不科学的。这不仅是我们新闻教育改革方面的一个内容，而且是我们必须掌握的一个基本思维方法，也是我们学习、研究的一个方法论问题。

中国已经进入了改革开放和建设中国特色社会主义的新时代，我们的理论必须反映我们对今天社会的新认识、新实践。十八届三中全会《决定》内容就是对当代中国社会主义实践的认识和概括，既包括了对规律性的认识、对现实性问题的认识，也包括了对未来中国社会的思考与前瞻。所以我们研究新闻传播学，也要根据这个大局去思考学科、学院和教学体系的构建，来体现中国特色社会主义的要求。我们要有勇气，使我们新闻传播在追求真理的道路上能够前进一步，而不仅仅是跟在别人的后面学步。我在跟教授们谈话过程中，听到大家都提出了清华新闻学院的定位，到底是要跟随、并行还是要引领，到底是要模仿、复制还是要开创，问题是相当尖锐的。

那么怎么办？出路只有一条——就是改革，以创新精神构建具有中国特色的新闻传播教育体系。一是要遵循人类新闻传播的基本规律，这是不同国家、不同地区、不同制度下都要把握的基本规律。二是要运用马克思主义的科学新闻观，观察处理今天的新闻教育的问题。三是要把中国特色社会主义这个理论作为统率我们新闻传播教育的一个灵魂，结合中国的文化传统和中国的社会实践，适应中国人民的接受习惯和能力。四是吸收和借鉴人类新思想、新技术、新成果，加速我国新闻教育现代化。五是要有现代新闻传播的新观念、新思想，运用新技术改造我们的新闻传播业态、形态、体制、机制。六是要把握中国的国情、社情、民情、舆情，植根于中国的土地上。这些基本问题我们将其统一在新闻学科中，才能体现中国特色新闻传播教育体系的特色。

我们要按照中国特色社会主义的总体要求，立足我们的道路、理论、制度，改革中国的新闻传播教育体系。每个学校、每个学院都在酝酿这方面的改革，其中一些核心问题就是学科体系，我们要科学、合理地把上述内容融合在一起，形成我们自己的特色和体系。记得刚到学院来的时候我就讲过，清华大学办新闻传播学院，国家是寄予厚望的，因为我们有特殊的客观条件，有深厚的文化传统，有比较强大的技术科学的支撑。这些条件我们如果用得好，我们就一定能办成全国独一无二的新闻学院，有自己的特色；用不好我们的有利因素，发挥不出来自己的优势，我们就会和别人一样，没有什么自己的特色。

这方面也有一些教训和例子，比如我们新闻与传播学院曾经有很好的平台，拿到了在全国有影响力的研究机构、品牌中心，当时曾提出利用学校各学科的优势来支撑它发展，让它成为校级的名牌。但是由于学校的体制性障碍，力量的不足，始终没有实现，到现在牌子还是牌子，既没有发展，也没有行动，只挂了个名字。所以，这次我们学院的改革，要把自身的优势和特色凸显出来。最近我看了一个最新的统计，全世界26所知名大学比较，清华尽管有一流的工科、理科、经济学科和应用类学科，但排名还是比较靠后，原因就是社会科学和人文科学领域没有顶级的学科发展起来。优势的很优势，劣势的很短腿，这影响了学校的国际声誉。从学校的全局出发，学校也非常希望把新闻传播学科培养成国际和国内都是顶级的优势学科，这是学校全局的要求。在改革上我们就要从这个大局出发，来谋划我们的改革行动，打造一流的学科，帮助同学们在这里成长为世界上最优秀的新闻传播人才。

## 为大业而谋

我们学院的前进的目标是要谋大业而不是图小利。虽然学院本身是一个小的学院，但我们有决心谋大业办大事。我们学院的老师，每个人都是非常有水平、有影响力的，虽然还没有有效组合起来，还没有形成一个强大的团队。但这是谋大业、办大事的一个人才基础。我们的老师和同学们都应该有这样一个共识：人的作为不完全靠舞台的大小，关键在于你的表演。小的舞台上也可以表演出精彩的剧目，大的舞台上也可能无所作为。不要看我们的学院小，只要有创造力，就能引导中国新闻教育改革的大潮流，就会有大作为。下面，我想讲的是未来我们在哪些方面去突破。

第一，要重构新闻传播的教育体系。前面已经讲到，我们要按照国家教育改革、清华大学改革的总体规划，进一步深化新闻传播学院教育体制改革，建立一个有创造力、能引领潮流的新体制，创办一所独具特色的新闻传播学院。这是我们改革的首要方向。调整招生体系，选拔顶级人才，把混文凭的换成追求事业的；调整学生结构，增加研究生、留学生比重；扩大产、学、媒、研结合范围，培养高素质人才；优化教育、科研机构，培育团队精神。

第二，要重构新闻传播的教学体系。现在大家感觉教学体系比较笼统，一个学院仅有一两个专业设置，实际上好多同学都有很多的选择方向、很多的设想不能得到支持，而且这样朦胧的设置对以后的适应工作、社会就业等方面也会带来一些影响。所以我们要进一步研究，根据社会的需要调整我们的教学体系，包括科学基础知识的补教、专业理论的教育、基本技能的训练、理论能力的提升和专业方向的精确。我们也在考虑，在大的学科之下，按照国际上新闻传播学发展的趋势，侧重一些方向供同学们在一定的基础上进行选择，使同学们既具有深厚的新闻传播学专业理论素养，又有一门自己感兴趣、能够发挥自己作用和特长的优势学科。我们将会提出一个方案，让老师们、同学们一起解放思想、研究讨论，做出与时俱进的调整。

第三，要重构新闻传播的教材体系。现在新闻传播领域教材体系比较混乱，各个学校都有自己的传统、自己的体系和自己的课程要求。我们清华大学在这方面比较开放，博采众长，注重前沿，但缺乏系统性，还没有形成一个基本的教材体系。今年研究生、博士生招生的考试题，教授们非常有意见。其中的一个根本问题就是，依据什么教材来出题，依据哪个方面来出题，大家不明确。委托教授、老师按照自己的想法出题，结果我们学院博士生考试成绩大概在学校里面都是倒数的，基础课程大多数学生的成绩仅仅是四十几分，不能反映真实的水平。大家议论纷纷，有的说怪出题教授，有的说是出题的机制不好。但究其根本原因，我认为是教材体系不健全、科目不明确，无所依据。我们急需清华自己的一个教材体系，教授们在将来的教学实践中不仅是选择别人的教材，更要创造自己"清华牌"的教材体系。为什么叫课本？就是依课为本嘛，这是非常重要的。完整的教材体系才能体现清华新闻传播学院教学的功底、教学的实力和教学的水平。

第四，要优化新闻传播的人才培养体系。清华新闻传播学院短短十年间在社会上建立起了信誉，这得益于面向主流、培养高手的主导思想，我们的学生在主流媒体就业率比较高，整体的社会需求也非常好，这是一个不小的成绩。一些专家评价清华新闻传播学院短短的十年胜过有的学校六十年的发展，这是好的方面。另一方面就是我们的人才体系定位还要进一步提升，清华大学办新闻学院绝不仅仅是为了培养几个记者，培养记者的新闻学院现在多得很，专门的有一百多家，挂牌的有四百多家。在这样一个局面下，我们怎么样确立一个新的新闻传播人才培养目标？这些年学院也在向这个方向调整，稳定本科招生，扩大专业硕士招生，加大培养博士生、留学生和传媒领军人物，也办了一些市长的、军队的培训班。我们需要进一步总结经验，把这样一个人才培养体系更加明确定位。清华经管学院上得很快，一个重要的原因就是人才定位起点高，瞄准的是工商界的高层精英。能够进入清华大学，进入我们新闻传播学院应该说都是佼佼者，我们要为每一位同学找到一个发挥自己聪明才智的通道，通过几年的学习能够走向一个更加有前景的成长通道，这是学院的一种责任。我们要进一步优化新闻传播的人才培养体系，使其结构合理、互相兼容，能够培养高端人才。结构要合理，就是说全部培养博士生也不行，全部是高级领军人才的培训班也不行。要能合理配置、互相兼容，本科教育、研究生的教育、博士生的教育和博士后进出站管理，都要互相贯通，多给教师找平台、找课题，多给学生找通道、找前程。

第五，要重构新闻传播的新概念、新范畴、新话语体系。清华大学这样一所很有影响、很有国际声望的学校，所培养的人才不仅是面向国内，还要面向国际。面向国际现在最大的问题是什么？就是我们的概念别人听不懂，我们的范畴太落后，我们的表达不通用。从数量上讲，我们每天都在生产大量的新闻信息，大量的理论，大量的言论，但是别人很少关注，也很少能理解。由于工作关系，我经常跟国际传媒界的领军人物见面、交流，也听取他们的意见。一些传媒的老总来北京，我问他们对中国的新闻传播有什么印象，他们说："你们中国的新闻信息在国外没有太多人关注，因为你们不是宣传自己的成就就是自我辩护，对人类文明进步所共同关注的问题关注不够，缺少国际语言。"他们印象中我们的新闻是一个劲在宣传、在解释。在别人看来那都是"你的家务事"，没有进入国际视野，没有深入全球共同关注的领域，没有关注人类共同命运大问题。我认为他们讲的有点道理，我们还没有站到世界的那个高点上去，往往是从自己的局部出发说自己的新闻故事，引不起共鸣，这是我们最大的缺点。习近平总书记最近一直在要求，要用融通中外的新概念、新范畴、新表述来传播中国的声音，树立中国的形象。这是一个非常高的要求。我们清华新闻传播学院的老师和同学都应该有国际化的视角和国际化的追求，一些教授都很了解国际新闻传播领域别人的传播体系和表达方式。那么我们就要吸收别人的好的方式，融通中外新闻传播的经验，努力构建我们新闻传播的概念、范畴、话语、体系。这个问题非常重要。中国是世界的一员，中国周边居住的就有29亿人，你注定要和世界打交道，你连这些人都沟通不好，左邻右舍不安宁，你还怎么去影响世界？这里面当然有政治立场、利益冲突和意识形态矛盾的问题，但新闻传播自身的问题也是很大的原因，特别是在公众之间、在人民群众之间，新闻传播是有重要影响的。我们清华的新闻传播教育要在这一方面好好下点功夫，构建能够融通中外的表达体系，进一步突出我们国际化的新闻传播教育方向。

第六，要重构以人为本、人民主体的社会舆论体系。新闻传播是一个大众传播平台，是面向人民群众的，记者、媒体过度的行政化色彩，并不利于新闻传播。舆论是指人民群众的舆论，官员、官方的决策是公众舆论的对象。在多媒体传播的条件下，舆论引导是有难度的，各有各的立场、各有各的态度、各有各的评论，往往是官方与民间各执一端。作为媒体，我们应该站在人民群众的立场上，要保证实现人民在新闻传播领域内的知情权、选择权、参与权和监督权，任何情况下，都要听多数人的声音，让主流舆论引导方向。十八届三中全会也讲了权力要在阳光下运行，要在人民的监督下运行，更加强调了人民的主体地位。最近一段时间发生了一些记者和媒体方面的事件，有的同志就问新闻传播的方针是不是有什么变化？是不是紧啦？是不是收啦？我说没有变化，中央的政策没有变，领导也没有取消舆论监督。建立现代社会民主体系，舆论是一个不可或缺的力量，政治家都知道民意之要，民心向背事关政权存亡，谁能不重视呢？政务只会越来越公开透明，党只会越来越依靠人民群众，各项工作只会越来越重视媒体的舆论监督，不会因个别记者、个别媒体的问题而改变方针政策。清华新闻与传播学院的老师和同学们经常参与一些公众舆论的研究，经常代表公众去媒体说话，当然是职业应尽之责。希望大家要有清华学者的水平，要正确解读发生的新闻事件，正确评论发生的社会问题，正确处理不同认识的是非问题，在舆论引导和监督上发挥更好、更积极的作用。

总的来说，十八届三中全会决定了我国未来改革发展大势的情况下，我们要下决心改革新闻传播的教育体系、教学体系、教材体系、人才培养体系和概念范畴体系，使它更加符合我们新闻教育的实际，更加适应我们中国特色社会主义的发展，更加符合人类文明进步的规律。未来十年，如果这些都能达到既定的改革目标，我们今后就会在新闻传播教育领域走在全国的前列，进一步扩大我们的优势和国际影响力。就中国新闻事业而言，清华大学新闻与传播学院的改革发展具有深远的影响和引领作用，是一个"创新工程"。我们在座的老师和同学们都将亲身参与并在改革发展中发挥重要作用，相信大家能对中国新闻传播大业做出自己应有的贡献。

整理：张德军

# 我心中的穆青和新华社

**主讲人：张严平**

**主讲人简介：**

  张严平，女，山东人，1982年毕业于山东大学中文系，新华社高级记者。长期从事政治、社会等领域的新闻报道，尤以人物报道见长。在采访中坚持深入生活、深入人物心灵，文章质朴真切，充满情感，富有诗性，受到读者喜爱。曾获中国新闻奖、长江韬奋奖、全国"五一劳动奖章"，全国优秀新闻工作者等荣誉。2005年，其著作《穆青传》一书由新华出版社出版，旋即获得好评。清华大学新闻与传播学院院长范敬宜教授称赞："这部《穆青传》做到了可信、可读、可亲。它是当前传记文学中的上品。"

时间：2005年3月10日

  前不久我受命写作了一本书——《穆青传》，有一些同学已经看到了。李彬老师告诉我，不少同学在网上发表了评论和读后感，大家对这本书都十分关注。我请尹丽娟同学给我发了几篇评论，读了以后，非常感动，也非常激动。我曾想，穆青是老一代新闻工作者，他所经历的时代离我已经很远了，离我们在座的同学就更远了，年纪大一些的人看了这本《穆青传》会感动，年轻人也会感动吗？现在我知道了，年轻人同样会感动，而且这种感动中有着年轻人特有的敏锐、激情和向往。我读了你们的感言，真的是有点热血沸腾，觉得自己好像也年轻了好几岁。非常感谢大家。

  我想，一个人在离开这个世界之后，依然能让活着的人去怀念他，为他而流泪，能让后代受到激励，去向往他，为他而迸发，这样的一个人绝对是有着巨大的精神魅力的人。穆青就是一个拥有这种精神魅力的人。

  在写作《穆青传》之前，我对穆青了解得很少，只是为他的文章而感动。

偶尔在新华社的院子里与他擦肩而过，当时他留给我的最直观的印象就是这个被新华社人称为"老头儿"（我们新华社的同志都叫他"穆老头儿"，从来没有人叫"穆社长"；虽然也在一些正式场合叫穆青同志，但最常叫的还是"穆老头儿"）的社长非常朴实，不像"官儿"。

《穆青传》的写作让我有幸走进了这个"老头儿"的世界，在这个世界里我感受到了我从没有感受到的东西。写作《穆青传》一年，是我深深陶醉的一年，也是让我深受教育、很受震撼的一年，我为此而深深着迷。今天，我就把我眼中的穆青以及写作《穆青传》的感想和体会，与同学们做一个交流，和同学们分享我的感动与收获。

我想在座的同学中见过穆青的人不多。我先向大家直观地描述一下穆青是一个什么样的人。

穆青是河南杞县人，大家都喊他"河南老头儿"。他的身上有许多非常奇特的相悖现象：他性格内向，不善言谈，却把文章写得情思奔涌、酣畅淋漓；他拙于交际，不喜欢应酬，在领导岗位上几十年，始终对官场间的应酬显得呆板、木讷，但一到老百姓中间，他就像换了一个人似的，容光焕发，神态飞扬，言谈举止非常生动。

他曾任新华社社长、中央委员，但他一生中结交最多的朋友是普通群众，特别是农民朋友，他的河南农民朋友常背着二斤小米、拎着两瓶香油就来串门。他的家里经常高朋满座，来的都是这样的朋友。

他被称为新闻界的泰斗，年轻时却没有想要做一名记者，他最大的理想是当一个作家，曾经上过鲁艺的延安培训班，曾经如醉如痴地做着作家梦，然而时代让他选择了做记者。虽然如此，作家的特质却在他身上保留了一生——他的感性，他的激情，乃至他对社会、自然界等人世间一切美好事物的深深热爱的浪漫情怀。在新华社，他被人们称为"激情社长"——遇到令人激动的事，不管高兴、悲伤还是愤怒，他都会流泪。我的书里写了很多次穆青流泪，有的同志问：是不是流泪写得太多了？后来大家又觉得：这就是穆老头儿，如果不流泪，就不是穆老头儿了，这是穆老头儿的一个特点。

他是一个忠诚的共产党员，又是一个人民的赤子，在他的心里，这两点是统一的。在历史上的一些非常时期，党的路线偏离或者违背了人民的愿望时，他所处的位置曾使得他十分地痛苦与矛盾。在这中间，他有过不顾一切挺身而出的时候，也有过很多无奈，乃至退让、妥协的时刻。所以有人讲，穆青这个人一辈子内心很苦，他总是在努力寻找一个平衡点，这个平衡点就是他对党的信念。这种痛苦、寻找、平衡、永不放弃，构成了穆青生命中一个厚重的基调，我们可以从中体味到很多东西。不知为什么，在写穆青的时候，我常常想到贝多芬，当然他们是完全不同的人，但他们生命中有一点是共同的，那就是在艰难困苦的时刻，永远朝向太阳，讴歌理想，讴歌欢乐！

以上是我在采访之后对穆青的最强烈的印象。当我开始动笔时，第一句话一下子就蹦到了我的脑子里："这个人的心一生都在流泪，都在寻找，都在歌唱，都在迸发，他来到这个世界上，似乎就是为了用尽半个多世纪的时间，做成一件事：把自己一颗滚烫的心掏出来变成火把，高擎在行进的人们面前熊熊燃烧。"

这就是穆青的形象。这样的穆青，他生命中最核心的东西又是什么呢？

我首先感受到的是一个在今天许多人忘却或者逃避，包括在我自己身上也曾动摇、模糊的东西——信仰。我曾有过顾虑：在这么多年轻的孩子面前谈信仰，大家会不会接受？我问过李彬老师，他说："绝对没问题，我们的学生都是热血青年。"这给了我很大的勇气。我之所以有这样的顾虑，是因为近些年，"信仰"离人们越来越远了，很多人在逃避这个问题，然而这个东西在穆青身上活生生的，朝气蓬勃的，"信仰"给了穆青一生的支撑。

穆青16岁投身革命，18岁入党，他一生坚信共产主义、坚信共产党是拯救中国的唯一希望。他的信仰不是盲目的，因为半个多世纪的革命历程使他看到了"没有共产党就没有新中国"。在座的同学都比较年轻，这一点需要学习历史，了解中国的过去，才能有所体会。穆青亲身经历了中国从灾难深重走向繁荣的历程，他看到中国人民和中华民族正是在共产党的领导下才从苦难与屈辱中解放出来，不断走向繁荣与强大。他确信，共产主义事业是一个正义与进步的事业，是值得为之献身的。

穆青有一本书叫《十个共产党员》，这本书实质上就是穆青的信仰的结晶。在这十个共产党员身上，体现了穆青的追求与信念。从他小时候认识的共产党人梁雷，到后来延安时期的赵占魁，再到后来的焦裕禄、王进喜、吴吉昌、潘从正等等。穆青把他们写出来，就是竭尽全力地告诉人们"什么是共产党人"，他希望通过他们来鼓舞人民的信心。穆青的这本书请范敬宜先生作序。范先生在序言中有这样一句话："每天晚上，我一翻开这摞书稿，书中人物气壮山河的事迹，作者感人肺腑的自白，使我完全无法平静下来，经常是彻夜难眠。"我想，让范先生感到如此激动、如此彻夜难眠的，正是他所体会到的穆青这位共产党员身上那种信仰的激情。

穆青有四个儿子，他们曾给我讲过这样一些细节：每逢周六周日，家庭聚会时，大家会在饭桌上议论社会新闻，包括社会上的不良风气，党内的腐败问题等等。每当孩子们议论时，穆青总是默默地听，一般不说话，有时他们议论的问题让穆青感到非常的痛苦，他就默默地走开。有一次孩子们议论得比较激烈，甚至骂了起来，穆青才摆明了自己的观点："骂也不能解决问题，再说这些也不是共产党的主流。"当时孩子们都沉默了。其实穆青在这些问题上有很大的痛苦，他相信党，相信共产主义，看到共产党让人民有这些不满意的地方时，他的内心是非常痛苦的，但是他绝不会用"骂"的方式去发泄。他真正热爱这个党，他相信党能把人民带到充满希望的地方。面对党的缺点、错误，他开始考虑怎么能让我们党的一些干部能有深刻地自省，怎么能把人民的期盼表达出来。

九十年代，穆青去了兰考。在焦裕禄曾经奋斗过的地方，他看到了人民对焦裕禄的怀念，也看到了人民对现在一些干部的不满。穆青又一次激情迸发，写出了《人民呼唤焦裕禄》。通过这篇稿子，他想告诉人们真正的共产党员是什么样的，告诉党的干部们决不能脱离人民群众，这实际上是一种警示。穆青用这种方式再次表达了他对人民的忠诚、对党的信念。

从我采访穆青，到他离开这个世界，相隔不到五个月的时间。在穆青生命的最后时刻，有一次谈起来，穆青说："我们这一代人不容易，紧跑慢跑，摔倒了，爬起来再跑。"我问他："经历了这么多的磨难，你对曾经信仰过的东西有过动摇或者失望吗？哪怕是一点点。"他非常平静地望着我说："没有。"我有些不理解，追问他："为什么呢？"他说："还是信念，两条信念：第一，我相信我们的党，它是一个从人民中间发展起来的，经历过风风雨雨的党，它有能力战胜外来的阻力和干扰，也有能力克服自身的缺点和失误；第二，我还是相信，前途是光明的，道路是曲折的。"可能有些同志听到这段话会认为这是在讲大道理，但是在穆青心里，这不是大道理，而是他的一种切身体验。当时我没有再说话，我的确从他平静的话语里感受到了他对党、对共产主义信仰的坚定不移。《穆青传》开篇有这样一句话："他一生坚守自己的信仰，他一生有爱；他一生有爱，所以他一生喷涌。"穆青之所以能够一生喷涌，一生都不枯竭，到老都能够迸发，与他的信仰是绝对分不开的。

一个人没有信仰，是不可能让生命蓬勃的。正是这种对信仰的执着和坚韧，对一个崇高目标的献身精神，才使得穆青一生充满激情，一生奋斗不止。梁启超先生曾说过：信仰是很神圣的，在于一个人，它是一个人的元气；在于一个民族，它是一个民族的元气。穆青就是这样一个有元气的人！所以我想无论年老还是年轻，信仰对于我们来说都是非常重要的。这正是穆青给我的启示，他使我懂得了：一个有信仰的记者才是一个有灵魂的记者，一个有信仰的人才是一个一生不枯竭的人!

穆青身上另一个非常核心的东西就是他对党的新闻事业的强烈的责任感。穆青一生无论做记者还是当领导，一直都有责任感：他希望通过自己手中的笔和新华社的报道推出更多能够促进历史发展、鼓舞人民奋勇向前的稿子，为党、为人民吹响进军号。这是他的心愿，所以在每一个历史发展的重要关头，穆青都有催人奋进的新闻作品问世。

例如，有关焦裕禄的报道。现在的人们看到《焦裕禄》这篇稿件，还是觉得非常感人。《焦裕禄》是在什么样的背景下写出来的？当时中国正处在极度困难时期，人们吃不饱，整个国民经济萧条、倒退，大家都没有斗志。穆青时任新华社副社长，他在思考：怎样能够为国家分忧，为党分忧？怎样通过新华社的报道鼓起人们的士气？穆青在新华社有一句名言："精神营养品不能搞瓜菜代（因为当时生活贫穷，人们吃饭都是瓜菜代）。"还有一句名言："要打大老虎（就是指要抓住大稿子来鼓舞人民）。"他一直在思考这些问题。在报道焦裕禄之前，穆青已经组织了一大批相当优秀的报道，后来在兰考发现了焦裕禄，穆青前去采访。后来我采访了兰考的一名干事，他说："穆青当时哭得一塌糊涂，采访分成好几次完成，谈不下去，就是因为穆青哭得控制不住。"穆青的哭不仅仅是为焦裕禄去世而感到悲伤，更是感动的哭、震撼的哭。他一想到在豫东这样一个灾害不断的、贫穷的地区，有这样一位顶天立地的共产党员，就激动得流泪。穆青看到了焦裕禄的事迹将会对我们的民族产生巨大的鼓舞作用，决定要把焦裕禄的事迹写出来，他曾说过："写不出来就对不起人民。"

然而当时写这个稿件还面临两个很大的问题。一是写不写自然灾害。现在谈这样的问题大家可能都认为很简单、很可笑，觉得"毋庸置疑，当然是要写出来"。穆青是一个非常实事求是的人，他认为是自然灾害就应该写自然灾害。他想了很久决定写。他做出的这个决定，在今天看来，好像是轻飘飘的，但在那个年代却是一个非常沉重的决定。另一个问题是写不写阶级斗争。"阶级斗争"对于年轻一代的同学来说是一个比较陌生的词，然而当时的政治环境强调，阶级斗争年年讲、月月讲、天天讲，任何事情都必须挂阶级斗争，如果不挂阶级斗争，就不是政治挂帅，就不是党的好干部。穆青经过深思熟虑认为，没有阶级斗争就不应该硬安上一个阶级斗争，兰考就是自然灾害的问题，没有阶级斗争的问题，所以他决定不写。

现在看来，穆青的这两条决定都非常了不起。报道焦裕禄事迹的稿件为什么这么震撼人心，我想首先是焦裕禄的人物形象打动了全国人民，同时穆青同志写自然灾害不写阶级斗争，说真话，反映共产党应该有的、不应该丧失的人性,让全国的老百姓都感受到了一种震撼。这种力量是来自很多因素的,最后这篇稿件感动了中国。《焦裕禄》这篇稿件是在国家最困难的时刻,穆青对党、对人民的一种反映、一种态度。

还有一篇大家比较熟悉的稿件——《为了周总理的嘱托》,写的是山西的种棉农民吴吉昌。如果不了解背景,大家可能只是觉得这篇稿件的人物事迹很感人,但是当把这篇稿件放在历史的环境中,我们就会看到穆青写这篇稿件的追求和了不起。

当时中国刚刚打倒"四人帮",政治界、思想界还被"四人帮"的思想禁锢着,全国还是很没有生气,人们还执着于"两个凡是",所有的东西还禁锢在原来的框架中,中国根本没有办法前进。穆青对这个问题有着深刻的考虑,他认为中国这样的局面是非常悲哀的,如果中国只是处在这样的局面中,虽然打倒了"四人帮",也还是很难前进。他一直在思考怎样突破这样的局面。后来分社送来一篇写吴吉昌的稿件,稿件刚送来的时候主要写的是吴吉昌怎样科学种棉,怎样在"文化大革命"中受到冲击、受到教育、受到感动。穆青从稿件中看到了吴吉昌这个人物的价值:吴吉昌是"文化大革命"的受害者,而且在受迫害的情况下,他坚贞不屈、坚持真理,这种精神正是当时蕴藏在很多中国人心中的一种力量,一种难以说出的东西。于是穆青派了两名记者重新对吴吉昌进行采访。新的稿件中,记者也是以写事为主,穆青改稿的时候提出要点题,于是才有了点题之笔:"历史揭开了新的一页,像吴吉昌这样的遭遇连同产生他的时代背景,都一去不复返了!"这句话在现在看来似乎太含蓄了,连"文革"都没有提到,但在当时的政治环境下,任何人看到都会明白这是指什么。稿件刊发后,《人民日报》头版头条加了编者按,全文刊用。稿件见报后,有一家报社请穆青讲一讲稿件写作的过程,穆青派记者陆拂为前往,陆拂为感到非常为难,因为话题太敏感,不知道该怎样讲。穆青说:"不要讲政治,就讲技术,讲怎样写作。"在会上,有人向陆拂为发难:"中央领导同志讲'文化大革命'七八年要再来一次,你们说这样的时代一去不复返了,这不是否定'文化大革命'吗?"陆拂为是一位非常优秀非常聪明的记者,他回答道:"你在读这篇稿件之前,知不知道有吴吉昌这样的事迹和人?如果你知道了,你没有否定'文化大革命',那么你读了之后也不会否定'文化大革命';如果在读之前你已经否定'文化大革命'了,那读了之后也不能赖这篇稿件的。这就好像一桶酒,吴吉昌只是一桶酒中的一杯酒,有人喝了一桶都没醉,喝下这一杯醉了,那也不能赖这杯酒。"这些话听起来像是狡辩,但这是一种无奈的回答。这篇稿件最广大的知音是人民群众,当时给《人民日报》、新华社打电话的老百姓非常多，很多人都说是流着泪读完这篇稿件的。

穆青在那个时期打了许多漂亮仗，"吴吉昌"稿件之后就是"真理标准大讨论"。在这场"战役"中，新华社起了很重要的作用。稿件是南京大学的教师胡福明写的，经党校几个同志修改，发表在《光明日报》上。《光明日报》刊发稿件之后，新华社一片沸腾，大家都想转发这篇稿件，包括穆青。当时新华社不能随意转发稿件，必须得到上级领导的批示，虽然编辑部一片沸腾，但始终没有接到上级关于转发稿件的指示。社长曾涛和时任副社长的穆青认为必须转发，因为当时"两个凡是"禁锢着中国的思想界，人们始终无法打破理论上的束缚，这篇稿件正好能够解决理论上的问题，他们认为如果不转发，就会贻误战机。后来他们自己做主转发稿件，这是新华社首次在没有得到上级批示的情况下自主转发稿件。一石激起千层浪，引起全国大讨论，在这场大讨论中，新华社起了非常重要的作用。这场大讨论打破了长期禁锢在中国人民、中国共产党身上的个人崇拜、教条主义的枷锁，被称为是继五四运动之后的第二次思想大解放。

另外一个比较典型的例子是关于天安门事件的稿件。现在看来，这篇稿件只是一个小消息，但这篇稿件真正体现了新华社的了不起、穆青的了不起、编辑们的了不起。悼念总理的"天安门事件"当时被定性为反革命事件。"四人帮"被打倒之后，很多人认为天安门事件应该平反，但是这起冤案却迟迟得不到平反，因为当时在"两个凡是"思想的指引下，整个思想界、理论界都非常僵化。穆青非常焦虑，与当时的新华社社长曾涛交流看法，决心找机会冲一冲。有一次，周鸿书参加完北京市委常委扩大会议，给新华社国内编辑部带回来好几千字的北京市委常委会议纪要，其中有一句话让编辑们眼前一亮：北京市委认为1976年人民群众到天安门悼念总理是一种革命行动。这是一位领导的讲话里的一句话，优秀的编辑们发现了它，决心不发会议稿，就把这句话抽出来单发。编辑部非常兴奋，一个老编辑拟了一个标题：北京市委宣布1976年天安门事件完全是革命行动。天安门事件是反革命事件并不是北京市委判定的，是中共中央判定的，北京市委没有权力为它平反，而且当时北京市委并没有讲天安门事件是革命行动，只是非常淡化地将老百姓悼念总理的活动称为革命行动。但是我们的编辑就是这么勇敢，做出了这样的标题。稿件送到了穆青手里，穆青看后很振奋，稍微改了几个字，当场就签发了。后来，记者回到北京分社，觉得这个标题的语法不通，就打电话问穆青需不需要修改，穆青非常明确地说："第一，'天安门事件'不能拿掉；第二，'革命行动'也不能拿掉。就这么发吧。"发稿之前，穆青与曾涛通了电话，二人都做好了承担一切后果的心理准备。稿件刊发后，震撼全国，好多人都敲锣打鼓地庆祝。北京市委一看着急了，当晚就给中央写报告，声明这个标题不是他们拟的，他们也从未宣布过标题的内容。北京市委书记给穆青打电话问这个标题是谁定的，穆青说："是我们定的。"这个标题使得举国同庆，它推动了天安门事件的平反。1978年11月15日发稿，11月25日中央政治局做出平反决定，12月22日中共十一届三中全会发出公报，决定撤销原来的文件。现在看来，这个报道是违反了新闻常规的，是报道在前、事实在后，但它在整个中国新闻史上都具有传奇色彩。

还有一个例子是审判"四人帮"时穆青、郭超人、陆拂为写的《最后的审判》。当时，中央关于"四人帮"问题统一口径，只讲犯罪问题，不讲政治。穆青、郭超人、陆拂为三人为了能使审判"四人帮"起到反思历史、警示后人的作用，想尽办法突破框框。为了这篇稿子，他们三人每天吃住都在办公室，这样的日子持续了几个月。写作稿件的过程中，虽然也有争论，但最后他们最大限度地保留了那些尖锐的问题。写作完成后，想要发表，光有勇气是不够的，还要靠政治智慧。穆青是一个非常有政治智慧的人，他先找到了主持法制工作的彭真同志，说："我们准备在审判'四人帮'的稿件中，谈谈法制建设问题。"彭真当然很赞同。穆青回来之后就告知各新闻单位："我们准备写一篇法制建设的稿子，彭真同志已经同意了。"穆青就这样把稿件发了出去。看到了这篇稿子，全国人民都欢欣鼓舞。这篇报道对"文革"、对"四人帮"的反思是非常深刻的。有评论家认为：如果说整个审判林彪、"四人帮"的报道把中国推进了一千米，那这一篇稿子就是八百米！

记者陆拂为有这样一句话："在那些年代，穆青的位置决定了他不可能每件事都冲锋在前，他也有无奈的时候，但他一旦认准了历史发展的正确道路，就会努力通过他负责的新闻报道去做出正确的反映，力图以新闻作品去显示我们时代的未来。他始终有这样的历史观。"

穆青身上还有一点让我震撼和感动的，是穆青与劳动人民血肉相连的深情。这方面的故事很多。穆青为吴吉昌写过一篇稿子，两人结下兄弟般的感情，吴吉昌说："老穆把我的心写出来了！"吴吉昌生前，他们保持了非常亲密的兄弟关系，吴吉昌去世时，穆青身体欠佳，但坚持用5个小时为他写了52字的挽联。还有"老坚决"，他与穆青是忘年交，曾亲自给穆青送樱桃树，至今还长在新华社内。"老坚决"去世时，穆青为他写了碑文，除了这位农民兄弟，穆青这一生没有给其他任何人写过碑文。穆青的农民朋友太多了，还有红旗渠的劳模，太行山上的基层干部，周口扶沟的农民……

这方面的故事非常多，说也说不完。

为了写《穆青传》，我们前往河南，沿着穆青走过的地方进行采访，当地的百姓听说我们是从新华社来的，都称我们是"老穆的客人"。他们把穆青放在主人的位置上，人人一口一个"老穆"，那种坦然、亲切、深情，就像在说自己家里最敬重的亲人一样。穆青采访时很少坐在会议室里听汇报，他常常深入田间地头，到老百姓生活的圈子里进行采访。穆青曾写过《谁有远见谁养牛》，这句话被当地农民贴在牛棚的门上、院子的墙上、家里的炕头上，穆青也非常高兴。农民演戏庆丰收，穆青采访一天非常劳累，但还是非常高兴地参加农民的庆丰收活动，他要分享农民的快乐。

在红旗渠，几个劳模在接受我们采访时听说穆青病重，当时就泪流满面。至今我还忘不了当时的场面，我们与四个劳模坐在一间会议室里，他们毫不遮掩地号啕大哭，用最直白的方式表达他们对穆青的感情，这是一种只给最亲的人的痛哭。在河南，我们真正体会到了人民和儿子、根和泥土的感情。

太行山崇山峻岭，山道弯弯曲曲，穆青每一年都要到这里看一看当地的老百姓。如果不是和劳动人民有着深厚的感情，新华社社长怎会一路风尘、一路颠簸地到这里看望人民？辉县公社党委的吴金印听说我们是从老穆身边来的，见到我们就像见到老穆，亲切得不得了，带我们在太行山转了两天，把穆青走过的地方都看了一遍。他是通过我们表达他对老穆的感情，他说，那时穆青每隔一两年就来到这里看望大家。我们由此更加深刻地感受了穆青和劳动人民的鱼水之情。

在穆青这边，我同样看到了这种感情的呼应。我第一次到穆青家采访时，曾问穆青："如果你给你这一生画一幅画像，你会怎么画呢？"当时我想象不出穆青的回答，我想也许穆青会动笔画一幅画，勾勒这一生的大致面貌。穆青沉思了很久，没有说一句话。当时，我很紧张，担心自己的问题太笨拙了，让穆青很难回答。抬头看穆青时，发现他的眼里含着泪水，说："一塌糊涂！太糟糕了！我欠的债太多，还有好多可亲可爱的老百姓和基层干部我没有写出来……来不及了，来不及了……"说完他就泣不成声，家人也来安慰他说："慢慢讲……"我当时沉默了很长时间，问不出问题了，我没有想到穆青给了我这样的回答，在他的生命快要走到尽头的时候，他心里最放不下的还是老百姓！这深深震撼着我，从那个时候起我才开始真正走进穆青的世界。还有一次，谈起和老百姓的感情。穆青把布鞋脱下来给我看，眼里含着泪说，这是河南的老百姓给他捎来的，因为老百姓听说他病了，怕他穿皮鞋不舒服，自己亲手纳的鞋。他说："老百姓对我的爱，我一辈子也忘不了。"

我还看过他家后院的八棵银杏树，那也是河南老百姓送给他的。他比画着：

刚来的时候只有这么一点点，现在都长得这么粗了。他讲得非常深情。我还记得当时的情形，穆青比画的时候，有一群鸽子飞过，我只顾着看银杏树，而穆青就像一个孩子一样，兴奋地说："快看，鸽子……鸽子……"当时我就觉得穆老头是一生都活得非常饱满的人，一直有牵挂的人，一直有深深爱着的人。

有人说：穆青对人民群众有发自灵魂深处的爱！穆青对老百姓之所以有发自内心的爱，因为他对老百姓有着清醒的认识：他认为历史从来是由人民创造的。我曾问穆青："为什么您在历史的每一个关键时刻总能准确地把握住时代的脉搏？"穆青非常简单地回答："因为我知道老百姓在想什么。"这是一个非常朴实的答案，但是其中的道理太深刻了，耐人寻味。穆青对人民的爱是在长期革命斗争中建立起来的，他真正懂得人民的含义，人民是创造历史的主人，只有与人民站在一起，才能把握历史发展的方向。范敬宜先生曾对穆青与人民群众的感情有一段非常精辟的概括："穆青把根扎在最厚的土壤里，所以他有最肥沃的养分，他的作品也能代表最大多数的人。他能用最底层的事感动最高层的人。他有我们许多记者都不曾享受到的幸福。"

穆青最让我震撼和感动的是他用自己的一生实践的一个字：爱！这是融合了他所经历的半个多世纪风雨的一种博大深厚的情感。他爱他信仰的共产主义，爱祖国，爱人民，爱事业，这些在上面所说已经显而易见。另外他还爱同志，爱亲人，爱人世间一切美好的事物，其中最值得我们回味的是他对同志的爱。在新华社，穆青的善良、宽厚有口皆碑。我想这首先体现了穆青的仁爱、人本思想。另一面，通过采访和思考，我还体会到，这更是穆青作为一个经历半个多世纪风雨的老共产党员的一种清醒和自觉的行为，他对同志的爱在很大程度上是出自他对共产党人所应具有的一种实事求是的正确方向的坚守。

穆青在《解放日报》当记者时，当时传言延安特务很多，康生等声称要抓特务，到处抓人，让人自己坦白，造成了一种白色恐怖的气氛。《解放日报》编辑部的人几乎被抓光了。穆青先是看到熟识的同学被抓，没有想到后来他自己也被"抢救"了。在"抢救运动"期间，一次偶然的机会，穆青在采访时与毛主席有过一次对话，他当时非常勇敢地说出真话实情，并问毛主席为什么会这样。其实毛主席当时已经意识到了"抢救运动"的错误，让穆青带话回去，说："抓错的要放掉，有了错误要改正。"后来，中共中央改正了这个错误。当时只有二十几岁的穆青，对革命队伍有着很理想化的看法，这件事使他认识到：首先，革命队伍内部也有矛盾斗争，也有"暴风雨"，甚至是极其险恶的斗争；其次，只要是错了，共产党一定会自省和纠正。这两点奠定了穆青一生思想和信念的基石。他后来在历次运动中的表现都源于此。

另一件事是反右运动。当时穆青在新华社上海分社任社长，上海市市长听说上海分社没有抓出"右派"，多次找穆青谈话，但穆青从来没有传达过这个事情，所有事情都自己一个人撑着。后来实在没有办法，穆青报了三个人的材料，但他在这三份材料上字斟句酌，使材料上看不出"右派"的痕迹。上海市委宣传部看到材料，说："这几个人看上去都不够格嘛，算了吧。"反右运动结束后，新华社全国28个分社，只有上海和山西两个分社没有"右派"，当时形势极其严峻，"你不打别人，别人就打你"，穆青正是在这样的环境下保护了上海分社的所有同志。这也是中国新闻史上的一段佳话。

正是这些感受和思考使我体会到，穆青作为一名共产党员，在爱护同志方面表现出了一种英雄气概和坚持实事求是的方针。穆青对同志的爱包含了太多的内容，这种爱不仅仅需要宽厚，更需要反思，需要勇气，需要一种坚定不移的信念。穆青在去世前的一段日子里曾有过很多内心感言。谈起社会上的腐败现象，他说："如果我再年轻二三十岁，我就去当个省委书记，我非要把那里的老百姓的日子搞好不可。为官清廉！"

《穆青传》这本书之所以感人，很重要的因素是穆青的家人提供了穆青的日记。看过之后，我非常感动。日记是一个人写给自己看的，是一个人的内心独白。从穆青的日记中可以看出他的情操、追求，他的欢乐、痛苦、无奈，还有很多没有说出来的情感。去世之前，穆青曾经和秘书高长福一起看日记，边看边哭："我忘不了那些岁月，那些人。"穆青就是这样一个人，他的一生都有放不下的东西，他怀念着，他牵挂着，他向往着，他爱着他的事业、人民。爱，铸成了他厚重光辉的生命，他的一生都怀着一种大爱。穆青生前曾对儿子们说："你们的爸爸没有什么财产留给你们，给你们留下的只有一个好名声。"他对孙辈们说："学本事固然重要，但更重要的还是要学做人！"穆青也经常向记者强调："做记者，第一条是做人。"这两句话是穆青留给后人的话，也是他一生的写照。他是一个有激情、有信仰、有追求、有操守的人！大写的人！穆青是中国新闻界的一代典范！

当我从穆青的世界里走出来的时候，我感觉从没有像今天这样体会到一个记者、一个党的新闻工作者的分量。这个职业不是一般的谋生职业，它与信仰有关，与责任有关，与良心有关，与爱有关。爱，是穆青的心魂！"高山仰止，景行行止，虽不能至，然心向往之。"穆青所拥有的高尚境界，我终身不可及，但我却衷心向往之。穆青的境界将是我毕生追求的境界，我将在这种追求中，享受作为一名记者的幸福！

整理：郝育倩

# 有志于使新闻工作留名青史

主讲人：李东东

主讲人简介：

  李东东，原新闻出版总署副署长，中国新闻文化促进会会长。毕业于中国社会科学院，硕士研究生，高级编辑，中国作家协会会员。先后在新闻出版单位、地方党委、国务院部委工作。历任经济日报社总编室副主任、特刊部主任，湖南省张家界市委副书记，国家体改委副秘书长，中国改革报社社长兼总编辑，宁夏回族自治区党委常委、宣传部部长。专著有《宁夏赋》《五颂宁夏》《远离北京的地方》《红蓝韵——李东东讲传统谈新闻》等；主编《今我宁夏》《宁夏羊皮书》《夏地民俗》《宁夏历史名人》《开天辟地的时刻》等书籍和摄影画册。

时间：2011 年 11 月 24 日

  很高兴与同学们会面，交流对党的新闻工作优良传统的认识，谈谈新闻工作者的历史使命和工作作风。

  一个月前胜利闭幕的党的十七届六中全会，立足党和国家战略全局，全面部署了文化改革发展工作，提出了中国特色社会主义文化发展道路和建设社会主义文化强国的战略目标，为开创文化建设新局面指明了方向，具有里程碑的意义。全会通过的《关于深化文化体制改革推动社会主义文化大发展大繁荣若干重大问题的决定》，是当前和今后一个时期我国文化改革发展的工作指南，也是建设文化强国的行动纲领。

  新闻出版战线在建设社会主义先进文化过程中表现出了高度的文化自觉，新闻出版业呈现出勃勃生机，新闻出版系统广大干部职工对中华优秀文化的自豪感不断增强，对中国共产党领导全国人民建设社会主义先进文化的灿烂前景充满信心。在文化自觉、自信的基础上，新闻出版系统必将进一步增强文化自强的精神，把握文化发展的内在规律和文化建设的现实条件，立足当前文化大发展的良好局面，充分发扬优良文化传统，不断加强改革创新，在新闻出版领域为建设社会主义文化强国夯实基础。

面对新的历史阶段，要完成这样重大的历史任务，在社会环境深刻变化、媒体格局发生极大变化、新闻队伍较大扩充这样丰富复杂的情况下，怎样继承党的新闻事业的优良传统，培养更多的优秀人才，使新闻事业更好地服务于改革发展的大局，满足人民群众日益增长的需要，应当是我们认真思考的问题。基于此，我想和同学们一同回顾交流这样三个问题：新闻工作的崇高理想、执着追求和深入的工作作风。

## 崇高的理想

> 为党和人民的新闻事业奋斗不息，不忘党的新闻史上最悲壮的一页。

党的新闻事业历史将近百年，中国共产党成立90年，新中国成立62年，党和人民的新闻事业是在一代一代新闻工作者手中发展起来的。

纵观近现代新闻史，特别是中国共产党的新闻事业史，不难发现，孜孜以求奋斗在新闻战线，使新闻工作留名青史的新闻工作者，都是有坚定信念和远大理想的人，他们胸怀大志，如孙中山先生说的，"立志做大事，不要立志做大官"，他们忠诚于党和人民的新闻事业，希望能对国家、对社会做出积极的贡献，甚至不惜牺牲自己的生命。

这里，我们重温一下党的新闻史上最悲壮的一页。

山西省左权县麻田镇清漳河畔西山村的山坡上，耸立着"太行新闻烈士纪念碑"。纪念碑背靠千仞绝壁，面向东方，那正是通往当年华北《新华日报》驻地山庄村的方向。

1942年5月，日军对驻扎在太行山区的八路军总部进行了残酷的"大扫荡"，时任八路军副参谋长的左权将军壮烈殉国。在这次"扫荡"中，与敌人顽强斗争、最后英勇捐躯的，还有46位新闻战士，包括《新华日报》总编辑何云同志，这是党的新闻事业史上牺牲最大的一场战斗。

1938年秋，党中央决定在晋东南创办中共中央北方局机关报——《新华日报》（华北版），在广阔的华北战场上开辟一块紧密配合军事斗争的新闻阵地。

1940年，我军发动了粉碎日军"囚笼政策"的百团大战，《新华日报》（华北版）随军记者写出了大量战地通讯，及时报道胜利成果，并报道了战斗英雄人物奋不顾身、英勇杀敌的精神风貌，极大地鼓舞了广大军民的斗志，增强了人们取得抗战胜利的信心。朱德总司令曾称赞《新华日报》一张报纸顶一个炮弹，而且天天在和日寇作战。

抗战期间，《新华日报》（华北版）与新华社华北总分社是"报""社"一家，《新华日报》（华北版）编辑科就是新华社华北总分社编辑部。新华社当时处于发展时期，"报""社"是一套人马、两块牌子，《新华日报》的记者编辑也是新华社的记者编辑。新华社在整个抗日战争中共有一百一十多位新闻工作者殉职，在这次突围中就牺牲了四十多人，可以想见战争的惨烈。当时何云同志和报社全体工作人员，在反击日军"扫荡"、处境极为困难的情况下，不顾个人安危，一面同敌人周旋，一面坚持出版《新华日报》（华北版），并向延安新华总社发战报。铅印的战时版第一号和第二号就是在左权将军牺牲的前一两天在辽县山庄村出版发行的。

在敌人缩小了包围圈，来不及突围时，何云领导大家化整为零，钻进山坳崎岖、石笋耸立的沟沟岔岔和灌木丛中分散隐蔽。他们连续几天忍饥挨饿，露宿山野，凭借天然屏障和特殊地形，在群众掩护下自卫应战。感觉自己无法突破敌人重围时，何云对身边的同志说："不要把子弹打光了，留下最后的两颗，一颗打我，一颗打你自己，我们不能当俘虏！" 5月28日黎明，正在大羊角村山坡上隐蔽的何云，不幸背部中弹负伤，当即昏倒在地。当医护人员把他抢救醒来时，他的第一句话就是："我的伤不是很严重，快去抢救倒在那边的同志吧！"可是，当医护人员检视完别的伤员再来看他时，他已经流尽了最后一滴血，时年38岁。

报社经理部秘书部主任黄君珏的牺牲尤堪追忆。黄君珏是湖南湘潭人，毕业于复旦大学经济系。在突围战中跳崖牺牲，英勇殉国。当时，黄君珏带领女译电员王健、女医生小韩一同隐蔽在峭壁上一个山洞里，被"清剿"的敌人发现。黄君珏突然跃出，用手枪连续射击，打倒几名敌人，敌人气急败坏地从后山爬上山顶，用绳子将柴火吊下来，点火焚烧洞口，黄君珏抱着宁死不当俘虏的决心，冲出洞外打死几个敌人后飞步跳下悬崖，壮烈牺牲，时年30岁。王健、小韩被敌人杀害，王健当时年仅16岁。

在对黄君珏事迹的介绍中，她的爱人王默磬写给岳父的信，是一封不同寻常的家信，记述了妻子殉难的过程。王默磬也是报社工作人员，当时他身负重伤，奄奄一息，幸运的是，他活了下来，成为八路军总部突围中见证那惨烈历史全过程的人。他在给岳父黄友郚老先生的信中这样写道：

> 夜九时，敌暂退，婿勉力带伤行，潜入敌围，寻到遗体，无血无伤，服装整齐，眉头微锁，侧卧若熟睡，然已胸口不温矣。其时婿不知悲伤，不觉创痛，跌坐呆凝，与君珏双手相握，不知所往，但觉君珏亦正握我手，渐握渐紧，终不可脱！山后枪声再起，始被惊觉，时正午夜，皓月明天，以手掘土，暂行掩埋。
>
> 吾岳有不朽之女儿，婿获贞烈之妻，慨属民族之无上光荣！

我们可以从中想见这场战斗的惨烈。冈村宁次调集了最精锐的部队和空中支援，组织了从暗杀到"围剿"的周密计划，企图一举歼灭八路军首脑机关和有生力量。

在那些惊心动魄的日子里，日本人追杀着八路军数千人的后勤机关、学校、报社、医院、剧团，但是，正如日本防卫厅战史室在《华北治安史》中所承认，日本军队也遇到了顽强的抵抗，这顽强的抵抗便来自保护总部突围的作战部队。这支八路军作战部队的人数很少，所有资料表明，可能不足三百人。三百人对抗两万人，还有被敌两万精锐部队包围追杀的八千之众八路军文职人员，这场仗很难想象怎么打。

李营长带的这三百多官兵是全部阵亡了还是有人杀出重围？没有记载。李营长本人在激战中打退敌人时，眼睛已被血糊住，他倔强地站了起来，摸索着把露出的肠子塞进腹腔，满怀希冀地问战友：鲁艺的同志呢，都冲出去了吗？而那些被围追堵截的人，有的最终只能选择从悬崖纵身扑向大地，深谷接连不断地回响着物体坠落和撞击的声响，他们中有儒雅的学者也有纯稚的少女，有的是身怀六甲的母亲，有的是敦厚平实的工人，他们选择尊严的时候也选择了死亡，而且选择得从容不迫。

在这次反"扫荡"突围中，何云、黄君珏、缪乙平等46位同志英勇牺牲，用鲜血写就了中国新闻史上最为悲壮的一页。这段历史厚重、肃穆、可歌可泣。那个时候，我们党的新闻工作者就是这样，为了理想，为了信念，为了党和人民的新闻事业而奋斗，他们不知道仗还要打多久，新中国什么时候能建立，更不会去想夺取政权后自己会有什么职务待遇，他们无怨无悔，孜孜以求，献出了宝贵的青春年华，甚至献出了宝贵的生命。

当我们回望这段历史，回顾党的老一辈新闻工作者所走过的艰辛历程和所作出的巨大牺牲时，我们能够真切地感受到他们无私无畏的奋斗，更应该深刻地理解自己作为新闻工作者所应当继承的那份光荣与责任。

## 执着的信念

> 为中华民族留下宝贵记录，报道新中国的诞生，新闻记者的历史使命和光荣责任。

2011年，中国共产党成立90年，中华人民共和国成立62年。回想当年，中华人民共和国成立的时候，党的新闻工作者在那激动人心的岁月、在那开天辟地的一刻都做了什么？

1949年秋，中国人民政治协商会议在北平召开。当时党中央曾经考虑召开全国人民代表大会来完成建立新中国的任务，但是因为条件不具备，后来决定召开政治协商会议代行人民代表大会职责。我的父亲李庄和他的同事们参与了政协第一届会议的新闻报道工作，也就是新中国开国报道工作。为期8天的会议，他始终在中南海怀仁堂进行现场采访，以每天刊发在《人民日报》上的一篇新闻通讯，全程见证并记录了新中国成立的历史时刻，成为有幸采访政协一届会议，并有幸在10月1日开国大典登上天安门城楼的为数不多的新闻工作者之一。

1949年初，中国人民解放军先头部队在1月31日进入北平，和傅作义部队的城防交接，2月3日大军全部进城。1月31日傍晚，随着第一批部队入城的十几位穿着军装的文职人员，他们是党中央机关报的部分领导和工作人员，包括范长江、李庄等同志。他们随大军进城以后，分别接管了国民党在北方的重要报纸和国民党中央通讯社北平分社。国民政府在南京，中央机关报和中央通讯社都在南京，设在北平的是国民党在北方的主要党报《华北日报》，由范长江同志带队接管。我的父亲李庄带队接管了国民党中央社北平分社，然后他们又相继接管了国民党的其他宣传机构。

从年初到5月份，中国共产党向全国号召要举行政治协商会议来建立新中国，我父亲称之为令人激情澎湃的岁月。9月下旬，中国共产党在北平组织召开了成立中华人民共和国的中国人民政治协商会议。

这里有一张报纸，是1949年9月22日的《人民日报》，记录的是1949年9月21日政协开幕，报眉上的发行时间是"中华民国三十八年九月二十二日"，用的还是民国时间，当时无论解放区还是国统区，都是这样用的。报头底下是报社地址：北平王府井大街。这张报面上，上半版是第一届中国人民政治协商会议上毛主席的开幕词。毛泽东主席开宗明义，两千多字就讲清楚中华人民共和国的成立是要在世界的东方建立怎样的新中国。新闻头条是新华社消息，肩题是《中华人民共和国开国盛典》，主题是《中国人民政协开幕》，副题是《毛泽东主席宣布会议任务》。宣布了多少任务呢？包括制定《中国人民政治协商会议组织法》与《共同纲领》，选举中国人民政协全国委员会暨中华人民共和国中央人民政府委员会，制定国旗、国徽，决定国都所在地等。倒头条是社论，社论的标题非常醒目扼要——《旧中国灭亡了，新中国诞生了！》中间有一条消息和一篇通讯，通讯的题目《"中国人从此站立起来了"》，是从毛泽东主席的开幕词中提取出来的。这些重大历史事件，当时都是通过新闻报道向社会发布的。

政协会议是在中南海怀仁堂召开的。当年北平饱经战乱，百业凋敝，找不到一个能容纳千人开会的会场，怀仁堂连同宫殿四周廊下，成为当年设备最好的会场。在这样比较局促的情况下，不可能给新闻记者多少名额，特别是在主席台区。新华社的李普和我的父亲李庄加上摄影记者和中央人民广播电台、中央新闻纪录电影制片厂不多的几个记者，只有这几位同志能够到主席台区进行采访。他们没有固定的座位，手里只有一支笔和一个本子，要一刻不停聚精会神地关注主席台和主席台区发生的一切。会场怎么布置的，毛主席怎么走进会场，说了什么，各位领导人、各界代表怎样说怎样做等等，都要靠新闻工作者记录。当时没有录音机、录音笔这样的设备，照相机也只有少数摄影记者才有，更没有背景资料、通稿。李普同志要在每天会议结束后马上根据现场观察和可靠的正式文本写出消息。我的父亲作为《人民日报》的记者，任务是写通讯特写，要靠自己在现场的观察调动背景知识积累写出通讯，《"中国人从此站立起来了"》这一开国第一篇通讯报道就是这样完成的。

政治协商会议一共开了8天，新华社发了8篇消息，《人民日报》发了8篇通讯，逐日记载了中华人民共和国诞生的过程。9月28日之前，《人民日报》的报眉上还是用的中华民国纪年，社址在北平王府井大街。到了9月28日，报纸的变化就很大了，因为9月27日决定的事情很多，通过了《中国人民政治协商会议组织法》，通过了《中央人民政府组织法》，首都定于北平并更名为北京，国旗、国歌及纪年方式均已确定。9月28日的报纸，报眉上就已经改为1949年9月28日，《人民日报》的社址也由北平王府井大街改为北京王府井大街。

这里有一张照片：代表们都站起来了，大家都在鼓掌，只有毛泽东同志神情庄重没有鼓掌。这张照片记录的是宣布毛泽东当选为中央人民政府主席的情景。那天的通讯是我父亲的第8篇特写《庆贺中华人民共和国的诞生——记人民政协最后一天大会》。因为我父亲是写通讯而不是消息，他既要忠实记录现场情况，也要引申、联想。现场情况都是靠记者边看边记录的，他没有别的条件，作为记者，就得自己观察，没有观察到，没有写出来，就等于没有为历史留下记录。

10月1日，上天安门城楼采访的还是这几位同志，《人民日报》的李庄，新华社的李普、侯波，还有中央人民广播电台的齐越和丁一岚，他们负责现场播音，还有新影的同志。

我父亲关于开国报道的第一篇通讯《"中国人从此站立起来了"》，标题引自毛泽东主席的开幕词中的一句话，通讯的最后一句——"让那些内外反动派在我们的面前发抖罢"——也引自毛主席的原话，都加了引号，文尾引用毛主席的话后，还加了括号——"（毛主席在大会开幕词中语）"，也加了引号，说明引用的是毛主席在大会开幕词中的话。那个时候的新闻工作就是这么忠实，这么严谨，这么准确。

10月2日的《人民日报》则更全面且充分地反映了中央人民政府成立也就是常说的开国大典的实况，刊发了包括林韦、江夏、柏生、金凤等众多记者采写的通讯、特写、侧记等等。可以说是全面动员了编辑力量，记者们在天安门城楼、天安门广场上；在大学生游行队伍、群众游行队伍里，甚至在空军受阅部队飞机上……天上地下，现场外围，用今天的话说，作了全方位报道。当然，还有在幕后默默无闻的夜班编、印、发等各环节同志们的共同努力。

那个时候，党的新闻工作者就是这样把忠诚于党和人民的新闻事业作为自己执着的追求和信念，忠于事实，忠于职守，最终，也就忠于历史，为国家为民族留下了中华人民共和国开国的宝贵记录。

## 深入的作风

> 离基层越近，离真理越近，走到人民群众中间去，是新闻记者的基本新闻实践。

当前，全国新闻战线正在持续深入地开展"走基层、转作风、改文风"活动。活动开展以来，数以万计的新闻工作者深入基层，到新闻的源头汲取营养，到老百姓中间撒网"抓活鱼"，一批来自基层的清新朴实、生动鲜活的报道受到了社会各界的好评。通过深入走基层，新闻工作者们在新时期进一步继承发扬了老一辈新闻工作者深入基层、踏实勤勉的工作作风。

"脚板底下出新闻",这是老一辈优秀新闻工作者留给我们的一句名言,也是一笔宝贵的精神财富。

党的新闻事业的优秀领导范长江同志,在抗日战争初期,历尽千辛万苦,行程4000余里,写了大量旅行通讯,集成《中国的西北角》《塞上行》,因采访报道了西北、报道了红军、报道了中国革命的希望而名满天下。

1935年5月,还不是正式记者的范长江以《大公报》旅行记者的名义开始了他著名的西北之行。这次西北之行历时10个月,行程4000余里,取得了丰硕成果。他沿途写下大量旅行通讯,真实记录了中国西北部人民生活的困苦,更为可贵的是,范长江第一次以写实的笔法公开、客观地报道了红军长征的踪迹。这些通讯陆续发表在《大公报》上,在全国引起了强烈反响,后来汇编为《中国的西北角》一书后,出现了读者抢购潮,数月内,连出七版,一时风行全国。

1936年12月,西安事变发生后,已经成为《大公报》正式记者的范长江毅然决定涉险去西安、延安等地进行采访,"一探中国政治之究竟"。1937年2月2日傍晚,27岁的范长江终于在乱军丛中,顶风冒雪抵达西安。他先后采访了杨虎城和周恩来,写出了《动荡中之西北大局》。这篇文章像一枚炮弹,冲破了国民党的新闻封锁,让西安事变的真相大白天下,而且明晰地传达了中国共产党抗日民族统一战线的政策和主张,举国轰动,人们争相购阅,引起蒋介石震怒,将正在南京的《大公报》总编辑张季鸾狠骂了一通,并命令此后严加检查范长江的文章和私人信件。

党的新闻事业史上,这样优秀的领导干部和优秀新闻工作者还有很多,这里,我再举一个范敬宜院长的新闻实践的例子。他深入基层、深入群众采写新闻的例子,在座有些同志可能很熟悉,我还是想讲讲他在改革开放之初采写《月光如水照新村》的情况,这条仅有四百五十余字的短新闻,曾被戏称为"睡出来的新闻",并被作为"短新闻"的一个经典案例收进不少新闻学教材。

范院长是这样回忆这条短新闻的采写过程的:

> 1982年,是辽宁农村改革初见成效的一年,许多贫困农村开始改变面貌,反映和讴歌这一划时代的变化,成为当时新闻媒体的"主旋律"。
>
> 但是,这类报道很容易走向题材趋同,写法俗套,缺乏新意。多数报道都是一个模式:实行包产到户以后,粮食产量增加多少,人均收入增加多少,农村新居增加多少……数字罗列,文字冗长。

《辽宁日报》领导向记者提出要求：多写一点不超过500字的"短而精"的好新闻，要题材新、立意新、角度新，生动活泼，感人肺腑。这显然给记者出了一个难题。

我接受了这个挑战。首先向省农业部门了解线索，他们提供了康平县两家子公社。这个公社的人均收入由历年的六七十元增加到一百六十五元，在当时算是"飞跃"的典型了。

3月3日，我满怀希望赶到康平县，县委宣传部派了一位新闻干事陪我到两家子公社去采访。一路上他滔滔不绝地向我介绍这个公社的喜人变化，使我对这次采访充满信心。

可是，走进公社办公室，我的心一下就凉了。屋里破破烂烂、杂乱无章，桌上积满尘土，炕上被褥乌黑，哪有一点"新貌"。公社秘书见到我们倒很热情，连声说："欢迎欢迎，我已经几个月没有回家了，你们来得正好，替我值几天班吧。晚上就睡在我这炕上，被褥都全，挺暖和的。有电话就接一个，作个记录就行……"

我们欣然同意。好在习惯了这种贫困地区的生活，毫不介意。令人失望的是，下乡跑了两天，一无所获。这个公社基础实在太差，真没有什么值得报道的新鲜事儿。第三天早晨，县里的新闻干事提出："咱们今天就回去吧，别在这里耗着了！"

我笑着说："别忙，我已经发现新闻了！"

"什么新闻？"他以为我在开玩笑。

我问："这两个晚上你睡得怎样？"

"睡得很好呀，夜里一个电话也没有，一个人也没有，睡得特别踏实。"

我说："这就是新闻，而且是好新闻。"

新闻干事说："你别逗了，这算什么新闻！"

我说："你去找一位老秘书来，请他给我们聊聊。"

一会儿，当时的公社副社长的"老秘书"来了，我请他谈谈几年前公社晚上的情景。他立刻感慨万分、滔滔不绝地诉说起来："说起那年月，就甭提了，哪有一个晚上能睡个安稳觉的？一是那时上面搞形式主义，瞎指挥多，晚上电话不断，不是电话会议，就是电话指示，催种催收，追生产和农田建设进度；二是越穷矛盾越多，小偷小摸，打架斗殴，寻死上吊，都上你这儿来报警；三是要救济粮、救济款的，天不亮都来堵你被窝。现在农民生活好起来了，这种现象越来越少，当干部的总算能睡个囫囵觉了……"

"老秘书"的一席话,把问题说清楚了:衣食足然后有稳定,政策好方能有安定,"安稳觉"来之不易啊!

记者的"灵感"就来自十年的生活积累。

这样一个新闻采写的案例,可以说它是范敬宜先生深入实际的结果,也可以说他有新闻敏感度,也可是说他对人民群众充满感情……总之,这是党和人民的优秀新闻工作者的基本新闻实践,他们当年就是这样做的,他们毕生都是这样做过来的。

前辈记者鞠躬尽瘁,不计名利,不求闻达,全心全意为人民服务。他们通过自己的笔和镜头,使纷繁世界中不平凡的事件和人物在历史上留下了自己的位置。优秀的新闻记者,也因为推动时代发展和社会进步的独特贡献,为后人永远铭记心间,使新闻工作留名青史。

能够使新闻工作留名青史的,一定是优秀的新闻工作者。优秀的新闻工作者也是对自己有不同一般要求的人,他们具备高于常人的道德品质和职业操守,因此站得更高,做得更好,事业更加辉煌。

——成为优秀的新闻工作者,首先必须有坚定的理想信念,热爱自己的祖国和人民。崇高的理想和坚定的信念,可以使人变得勇敢坚强,克服一切困难,不懈努力奋斗。

——成为优秀的新闻工作者,还必须有崇高的新闻职业操守和追求真理的精神,善于深入采访、深度思考,坚守新闻真实。

——成为优秀的新闻工作者,还必须有宽广的视野和深厚的学养。新闻记者不是"万金油","万金油"记者不可能写出让时代记住的作品。

期盼和祝愿新一代新闻工作者更加奋发有为、锐意进取,推动党和国家的新闻事业取得更大进步,为我们这个伟大的时代,为伟大的中华民族,留下更多精彩篇章。

最后,我想用今年4月份写的《清华赋》作为本次分享的结尾,祝福在座的优秀的清华学子、未来的新闻人,都能成为优秀的新闻工作者。

时维辛卯,序属季春,莺飞草长,火树银花。钟灵毓秀,清华八方揽胜景;四海五洲,学堂百年聚光华。大礼堂莺歌燕舞,少长咸集,执手共话;二校门腾蛟起凤,契阔谈宴,纵横挥洒。苍髯皓首,不坠先生煌煌志;赤子丹心,敢忘后学喁喁情。京西形胜,一园神韵阅千年;

清新俊逸，一府精英纳天下。

槛外山光，窗中云影。春风化雨，水木清华。历春夏秋冬万千变幻，方知非凡境；任东西南北去来澹荡，更道是仙居。熙春、云锦，三百年间繁囿地；近春、清华，昔日曾是帝王家。一泓秀水映荷塘月色；三亭幽阁被朱檐灰瓦。荒岛葳蕤，朝迎旭日；斋馆栉比，夕送落霞。近揽西山秀色，远接东溟苍茫，名园名校，世纪佳话。缘起庚子，开帏辛亥，更名壬子，善定戊辰。创业艰难时，筚路蓝缕；颠沛流离处，刚毅坚卓。看红旗漫卷，天地翻覆，杏坛更奏弦歌，绛帐再哺新芽。顶天，立地，树人，百年砥砺，一朝芳华。

自强不息，厚德载物。人文日新，桃李清华。非谓大楼，而有大师，际会风云，名播迩遐。师从名师而名师出，在在鸿儒；学以博学则博学众，代代奇葩。四大导师名闻宇内，闳中肆外；六千教授学贯中西，含英咀华。科学工程院士，五有其一；两弹一星元勋，半出门下。红烛无声，春蚕有意，理工贤才，文史大雅。中西融会，古今贯通，文理渗透，是学术传统；焚膏继晷，旁搜远绍，校短量长，知学海无涯。如切如磋，如琢如磨，晨昏苦读，不废冬夏。最难风雨故人去，喜看河山新秀发。百年虬枝不言老，催开十七万树紫荆花。

爱国奉献，追求卓越。行胜于言，大道清华。大学之道，在明明德，在亲民，在止于至善。前贤箴言励志，寄心海隅；后继以身许国，壮志天涯。五四精神烛照，薪火相传；一二九光焰不息，振兴中华。民主斗士，拍案而起；文学巨匠，穷节不屈。大鹏一日同风起，抟摇直上九万里，其心雄，其志嘉。又红又专，全面发展，德智体美，精诚擘画。背负青天，脚踏实地，从我做起，胸怀天下。以庙堂之音立魂魄，以宰辅之志照肝胆，忧国忧民寄青史，立德立功在万家。清芬挺秀，华夏增辉，教也无涯，学也无涯。大道之行，积于跬步，千秋黉舍，百年清华。

整理：郭小荷、杨云康、阮超<br/>校对：李宏刚

# 传播与社会

# 向世界说明一个快速发展又复杂多元的中国

主讲人：周明伟

主讲人简介：

  周明伟，1984年7月毕业于复旦大学国际政治系，研究生学历，副教授。先后担任复旦大学校长助理兼校长办公室主任、外事办主任，上海市人民政府外事办公室党组书记、主任，中共中央台湾工作办公室、国务院台湾事务办公室副主任，中国外文出版发行事业局常务副局长（副部长级），2009年7月至2017年2月任中国外文出版发行事业局局长。兼任中国翻译协会会长、中国翻译研究院院长、第五届中日友好21世纪委员会中方委员、中国生态文化协会副会长、中国西藏文化保护与发展协会常务理事、孔子学院总部理事会常务理事、中国公共外交协会常务理事、俄罗斯普列汉诺夫经济管理学院（莫斯科高等国际商学院）名誉教授等。

时间：2012年10月11日

  就今天讲的内容来说，我们在座的老师和同学，绝大部分都是相当熟悉的。我只是想就我们工作过程中遇到的问题，结合我个人的一些思考，提出一些还不是很成熟的想法，供大家一起思考。如果有价值的话，或许能够成为中国外文局对外传播中心和爱泼斯坦对外传播研究中心共同研究的课题。

  快速发展又复杂多元的中国，这个题目我是讲了一段时间或者说思考了一段时间的。我认为，像清华这样的大学最为重要的角色就是基础理论研究。对于传播理论、国际传播或对外传播的研究，或者我们向世界说明中国的实践，似乎很多都是因应时政方面的要求。但要解读快速发展的中国，以及中国快速发展过程中遇到的问题，实际上很多都离不开基础理论的研究。而就传播学的基本理论来说，在所有的文科——人文科学、社会科学——学科里，受到时间和技术挑战最大的，传播学大概是其中之一，它变化最快、变化最多。因为在过去 20 年的时间里，人类科学技术发展最快的、具有指标性的一个内容就是信息技术，信息技术对传播技术的影响应该是最直接、最充分、最广泛的。它的速度之快，基本上是可以用时间表看得出来的，我们的 iPhone 差不多 10 个月到 18 个月就更新换代了，iPad 也是如此。这些技术条件的变化直接影响着传播方式、阅读方式以及信息接收的形式和内容的变化。

因此，这个题目，就理论研究来说是极具挑战性的。有很多原来认为能够"以不变应万变"的理论，对于其他学科而言或许可以，但在传播学可能就遇到了挑战。外文局是一个职能部门，应对的是日常对外宣传工作，基础理论研究从本质上来说不是我们的基本使命，而大学是要在理论研究上有所建树的。希望通过这次合作，共同研究我们对外传播过程中在理论上遇到的一些挑战或者问题，引发一些思考。

## 复杂中国的复杂性

之所以要向世界说明中国，是因为在进入 21 世纪这十年影响世界最大的几件事中，中国基本在内。如果罗列一下的话，首先是"9·11"，对国际政治、国际秩序、国际机构、国际战略都产生了巨大影响；其次是金融危机，一直到现在的欧洲债务危机；第三，我觉得就是中国的崛起。或许你还可以列出其他许多事，但是我觉得这三件事是新世纪以来对全球影响最大的。之所以中国崛起对世界影响最大，不仅仅在于我们可以非常自豪地说，我们持续超过 30 年以平均增幅 10% 左右的速度保持经济高增长，还在于中国的崛起关乎占全世界人口 1/5 强的人口，这就决定了这样的崛起在世界历史上是没有出现过的。

在全球多极化趋势不断发展的过程中，中国的地位也逐渐凸现出来。其中一个标志就是：中国同世界的关联度从来没有像现在这么密切过。具体来说，中国的重大变化对世界上各方面都会有影响，而国际上大的变化也会直接影响到中国，包括中国相关政策的制定。

我们持续将近 30 年的经济高速的增长，改变了这个世界上人口最大国家的整体面貌，表现在社会、经济、政治、文化等方方面面，对世界经济的贡献也是在过去 30 年里没有第二个国家可以比拟的。特别是在近十年时间里，我们从来没有像今天这样能够让世界关注我们，我们所介绍的中国能够吸引越来越多的外国人的关注，现在全球主流媒体几乎每天都有相当多的信息同中国有关。按理说，我们向世界说明中国的资本是前所未有的多，资源也是前所未有的丰富，方式和手段也更加多样化，实际的影响力也在不断增强。但今天我想说的是我们向世界说明中国时所面临的挑战和困难。

按理说，我们的对外贸易已经融入地球各个角落，已经同全球绝大部分国家产生比较密切的关系，而且这种关系大都是互惠的。经济关系的发展，理论上说，应该推动国家和平、友好和合作。相互的认同、相互的理解，合作的资源和意愿，应该说都比以往进一步增多。但是现在情况有点不一样，所有的挑战和困难源头在于这个"变"字。"变"已经是现在中国与世界关系当中的一个核心词，所有的内容和形式都跟它有关系，而且这个"变"不光是变本身，还有"快"和"多"，变化快、变化多。因为这个"变"，很多原先不是问题的现在变成了问题，原先只是小问题现在变成了大问题。

首先，中国在变。我刚才说的连续30年超过10%的经济增长，这个变化对世界意味着什么？这是我们向世界说明中国过程中非常重要的一件事情。我们有时候对别人的评论不太理解，起因在于我们不知道人家怎么看我们。首先是我们的13亿人口，我可以肯定地说，对于绝大部分外国人来说，是 out of comprehension（难以理解）的。"13亿"这个相对静止的数字已经够他们琢磨的了：再大的数字除以13亿，next to nothing，接近于零；再小的数字累积起来，都是一个天文数字。就拿我们的人口出生率而言，我们已经持续了将近30年的计划生育政策，但我们每年的新生儿总数依然堪比澳大利亚总人口数。无论怎么理解，中国人口数对世界意味着什么，这个数字都已经足够让外国人想半天。

庞大的人口数量对中国来说是机会，对外国人来说可能是对地缘政治和环境的威胁，这还是最客气的评论。这13亿人口对世界上有限的资金、市场、能源、人才、资源、环境……意味着什么？2002年11月，我曾经同德国前总理赫尔姆特·施密特有过一次非常有意思的谈话。当时北京申办奥运会成功，全国人民都兴高采烈，他说："先祝贺你们拿下奥运会举办权，你们的口号是要争取天更蓝、水更清、地更绿，我看难度比较大。如果你要天更蓝、水更清，并且每年以10%左右的速度保持经济增长，那么你在环境治理上的投入要超过10%的增长速度，才有可能使得天更蓝、水更清。"我们现在非常自信地说，在2020年要全面建成小康社会，21世纪中期建成一个中等发达国家。那我们的碳排放量是多少，能源的消耗量是多少，这都是硬数字。如果不看其他，单看这些数字累积的话，他会得出一个什么样的基本印象？在这种情况下，我们兴高采烈地说，增长8%、增长10%，但对别人来说，他眼睛里、脑子里出现的数字可绝对不仅是这一个数字。这就是国际社会与中国之间的不同认知。

2049，这个数字大家看得懂吗？事实上有个研究所就叫 2049，在美国。这个研究所就研究两个问题。第一个问题是，中国如果能够顺利发展对世界意味着什么？按照中国人的时间表，到 21 世纪中叶建成中等发达国家，对世界意味着什么，对美国意味着什么？第二个问题是，如果中国出现崩溃、曲折或者其他问题，对世界意味着什么？他们的结论都是灾难，不管中国赢还是输、成还是败，对世界、对美国的影响都是灾难性的。因此他要研究很多对策，在这两种可能性下，美国怎么对付中国，世界怎么对付中国。

国际社会对于中国有各种看法，崛起论、威胁论、崩溃论、傲慢论……这个论，那个论。有一些确实是出于恐惧、抵触、敌视、矛盾产生的，非常复杂，但没有一个论点是由一种简单的意愿或者一种简单的事实而引发的。因此，要驳斥中国"威胁"论，只强调中国的某一个方面不一定奏效，因为国际社会上得出中国"威胁"论的原因远不是一种，各自的切身利益也远不是一种。

中国本身也正处在变化过程当中，我刚才说的是变化的主体，这个主体不仅表现在外部经济的增长，还在于我们内部的变化。在我们自己看来，中国正在经历快速持续的发展，发生了巨大变化，但对国际社会来说，最最客气的描述是：中国依然是一个极其复杂、矛盾、不确定的国家。这种不确定性，确实有我们国内本身的多元、多样、多边的因素的影响，这个在我们的政府文件里边已经概括了：思想意识多样，价值取向多元，社会阶层多变。这种变化直接导致的是利益关系的深刻调整、社会阶层的分化和利益诉求的多元化。

在经济转轨、社会转型过程中，这个巨大变化直接的作用不仅仅是数字的变化，它推动的是经济本身的转轨，不仅是从计划经济转向市场经济，还从不完全的、不成熟的市场经济向比较成熟的市场经济发展，向符合中国国情的可持续的科学发展的经济发展模式在变化，而社会的转型在许多方面表现得更加充分、更加突出。有些结构性、周期性的矛盾叠加，比如城乡的差别就是结构性的、周期性的，再比如没有一个推行市场经济的国家能躲过商品从稀缺到过剩的过程。国际环境对中国发展的影响也越来越大，这是因为中国与世界的关联度在不断加深。

总结一下，向世界说明中国所面对的挑战有两个：第一，中国自身的发展当中具有不平衡性、多变性、多样性；第二，这种多样性、多变性决定了我们呈现出的必然是一个复杂的中国。

## 向世界说明复杂中国的复杂性

我们向世界说明这样一个多元、多变、多样的中国，它的复杂性会体现在哪些方面？或者说难在什么地方呢？显而易见，同样一个中国，我们总希望把鲜花盛开的一面呈现给世界，把快速发展、不断进步的一面呈现给世界。但我们自己在发展，快速发展过程中所体现的不平衡性，出现的矛盾和问题，由于结构、历史、发展带来的一些新的问题也呈现出来，怎么向世界说明？怎么解释？这要比我们解释数字的增加和形象的变化要困难得多。

2008年中国成功举办了奥运会，这是积极的层面，不仅体现了我们国家的体育竞技能力，也直接反映了我们在组织世界上最大规模的文体交流活动过程中所展现的经济上的力量、技术上的创新、社会组织动员能力等等。要肯定奥运会，首先要承认主办国政府组织实施能力确实强大；但恰恰2008年年初，南方遭遇百年不遇暴雪，造成近1/5的交通瘫痪。人家就会问：你的社会组织能力哪去了？你这么强的政府动员能力哪去了？不过是几场雪，又不是原来没有下过雪。2008年5月，汶川大地震，中国呈现给世界的是一个感天动地的抗震救灾的场面，可以说这种场面所表现的崇高的道德、友爱、人性，得到了世界的肯定和尊重。但同样这一年，又爆发了三鹿奶粉丑闻，为赚一些蝇头小利，居然让奶粉带毒，影响后代。人家又要问了：这个国家的良知到哪儿去了，道德到哪儿去了？

这是一个非常矛盾的问题，有很多情况下是同一个问题两个侧面同时存在，怎么向世界说明？我不觉得这是一件容易的事情。一方面，我们要防止别人只见树木不见森林——很多人对我们的负面新闻求之不得，借此否定我们的全部成就。另一方面也必须很客观地向别人说明，这些问题的发生到底对我们来说意味着什么？是什么原因？这个还得有点本事。

在"妖魔化"中国，涉及中国人的道德、人性的时候，如果西方媒体推波助澜，它带来的伤害不是简单的一些变化和成绩所能调整和纠正的，有些伤害相当大，它是涉及人性基本面的攻击。

## 中国的发展给世界和周边国家带来的挑战

二战以来国际社会形成的大部分规则都可能因为中国的强盛或者变化受到挑战，中国的发言权、中国的影响力对于既得利益者来说，无论从哪个角度看都是挑战，所得到的反应或是疑虑，或是对抗，或是敌视，有些是战术上的，有些是战略上的。可以说对于中国的发展引发的大国关系的变化，我们是有思想准备的，而对周边关系变化的影响，我们缺乏足够的准备。

中国的快速发展，按道理说是给很多国家，特别是发展中国家和周边国家带来了很多机遇和希望。但是实际上，中国同发展中国家的关系现在变得比较复杂。举一个简单的例子，2005年，世界贸易组织收到的对中国的起诉，前十名里面有七个是发展中国家，我们原来以为打贸易战都是跟发达国家，尽管这七个国家同中国贸易纠纷的总量加起来都不及前三个，是其他几个发达国家的几分之一。

中国同发展中国家的矛盾在于中国的经济发展方式、模式、发展阶段同这些国家"撞车"了。我们这些年经济实力的增长主要是靠劳动密集型产品进入国际市场，赢得发展机遇，带动整个经济发展。但只要搞劳动密集型产品，跟许多发展中国家基本就是"撞车"的关系。全球市场上跟日常生活有关的产品中，有800多个种类的产品，中国的产量都是第一，对这些发展中国家的竞争力和生存直接产生影响的并不是美国，而是中国。

中国同周边国家的关系也是如此。二战以后，冷战对中国的影响之一就是同周边国家的紧张关系。周边国家绝大部分属于美国阵营，或者受美国影响。直到改革开放之后，二十世纪八十年代，中国硬是靠经济发展的机遇，与周边国家加强合作，改善了同周边大部分国家的关系，以至于像"东盟"这类国际组织和国家组织，以及亚洲地区的其他多边组织，中国都能够非常顺利地以经济合作的方式参与其中，并且有了一定的发言权。总体关系应该说还是比较好的，但是矛盾也很快就产生了，特别是当中国强盛到一定程度的时候。过去十年里，中国的主导权越来越大，周边国家对中国的经济依赖性也越来越大，美国推行"重返亚洲"的政策之后，我们可以非常清晰地看到，中国同周边国家的关系几乎直接地、间接地，背后都有美国的影子。简单地说，在中国和美国之间，如果这些国家要做选择的话，恐怕不是只有少数国家选择美国。这不完全是意识形态的问题，还涉及中国的影响力增大以后，对这些国家在亚洲地区的影响力和安全等方面产生了威胁，而美国似乎有这个能力来扮演这个"制衡"的角色，以所谓"重返亚洲"的方式来协调、平衡、影响这个地区的权力格局。因此可以看出，中国在快速发展过程中可谓"高处不胜寒"，这个不能用学术语言来表达，是大国崛起的孤独。尽管中国经济的快速发展给周边国家带来了很多机会或利益，他们遇到困难后中国也经常会慷慨援助，但事实上并不完全能够带来彼此关系的正向发展。

另外，还有传媒技术进步带来的挑战。这个变化对于我们向世界说明中国来说，带来很多机会，但同时也带来很多挑战。媒体格局和舆论生态发生深刻变化，这个变化还处于"进行式"当中，还在调整。在媒体格局和舆论生态中，我们到底处于强势地位还是弱势地位，还是问号。特别是以互联网为特征的新技术的发展，以新技术应用为特征的信息技术的发展，以及移动终端社交网络这种自媒体的发展，使得我们在向世界说明中国、影响国际舆论的实践中，情况变得更加复杂。

## 价值观和话语体系层面的挑战

这些年我们都在谈，要通过文化软实力来影响世界，但其核心没有那么简单，能在别的国家演多少场戏，我们的电影在其他国家会有多少票房，都要通过核心价值观来体现。这个核心价值观的体现，也直接涉及我们有没有话语权，是用别人的话语来描述我们的价值，还是用我们自己的话语来描述自己。也就是说，我们向世界说明中国时，使用的话语应该是既有民族特色，同时又有广泛认同的，这是一个很大的挑战。从过去相当长一个时期来看，就价值观和话语体系来说，我们主导的东西实在太少。我们用传统中国文化影响世界、感动世界，这种可能性或者影响力很有限，文化上的差异，语言上的不同，使得这个世界上人口最多的国家依然必须用别人的语言来介绍自己。在这个文化解读过程中，不论差异还是日益的冲突，都还有很多问题需要解决。

我们外文局在这方面感触最直接的是，向世界说明中国，或者中国文化走出去，第一个环节就是中国的文化多数情况下需要翻译成别人的语言再介绍给别人。这个转换过程绝对不仅仅是语言的转换，难的也不仅是语言的转换。比如"文明"这个词，英文是 civilization。从翻译上来说，文明就是 civilization，没有任何争议。但是如果放到具体语境下，就需要好好琢磨琢磨了。比如，好的航班在中国会被命名为"文明"航班，转换成英文就只能是"This is a civilized flight entitled by CAAC"。中国还有很多文明单位、文明工厂、文明班子、文明学校等等，转换成英文都只能是 civilized。"文明"这个词产自欧洲中世纪，是相对于"黑暗的""野蛮的"而言的。但在中文里，它所表达的不仅是人从不穿衣服到穿衣服、从不讲人性到讲人性这一过程，它还有非常丰富的、专门的指向性。中文里"文明"没有任何争议，是一个褒义词，现在我们还谈要倡导决策文明、政治文明。翻译成英文后别人就会产生疑惑：你到底想说什么？不文明到底是什么样子？诸如此类。语言转换都已经很困难，更不用说语言背后的文化和价值观，绝对不是简单翻译所能实现的。

我到外文局遇到的第一项工作是党的十六届二中全会公报的翻译，发布的文件中有一句"加强执政能力建设，关键要提高驾驭市场经济的能力"。"驾驭市场经济的能力"，我看到的英语译文有六个版本。英文翻译成中文很快，就是"控制市场经济"，但从中文翻译成英文，直译肯定不行，意思表达不到位。据《康熙辞典》的解释，"驾驭"最早源于"驾驭马车"，除了控制之外，我不知道驾驭还有什么其他的含义，但如果翻译为"控制"，言下之意似乎是西方在供给的是不完全的市场经济，而我们告诉他们：我要加强控制经济的能力。于是，他们又疑惑了：你到底想说什么？诸如此类，很多政治意义、文化背景，都要通过我们自己的转换来告诉别人我想做什么，这是相当不容易的事情。我们的外语水平在过去30年的改革开放过程中提高相当明显，但是我们要让别人真正听懂我们、读懂我们，差距还是比较大。

## 传递中国形象的主体角色

我们都是学传播的，原来以为传播中国形象，媒体应当挑大梁，但现在我们越来越明显地看到，传达、传递中国形象的主体角色在不断改变，其中一个角色，或者重要的角色，已经被取代了——中国产品和中国人已经成为中国形象最直接、最广泛的传递词。全世界到处都是"中国制造"（made in China），这就是中国形象，我们中国人更是把活生生的中国形象传递到世界。中国国力的强盛带动了国家形象的改善，这一点毋庸置疑。但有多少人能想到，自己在和世界接触时，也在传递中国形象，这个形象是活生生的，全世界各种各样文化背景的人都会对此做出自己的判断。我觉得这是对我们向世界说明中国的一个新的巨大挑战。

还有一个也是我们必须重视的，就是文化交流的逆势。这个词我没想好，"逆势"，也是我再三斟酌后用的词。在全球化不断深入发展的过程当中，人与人之间的交往和接触方式越来越多，这种条件下的文化交流应该是相互的认同越来越多，相互理解越来越多，文化交流越来越充分，但事实情况不尽如此，为什么呢？三年前，我看到一篇文章，是黑山共和国的一个学者写的。他大声疾呼：如果像现在这样的文化交流继续下去，这个国家的文化很快就会消失了。全球化过程中的文化交流势必让强势文化越来越强，弱小文化很快消失。

我自己亲身经历过一件事。1999年，卡斯特罗来访时到上海访问，从农村联产承包责任制到中外合资企业，了解得相当详细，我们的陪同领导介绍了中国经济改革开放的道路，路线是什么，思路是什么，做法是什么。他问得非常仔细，但其中有一个环节，我们的领导说，为什么要发展经济？其中的一个理由是"弱国无外交"，经济非要强大起来，在国际上才有发言权。这句话说得对吧，从我们角度来说，不光我们的经历如此，事实也是这样。但没想到卡斯特罗站起来了，为什么弱国无外交？古巴永远不可能成为强国，是不是我就永远没外交？我告诉你，美国拿我没办法，这难道不是外交水平吗？我们认为的理所当然，我们的经验，我们的教训，我们成功的理念、路线，在他看来，他不能复制你的做法，不能复制你的经历，就直接否定你的认知。文化交流也一样，我们主动去推广自己的文化，希望你了解我，帮助你了解我，没什么坏的动机，但效果不一定好。当然，这不光是针对中国，法国到现在依然抵制麦当劳、抵制美国大片。

## 向世界阐明中国的战略

因此，中国比以往任何时间都需要更清楚地向世界阐明自己的战略，展示我们对未来世界发展的看法和思考，消除国际社会对中国的误解和误判，这非常不容易。因此我们要韬光养晦、趋利避害。如何实现？我这里提了几个问题。

第一个问题，如何做 No.2？这个 No.2 非常不容易做，从表面上看，中国在经济总量上居于第二位，但我们心里非常清楚，总量上够，但实际上非常不平衡，差距非常大。问题是，国际社会可不是这么看。这个 No.2 对美国意味着什么？对周边国家意味着什么？对发展中国家意味着什么？都得研究。这可不是一天两天的事情，这是一个非常系统的，很大程度上是一个关键的、可能影响其他国家的核心问题。只要中国稳步发展，只要人口基数放在这儿，只要我们想改善自己、发展自己，这个问题就得面对。这是既有现实的需求，同时更重要的是必须有战略的研究。

第二个问题，中国如何看自己？我开始时再三声明，今天没有安排时间说我们的发展和进步，但是这绝不意味着我们可以用简单化的视角来看待自己。简单化意味着把有些事实或现象说成"非黑即白"，影响只有正面的没有负面的，等等。我们不能用简单化的方法来看待自己，我们经济总量上超过美国是指日可待的，但这又意味着什么？

第三个问题，我们的核心价值体系。我跟很多同志讲过我到希腊的一个经历。希腊成功举办了 2004 年奥运会，整个开幕式没有一句台词，没有一句歌词，就是纯音乐。纯音乐如何体现他们制定的"让奥运回家"的主旨？为什么可以让奥林匹克精神通过开幕式这么漂亮地展现出来？他向世界传达的希腊文化的核心词到底是什么？我曾经请教过中国驻希腊大使，他告诉我两个词，第一是人文，第二是理性。后来我跟希腊的文化部长，就是奥组委的主席交流时，问他如何看待这两个词。他说他认为是人文和自由。他认为，理性是国王定的，什么是理性、什么是非理性都是由国王、皇帝来定的，这不是希腊文化的核心，他认为自由更重要。我想说的是他至少概括出来了希腊文化的核心价值。我们怎么概括我们中华文化的核心价值？这需要有文化底蕴才能概括得出来，要懂政治、懂历史才概括得出来。如果我们概括不出来，别人还是比较难直接了解我们，了解我们到底想说什么，我们的核心价值观到底是什么？我们必须研究我们的核心价值体系，我们的核心价值观，同西方社会在过去两三百年社会和文明发展形成的价值观有什么关系。同时要研究我们的核心价值对普世价值有什么积极的作用等等。这些问题不解决，向世界说明中国，不可能说得明白。

第四个问题，传统文化与当代中国之间的关系。现在我们一说传播中国文化，手上的王牌基本都是传统经典。当代中国有哪些可以向世界说明介绍的？事实上，国际社会上很多真正喜欢文化的人喜欢的是经典文化。这里的平衡以及具体呈现的内容和形式到底是什么关系，这也需要深入研究。

第五个问题，传播学本质就是研究跨文化传播的能力，要更多地集中我们的智慧和优势来研究跨国文化的交流。任何一种对外文化的交流都只能是、必须是、应该是跨国文化的交流。也就是说，你必须懂别人，你不了解别人的文化，就说要传递中国文化，恐怕会事与愿违。我们现在对所谓的传播规律的了解就是 no news is good news，反过来说，good news is no news。如何顺应这些规律来做我们的文章也需要共同努力。

再回到我开头说的基础理论研究。基础理论研究的基本要求，第一，必须要贴近实际，任何时候脱离实际、脱离事实在发生的事情，要有深入的理论研究，几乎是不可能的。第二，中国的变化太多太快，基本的理论研究办法就是案例研究。文科同学的动手能力体现在什么地方？就是做案例的研究。文科同学动手搞案例研究的本事有多大，直接影响他对理论的理解和创新水平。而案例研究的高明之处在于案例本身完整的程度基本是无限的，完善案例的信息本身就是个无穷尽的过程，对案例研读、研判也是一个无穷尽的过程，没有一种案例只有一个解读或者只有一个答案。恰恰是这种无穷尽，使得整个学术交流充满积极性，使得这些案例越来越具有学术的价值和理论推导的价值。我们现在的学术研究要形成一些独立的见解，更多地需要通过案例，通过别人经历的事情，通过我们自己的解读，仁者见仁智者见智。各种学术观点的交流使我们对已经发生的事情有不断深化的认识，这对理论的产生和完善才是有价值的。

整理：王敏明　刘晓敏　刘平浩　徐跃家

校对：张垒

# 自觉担当起打造大国传播的历史使命

**主讲人：周树春**

**主讲人简介：**

周树春，法学博士，高级记者。曾任《中国日报》社社长兼总编辑。1986年6月毕业于上海外国语大学，毕业后到新华社工作，先后任《瞭望》周刊社编辑、中国特稿社记者。此后曾短暂前往美国夏威夷大学留学，回国后历任新华社对外新闻编辑部中央政治外事新闻采编室记者、副主任、主任和对外新闻编辑部副主任。1998年5月任新华社伦敦分社社长，后又转任新华社参考新闻编辑部主任兼《参考消息》报社总编辑，2003年12月任新华社总编辑室副总编辑，2007年9月起任新华社党组成员、副社长兼常务副总编辑。2017年2月起任《中国日报》社总编辑。2007年6月获第八届中国韬奋新闻奖。

时间：2016年12月17日

同学们晚上好！很高兴能够有机会和大家做交流。今天的主题，主要是讨论如何推进传播大国的建设。参加今天讲座的主要是硕士，还有博士一年级的同学，大家对这个话题也是比较熟悉的，我讲完之后也非常愿意听听大家的意见。

现在中国正在崛起，正在成长为世界政治经济力量的重要一极，新闻史上也有这样的基本规律：政治经济强国必然走向传播大国。现在，我们国家总的国情没有改变，也就是所谓的"三个没有变"：一是初级阶段的基本国情没有变；二是社会主要矛盾——人民日益增长的物质文化需求与落后的生产方式之间的矛盾没有变；三是中国作为最大发展中国家的国际地位没有变。但同时也有变化，概括起来就是"两个走近"：一是我们不断走近中华民族伟大复兴的宏伟目标；二是前所未有地走近世界舞台的中央。在新的历史和时代条件下，我们要大力加强国际传播能力建设，其实就是适应实现中华民族伟大复兴的历史要求。

所以，我们在民族复兴的历史进程当中，就应该自觉地去担当起打造大国传播的历史使命，这就是今天我和大家交流的核心所在。打造大国传播，一是要充分认识当代中国历史发展的方位，二是要牢牢抓住全球传媒变革的历史机遇。

下面，我们就先讨论第一个议题：正确认识当代中国的历史方位，自觉担当大国传播的历史责任。

首先，我们一起回溯一下中国发展的历史。刚才我们讲"三个没有变"和"两个走近"。这些对我们意味着什么？对国际传播意味着什么？我认为可以从以下几个角度看待这个问题。

一、国际传播与国家实力。无论从历史上看还是从当下看，有些国家都可以说是"传播大国"，比如美国和英国，在传媒业的各个领域都能看出他们的垄断地位。在世界历史上，英国应该是第一个真正意义上的全球传播大国：1910年它就控制了全球一半的海底电缆，伦敦成为世界信息中心；从地域上讲，虽然其本土面积只有24万多平方公里，人口2000多万，但作为"日不落帝国"，其实际人口是本土的8.6倍，国土面积是本土的111倍；国家实力方面也是大家都熟悉的，英国曾是全球最先进、最发达的"世界工厂"，称雄全球一百多年，在18世纪、19世纪的人类历史上重要变革的时期，无论是资产阶级革命、科技革命、产业革命，英国都走在世界的前列，引领时代进步。

美国是现在唯一的超级大国，也是第一传播大国。在19世纪下半叶的第二次工业革命中崛起，在第二次世界大战之后一跃成为超级大国。地域领土持续扩张，在18、19世纪扩张了三倍多，人口达到960万多；国家实力上，美国是世界上最重要的经济中心、科技创新中心；国际影响上，二战后的世界体系，联合国（UN）、国际货币基金组织（IMF）、世界贸易组织（WTO）、北大西洋公约组织（NATO）等都是美国主导的。同时，美国价值也不断向全世界输出、传播：一战后，美国就着手建立了新的国际传播体系，"三社四边体系"形成后，美联社成为世界第一；二战后，美国正式确立"传播大国"的地位，通过广播、电视、报刊、通讯社、电影等，全方位形成大国传播体系；冷战后，苏联解体，进一步加强、巩固了美国在全球传播的垄断地位。

二、大国标志与大国标配。我们刚刚谈到怎么成为全球大国。简单概括的话，一是地域大，二是国力强，三是影响广。那么大国传播的特征是什么呢？与之相对应的，一是采访和传播覆盖广泛，二是技术力量强大先进，三是影响持久而深入。前两个涉及信息的投送和到达，第三个涉及传播效果和价值认同。基于基本的历史规律，一个国家崛起为世界上最主要的力量中心，随之而来的应该是确立传播大国的地位，并为其奠定坚实的物质条件。我想，现在中国应该处于这样一个新的历史发展阶段。

三、大国崛起和世界强国。从地域、实力、影响上看，中国一直都是大国。陆地面积约960万平方千米，人口超13亿。在综合国力上升的同时，中国的影响力也在逐年提升，这其实就是从政治和文明大国走向"负责任大国"的历史发展进程，即建立一个在人民生活、经济模式、政治制度、社会价值、民族文化、国家安全等各方面都具有全球影响力的大国。

四、大国外交与大国传播。2014年中央外事工作会议上专门提出一个理念：我们要开创中国特色的大国外交，这就是中国特色、中国风格、中国气派的新型大国。与之相应，既然我们有自己的大国外交，大国传播自然也是这个大题目中的应有之义。

以上就是我想讲的第一点，就是我们怎么去看中国发展的历史阶段以及提出建设大国传播命题的意义。

下面讨论第二个议题，就是要牢牢抓住全球传媒变革的历史机遇。

第一，实力对比出现新变化。从国际关系的角度看，冷战后特别是2008年国际金融危机以来，世界力量结构出现了几方面重要变化：一是经济力量新对比，二是政治格局新动向，三是文化思潮新苗头，四是传媒领域的调整和转型。

从政治经济的角度讲，当下新兴经济体在全球GDP占比已上升到50%，以中国为代表的新兴发展中国家群体性地崛起，成为新的全球力量中心。相应地，在政治、经济力量对比发生变化的时候，传媒也发生了此长彼消的趋势，发展中国家媒体不断发展，过去几年美联社和新华社间的力量对比就是例证。大家熟悉的纽约时代广场有了新华社的大屏幕，我们不断占据着对外宣传的重要位置，而美联社和它的总部则是不断从纽约市中心向外面迁移，这本身就是一个象征性的变化；互联网的发展给全球媒体生态带来了巨大变化，互联网也成了国际传播竞争的又一领域。习近平主席在致世界互联网大会乌镇峰会的贺信中进一步提出了中国互联网的发展思维：一是全球思维，构建网络空间命运共同体；二是中国的互联网战略，就是建设网络强国，进一步发挥好我们的优势。对媒体来讲，我们同中国经济发展一样，始终处于追赶的状态，互联网的出现给我们提供了第一次可能同西方媒体在同一个起跑线上去竞争的条件。李克强总理说过这样一句话：在互联网领域，发展中国家、发达国家站在同一起跑线上，而且在某些方面甚至比发达国家有着更大优势。新华社广泛借力海外社交媒体平台 Twitter、YouTube、Facebook 发声，这在全世界主流媒体当中处于第一梯队。事实上，在广播、电视、报纸、杂志等传统媒体的竞争中，我们很难实现对欧美媒体的根本性突破，但互联网的出现带来了新的机遇，我们有可能和它们在同一起跑线上重新竞争并实现跨越式发展，我想这也是近几年全球媒体发展总体局面的重大变化。

第二点，从学习竞争到创新超越。新中国成立之后，我们在对外传播的机构、理念、教材、手段、应用等各个方面都是学习苏联模式，包括"对外宣传"的这个提法使用的也是苏联的概念；外宣机构的名称，最初的 Radio Beijing 就是仿照了 Radio Moscow。改革开放之后，我们在传播理论和实践上又开始学习西方，特别是学习美国。而现在，我们正处于从学习竞争到创新超越的新阶段，目前我国国际传播现实状况概括起来就是：同欧美发达国家相比，我们具备物质基础和实力，包括资金、技术，但在概念体系、话语体系、话语方式，特别是叙事能力上尚显薄弱，根本性障碍就在于制度和思想文化差异，这也很难克服。因此，我们未来需要不断发扬长板，补齐短板，突破根本性障碍，这样才可以在"西强我弱"的局面下实现有效突破。

第三点，从实现中国传媒崛起到重塑国际舆论秩序。这也是根据我们所处历史方位和现实发展状况而提出的。权力的转移总是伴随着话语权的转移，英国和美国先后成为全球传播大国的路径，都是首先成为一个政治、经济、发展力量中心，之后才出现了话语权的转移。就一个国家来讲，有一个规律，就是经济崛起一段时间后形成货币崛起，然后是文化崛起。中国现在就是发展到了这样一个阶段。经济方面，经过改革开放几十年的发展，中国已经成为世界第二大经济体，前一段时间正式加入 SDR（特别提款权）篮子，这是人民币国际化的里程碑，人民币超越了英镑、日元成为世界第三大货币，仅次于美元、欧元，这是中国货币崛起的重要标志。未来的发展必然是中国文化的崛起，也就是我们从经济大国走向货币大国，最后走向文化大国、传媒大国的必然历史发展方向。因此，我们面临着"构建适应时代发展要求的传播大国"或者"大国传播体系"这样一个新的问题，而信息、传媒、传播秩序等议题在新的时代条件下也再一次走上台前。

伴随着 20 世纪国际政治的发展，建立更加公正合理的"新世界信息秩序"（New World Information and Communication Order，简称 NWICO）这样的命题被各发展中国家不断提出。进入 21 世纪之后，特别是近几年，这一命题又以不同的形式再一次被提出来。具体包括"今日俄罗斯"（RT）、半岛电视台等所谓非西方传媒的崛起，正悄然改变西方媒体主导的国际信息传播格局，这就是我们一直讲的"非西方的崛起"（The Rise of the Rest）。另一方面，非西方国家在促进全球互联网在内的国际舆论信息秩序民主化方面所发挥的作用也再次得到世界关注。新华社在2009年举办了第一届"世界媒体峰会"，到目前为止举办了两届"金砖国家媒体峰会"，其实就是在这方面做出我们自己的努力。

世界形势、传媒格局在发生变化，我们要真正实现构建传媒大国的目标还需要非常强烈的历史自觉和国家意志。近几年，党中央都把加强国际传播能力建设作为宣传思想、新闻舆论工作的重要方面，就是要适应世界发展趋势，把握历史机遇，在中国逐渐成为世界新的力量中心的同时，真正建立起大国传播的格局。

那么作为新闻工作者，应当如何自觉担当起打造大国传播的历史使命呢？我想提出以下几个方面的建议，供大家思考。

第一点，在讲好中国故事的过程中深挖中国崛起的历史意义和世界意义。

比如，新华社作为国家通讯社和世界性通讯社，首先要做的工作就是讲好中国故事。那么如何认识讲好中国故事这样的要求？我是这样理解的。衡量大国的标志首先是看这个国家能不能有效地对外说明自己，也就是能不能在世界上讲好自己的故事。

一个没有故事的或者讲不好自己故事的国家，肯定不是传播大国。你的故事别人不感兴趣，这样一个国家不可能成为一个传媒大国。在过去几十年当中，我们创造了世界现代化发展的奇迹，"中国奇迹"就是中国故事的一个客观基础。总书记讲过，我们做好了中国事情，就完全有理由去讲好中国故事。实际上这也是对我们外宣战线提出的要求。落实好中央这样的要求，要在更深的层次、更高的高度去理解，以更深刻的内涵去讲好中国故事，并在这个过程中形成我们的"中国叙事"，这是我们构建大国传播的一个基本前提和重要依托。

在我看来，中国故事正在成为世界新闻，中国故事就是世界故事。"中国工人"曾经获得过《时代》周刊的"年度人物"提名，从中国制造到中国创造，从中国工人到中国游客，从中国外交到中国国防，从中国经验到中国挫折，甚至是从中国机遇到中国"威胁"，关于中国的千姿百态、千变万化、丰富多彩、纷繁复杂的种种舆论都是故事的主题和载体。这个故事的核心就是怎么去说明一个迅速发展、不断进步、日益强大，创造了人类发展奇迹，又可能在一定程度一定范围一定时间表现出失衡、失协甚至是失序的状况，而走在一条与众不同的发展道路上的国家的成长历程。

中国故事不同于其他国家的故事，我觉得核心就在于他的矛盾和冲突，这构成了戏剧情境下的故事基础。从传播学的角度来讲,中国故事的戏剧性在人类历史上是绝无仅有的,这为我们讲好故事提供了得天独厚的素材。关于中国的新闻之所以可以吸引世界的目光,就在于中国发展处于转型期,存在着许多困难和挑战。我们用几十年的时间走过了发达国家几百年的历程。所以我们讲好中国故事,一方面要面对这样的挑战,同时也要把这个资源挖掘出来,使其成为我们讲好故事的一个重要资源。

中国故事成为世界新闻的同时,中国历史也在创造世界历史,也就是在更深层次上,中国故事具有世界意义的叙事。我们要生动地讲好世界故事,同时又应把我们的故事投射在一个更加宏大的历史背景上,因为中国的崛起是史无前例的现象。中国现代化对世界意味着什么,意味着能够享受现代化生活的人口要翻番,这在世界历史上是从来没有过的。一方面,到目前为止,无论是已经实现现代化的国家,还是正在努力实现现代化的国家,绝大多数走的都是资本主义道路,走社会主义道路实现现代化的国家目前还没有。所以在这样一条道路上实现现代化,这样大体量的国家实现现代化,世界上还从来没有这样的经验,所以西方国家不可避免地认为中国的发展带有不确定性。国际传播的工作重心之一就是不断地去批驳"中国威胁论",但从世界发展的角度去看,"中国威胁论"也是不可避免的一种疑虑,这就给我们讲好中国故事带来了挑战。另一方面,我们在这条道路上每前进一步,对于人类文明都具有深刻而广泛的意义,并且,解决中国问题实际上就是解决世界问题的重要组成部分,所以如果我们找到了可持续发展的一个路径、一个模式,这本身就是对世界经济的一个重要贡献,因为我们贡献着世界经济25%以上的增长,如果我们经济发展停滞不前,其本身就是对世界经济的重大威胁。

第二点,在融通中外的过程中,构建大国传播的话语体系。

讲好中国故事,还在于能不能构建起一套让世界倾听、认可的传播话语。我们有鲜活的故事素材和精彩的故事脚本,但是要搬到世界舆论的舞台上,还必须通过有效的话语体系去传递给受众。

总书记在关于新闻舆论工作的系列重要讲话中反复强调:传播好中国声音,阐释好中国特色,要构建对外话语体系,增强对外话语的创造力、感召力和公信力,这就是重在构造体系、重在创新发展。我的理解就是以"中国实践"去重塑话语体系。国际传播的话语体系是什么?我认为是关于当代世界发展状态的解释和说明的概念性叙述,所以,话语体系是关于世界发展状况的解释和说明的概念体系。在过去几百年中,随着资本主义的全球扩张,实际上形成了客观存在的西方中心主义,国际传播的话语体系一直是由西方主导的,西方发达国家既是世界话语的生产者,又是传播渠道的控制者。这样一种双重操控塑造了国际传播中西方的主导地位,这是当下的实际情况。

近些年来,中国的崛起成为一种普遍认可的世界现象,我们也面临着构建话语体系,进而突破西方话语霸权的历史机遇。为什么要这么做?首先,在过去几百年中建立的资本主义文明经验体系是不能有效解释中国的独特现象的。我们走的是中国特色社会主义道路,在历史上也从来没出现过这样一个超大规模的发展中国家的崛起。且不说英国,就说美国,虽然国土面积跟我们差不多,但人口比我们少得多,具有更加优越的地理条件。中国这样的发展是世界现代化过程中从来没过的现象。因此,在过去几百年中形成的这样一个资本主义的经验体系、文明体系、知识体系中,并不能解释这样一个特殊的中国现象,也就是说,中国经验超越了西方的知识体系的认知、解释和反应能力。所以,只要中国崛起持续下去,中国故事就会不断改写世界历史。只要我们在各种质疑和捧杀中不断发展下去,我想国际社会也就需要一种新的理论框架、概念体系来回应这种新的体验,现在应该就是到了这个时候。

中国的实践已经走在了前面,总书记讲到构建话语体系的时候,谈到一个"言必称希腊"的问题。这是因为话语体系是基于知识体系而产生的。刚才也讲到,从资产阶级革命、机器革命到产业革命,资本主义文明始终引领着世界的发展。从欧美已经崛起的国家来看,像 1640 年英国资产阶级革命,1775 年美国独立战争,1789 年法国大革命,哪怕是晚一点的 1868 年日本明治维新,都远远走在我们前面。在这个过程中,随着资本主义的全球扩张,发达国家在世界范围现代化浪潮中形成了从自然科学到社会科学的完备的现代科学体系,因而有了西方中心主义盛行的几百年。

西方中心主义,既是结果,也是原因。但现在出现了许多变化,世界发展"言必称中国"。所以我们越是走近世界舞台的中央,就越深切地感受到西方话语霸权的困扰,进而发现对外话语的创新大大落后于我国现代化的实践创新。2015 年习近平总书记在党校工作会议上的讲话讲到了这个问题的根本要害:"支撑话语体系的基础是哲学社会科学体系。没有自己的哲学社会科学体系,就没有话语权。"新加坡学者郑永年教授也讲过,中国没有话语权,是因为中国没有自己的话语体系,没有自己的知识体系。所以我们必须以总结和提炼中国经验为基础,以赋予科学精神的时代话语去讲述好当代中国的发展实践,进而在认识中国和当代世界的过程中形成我们的概念,以中国视角去展开世界的叙事。

近几年习近平总书记每次重要的讲话,特别是在国际场合的讲话,都提出了很多新的概念，包括人类命运共同体、新型大国关系等等，这些就是讲好中国故事的一个源头和标识。为什么总书记要主持召开哲学社会科学工作座谈会？就是因为我们需要创新哲学社会科学，提出我们自己的解释世界、说明世界的概念、范畴、叙述，只有到那个时候我们才能真的有自己的话语体系。

另外，还要让中国话语体系引领国际舆论的议程。中国崛起是一种新的文明模式的崛起，也将带来一种独立的政治话语的崛起。建立自己的话语体系，就要增强"话语自觉"，特别是终结发展中国家无法表达自己而必须被人表述的历史。中国崛起意味着我们现在不仅有能力表述自己，而且必将以新的话语体系引领世界的未来。所以，从中国道路到中国模式，从"一带一路"到"人类命运共同体"，一系列带有鲜明中国印记的概念已经成为世界流行的新语汇。

十年前，国际媒体上还很少刊登中国的新闻，现在的国际新闻中已不可能没有关于中国的新闻，中国新闻还经常登上头版头条。在关于中国的报道中，大量出现了具有鲜明中国标记的概念，这就是中国引领国际舆论的一个重要标识。在话语体系建构中，一个重要的条件就是要基于文化交流和文明互鉴来丰富我们自己的话语体系。中国不同于其他国家，有着五千年从未中断的历史，我们具有海纳百川、厚德载物的生命性和耐力，特别是过去一百多年，实际上是中西文明不断交融、交汇、交流的过程，如果说现在世界上有哪个文明能够为世界文明的融合做出贡献，应该就是中华文明。正因为这样一个重要原因，我想我们也有能力建立一个属于自己同时又被世界认同的话语体系，既用全球话语表述中国，体现中国视角，也能对接世界认知，去分析和讲述世界。现在，中国的实践已经走在了世界的前沿，我们在发展过程中出现的一系列问题和议题，势必不断走上世界发展的议程，而我们国际传播所要做的事情就是让话语创新跟上人类历史发展的脚步，成为世界舆论的主导性叙述。

第三点，就是在创新实践中创新理论。

"西强我弱"是当前国际传播的基本格局，中国总的来讲国际传播能力不强，跟我们的国情和国际地位不相称。走向大国就要扭转这种有理说不出、说不清的被动局面，同时在大力增强国际传播能力的基础上，构建中国特色的国际传播理论体系，增加实践的创新和自觉，在中国和世界的关系发生变化的过程中，把握国际传播的时代方位和目标定位，把国际传播战略作为实现大国崛起的重要组成部分。在过去几年中，党中央制定和发布了加强国际传播能力建设的一系列政策文件，标志着已经把打造"传播大国"提到了国家战略层面。相对于国际传播能力建设，我们的传播理论建设显得滞后一些，面对西方的指责和诋毁，理论层面的回应也显得非常薄弱。国家崛起和民族复兴应该是不仅呼唤着我们要建立起与之相适应的大国传播实践，同时要求我们要加快构建适应时代发展要求的中国特色的传播理论体系。

那么，如何实现呢？

首先，要建立理论自觉。就是以马克思主义科学理论为根本武器，以中华传统文化为精神滋养，从当代中国、当今世界发展的实际出发，吸纳人类文明特别是传播文明的成果，提出具有中国特色和时代特点的新概念、新表述。

其次，要坚持问题导向。梳理出我们构建自己的理论体系所需要思考的重大问题，比如我们应该构建怎样的传播理论，建立怎样的传播秩序，需要怎样的国际传播。从这些问题出发，围绕国际传播中涉及的国家利益，包括共同意识、民族精神、共同价值，建立起我们的理论体系，特别是针对西方传播理论中"新闻自由"等核心概念进行系统科学的论述和回应。

第三，要构建科学范式。增强我们的国际传播能力，核心在于形成具有影响力的话语体系。这既是一个实践问题，又是一个理论问题。中国现代化的独特实践，为提升中国话语权提供了现实可能，我们要增强这种理论自觉，在大力讲好中国故事的过程中，不断去构建起科学阐释当代中国、当代世界的社会科学范式，从学理和学术上赋予中国故事更多的普适性意义。现在的问题是，我们自己的话语有中国特色，但是传不开，因为缺乏普适性意义，没法获得世界范围的认同和共鸣，所以这是我们要突破的一个重要方向，要在学术上克服与外界交流的障碍，特别是在创新理论中增强理论知识生长能力。

第四，要形成理论体系。近年来，马克思主义新闻学的中国化有了相当的基础，时代化、中国化也取得了明显的成绩，应该说是比较完备的科学体系了。但是，还不能说我们有了自己的传播理论。我们现在学传播学用的教材还是施拉姆建立的那套体系，因为传播学本身就是年轻的科学，也是在西方特定的历史语境中诞生的特定学科，因此传播学怎么去更好地服务我们中国特色大国传播的实践，在实践中形成中国特色的传播理论，我想这是个重大而艰巨的理论创新课题。

第五，要在增强硬实力的过程中提高软实力。传播能力是硬实力和软实力的综合体现，一方面要做到声音的到达，确保我们传播的信息都能抵达目标地点、实现预期方向，在不失真的情况下传递到国际社会上。现在，新华社在境外有180个分支机构，采集网络在世界范围同其他机构相比一点都不弱，但是我们声音的到达还是有差距，采集到的新闻重新传播出去的时候，是不是都能够抵达目标地点、实现预期方向，这就是硬实力需要进一步加强的方面。另一方面就是要获得价值认同,这点难度更大,实现从信息传播到价值传播的飞跃,需要获得更高层次的权威性和影响力,这两方面任务都很繁重。

打造大国传播,就要抓住机遇,进一步加强基础设施建设,抓住和用好中国崛起的历史机遇,这是确定我们能在硬实力上跟西方传媒强国相抗衡的关键。过去几年世界格局的变化迅速,特别是G20杭州峰会的召开,标志着中国在全球治理平台中扮演了更为重要的角色。新兴经济体的崛起推动了国际关系民主化程度的不断增强。"国际关系民主化"讲了很多年,联合国的诞生本身就是促进国际关系民主化的一个机制,但是到目前为止,大国博弈、大国主导世界政治经济的格局还没有变化,特别是从冷战时期的"两强争霸"到冷战后的"一超多强",都与国际关系民主化距离很远。我们要抓住现在发生的这些有益的变化,推动世界秩序的良性重构。从英国到美国,传播强国首先是世界强国,所以现在世界政治经济中心的转移也必然导致世界话语中心的转移,因此,长期以来改变世界舆论秩序不合理的呼声始终存在,从半岛电视台到今日俄罗斯,这种非西方传媒的崛起,正在悄然改变主导国际舆论信息秩序的历史格局。

我们也应该发挥好这种不断强大的资金和技术实力,夯实国际传播的基础设施,构建遍布全球的信息采集网络,在传播中提高我们的能见度。最近的一项研究显示,新华社在各大国际通讯社中的被引用率是居于首位的,这就是"媒体能见度"的一个重要体现。现在路透社、美联社引新华社发的稿子,基本上都会加上这个出处,这就体现了一个国家的影响力和信息开放度的提升,中国声音已经传播到世界各地。

同时,我们也要抓住并用好互联网崛起的比较优势,从赶跑、跟跑到领跑,互联网时代我们有新的比较优势。现在全球十大网络企业,我们有三家是居于前列的。这么多年我们也在努力,希望突破西方在报刊、广播、电视等传统媒体领域的垄断性优势,这不是短期可以实现的,也是比较难的。但是,在互联网领域,我们和西方是在同一个起跑线上,现在我们甚至跑得更快一些。我们完全有可能将网络新媒体领域作为突破口,动摇西方传媒垄断的地位,进而打破"西强我弱"的格局。应该说是网络新媒体给我们带来了可能在较短时间内打破"西强我弱"格局的重要契机,抓住用好网络新媒体,就有可能更早实现突破。

另外,我们要大力提升共振、共鸣、共识。民族复兴是文明的复兴,国际传播必然也是文化的传播。话语体系是承载着特定文化观念的。最强力的话语背后是思想和价值,所以除了在叙述、呈现上诉诸改观,我想真正强大的传播是具有道义的感召力、思想的说服力、文化的融通力的。从这个角度去看，打造大国传播应该是从建设文化强国和思想大国开始。我们资金不差，技术不差，传播手段也不差，但即使我们充分抓住了网络新媒体发展的历史性机遇，实现了传播渠道的突破，如果我们背后没有这种强大的思想价值力量，还是成不了传播大国。

打造大国传播与建设文化大国、思想大国是同一个命题。汤因比说过，中国人在几千年来比世界任何民族都显示出在政治、文化上统一的能力，具有无与伦比的经验，具有世界主义思想，在各个文化当中具有最充分准备的是两千年来有了独特文化的中华民族。三十年河东，三十年河西，到21世纪，东方文化将取代西方文化领导全世界。总结他所讲的这些话，我想中华民族的复兴，从根本上来讲，应该是中华文明的复兴。

放在国际传播、构建传播大国的命题之下，我们讨论了所有"术"的层面的问题，最后到话语背后的"道"，就是文化的问题，文明的复兴，这些都是最终我们实现建设传播大国目标的必然议题。中国崛起将是一场文明的崛起。我们从经济大国走向经济强国，在这个过程中实现经济崛起、文化崛起，在这个过程中实现传播崛起，建立起我们能够融通中外，在世界上产生共振、共鸣、共识的话语体系，最根本的是需要我们实现文明崛起。就像历史进程一样，英国、美国的崛起都带来了各自文化的崛起。无论是新闻工作者，还是学者、学生，我们都应该有文化的自觉、实践的自觉，从各自的实践出发，为实现这一目标而努力。

总结一下，中华民族伟大复兴的历史进程发生在世界性变革的时代背景之下。当代世界发展的最突出特征是什么？其一是人类文明发展面临转折，其二就是中华民族的历史性崛起。人类文明之所以面临转折，就是从前面讲的荷兰、西班牙、英国、美国等等所有大国崛起过程中所秉承的资本主义文明道路，在21世纪特别是经历国际金融危机之后，证明了资本主义文明本身不能解决目前世界发展面临的困境，这也为中华文明提供了广阔的舞台和空间。

2008年就有西方学者提出：资本主义本身面临着再一次的自我革新。几百年来的西方中心主义出现了变化，西方已经不再是中心了，也正是在这样一个背景下，中国崛起了。我们实际上已经走在了世界发展的前沿，这是我们面临的一个大背景，为我们崛起成为传播大国提供了重要的历史机遇。所以推动中华文化、中华传统文化创造性转化、创新性发展、时代化演绎、国际化表达，使它成为当代社会的主流价值认同，应该成为实现复兴的要义之一。所以，在加强国际传播能力建设的过程中，推动中华文化走向世界，应该是我们打造大国传播的使命和担当。

整理：黄圣淳 陈一霖 张佳莹
校对：盛阳 张耀钟

# 增强国际影响力、树立国家新形象：对外传播策略思考

**主讲人：王惠**
**主讲人简介：**

  王惠，中共北京市委宣传部原副部长、北京市人民政府新闻办公室原主任，资深媒体人，兼任清华大学新闻与传播学院和中国传媒大学客座教授。先后从事过广播、报纸和电视工作，曾任北京电视台副总编辑；北京申办 2008 年奥运会期间，任北京奥申委新闻宣传部副部长，负责新闻宣传工作，亲历了申奥中的重要时刻和重大活动；北京奥运会筹办和举办期间任北京奥组委新闻宣传部部长，北京奥运新闻中心主任，北京奥运会、残奥会新闻发言人办公室主任，组织并参与大密度的新闻发布、媒体接待工作，具有与境内外媒体沟通的丰富经验。

时间：2011 年 9 月 15 日

  非常高兴又到清华园来与大家见面，每次到清华来看到同学们年轻的面孔，我心里都非常兴奋，因为我觉得我们后继有人了。大家学的专业跟我所从事的工作具有很大相似性，以后我们国家越来越走向世界了，需要更多的人来说明中国，这个过程中，如果不懂得怎么去和国际打交道，那宣传效果就会比较差。现在我们虽然感觉到对外传播的效果越来越好了，但是还需要提升，靠谁呢？就靠你们。所以非常高兴来与大家讨论这个问题，就是怎么样去增强我们国家的影响力？怎么样去树立我们国家的新形象？我想这个问题大家都很关注，尤其是当我们国家的 GDP 走到世界第二的时候，不光是我们关注，世界也开始关注，大家都在说：到底中国有多大的影响力呢？到底中国是一个什么样的国家呢？伴随着这样一个过程，我发现国际社会对中国的质疑声反而越来越多了。本来应该是我们越来越好了，我们可以正面向世界展示我们的形象了，可事实恰恰不是这样，质疑声开始多了，为什么？我认为，就是因为我们的传播能力

跟不上。我们的影响力靠什么发挥？我们的形象靠什么展示？靠传播！如果传播力跟不上，影响力是不会扩大的。所以我们今天就专门来讲一讲传播力。

## 提高对外传播力迫在眉睫

提高中国在国际上的影响力迫在眉睫，因为中国现在的影响力越来越大，世界对中国的了解也越来越多。过去很多人不知道中国在哪儿，知道中国在哪儿的人也不知道中国是个什么样的国家，知道中国是个什么样的国家的人又不知道中国人怎么生活。我记得1995年北京电视台举办了第一届外国人唱中国歌曲大赛，我想邀请加拿大的一个歌手来参赛，因为她会唱中国歌。她是一个金发碧眼的外国人，一句中国话也不会说，但她跟加拿大的华人学会了很多中文歌曲，在很多公开场合唱过。接到邀请后，她给我发来传真说："如果你能给我解决在北京住宿的地方，能洗澡，我就去。"我回复她："你怎么会这样认为呢？当然能洗澡了。"她又问："我是不是要把自己包裹得很严，我会不会被冻着？"我就又给她回复："你不是上月球，北京是一个很现代的城市。"她将信将疑地来了，走进北京电视台安排的宾馆：哇！很温暖！而且有独立的卫生间和洗澡间，一切都很好。她马上说："我现在就给我妈妈打电话，我妈妈非常担心，担心我到了这里就回不去了，担心我就会被这里的人怎么怎么样。我要马上告诉她，我住的屋子很暖和，我在这里得到了很好的招待。"今天不会再发生这样的事了，谁都知道中国是什么样的。

近些年，中国在国际社会上的形象在不断地优化，过去他们觉得中国贫穷落后，但是今天不一样了，他们认为中国确实在现代化程度上进展很快。但是国际上对中国的误解和偏见还没有完全消除。他们觉得，你经济是发展了，但是你的政治呢？你的社会呢？你的人文呢？于是开始在这些问题上找我们的麻烦。他们对中国的了解不够全面，对我们的国情掌握得不够详细，所以对中国的印象是不公正、不全面的。

我们为什么要在这时候强调中国的影响力呢？

首先，因为中国的发展需要靠国际话语权来打破不利舆论的包围和封锁。今天中国走到了国际舞台的中心了，如果我们还不知道怎么去跟国际对话，还不能让国际社会接受我们，那可能对我们来讲是非常非常迫切需要解决的一个难题了。所以我们现在必须在舆论上有我们自己的声音。大家都知道，长期以来，西强我弱的态势一直很明显，而且国际舆论在很多方面实际上对中国是进行一种封锁和包围，我们的声音出不去。别看我们互联网上的这么热闹，我们的互联网声音传到国际上去了吗？坏的都传出去了，好的没有。这是一个很严重的问题，是迫切需要我们解决的。

其次，中国应该改变世界对我们的看法。长期以来，我们在跟国际社会打交道的时候发现，他们是闭着一只眼睛看我们的，一只眼睛没有睁开，只用另一只眼睛看，结果就是看到中国快速发展了，但是你有很多问题。他们没有看到快速发展给中国带来的变化，而只看到了中国的问题。我有一次对一个外国人说，我对我身边的人做了一个调研，哪一个人在十年内没有搬过家。我问了当时在场的20个人，没有一个人举手，全部搬过家了，每一个人每一次的搬家都表现出他们生活水平的提高，第一次可能是从一居室搬到两居室，第二次就有可能是从两居室搬到了三居室，第三次可能从三居室搬到四居室，总之每个人的生活水平都在提高。这个搬家不是往坏的地方搬，而是往好的地方搬。这代表什么呢？就是我们的改革开放首先惠及了老百姓。但是国际社会不承认，它认为你国富了，民却没有富。所以这就是一只眼睛在看我们，给我们带来了很多偏差。

第三，国际社会实际上是非常期待我们的声音的，因为我们这样一个大国在社会转型的过程中能平稳地向前走，因为在金融危机中，在国际风云变幻中，中国依然很稳定地向前发展，所以世界实际上是非常期待中国的。他们很想知道：你们到底是怎么做的呢？你们的社会主义到底是怎么回事呢？我们也希望利用这个机会，让世界睁开另一只眼睛，看全面的中国，这对我们来说是很好的。但是想让世界真的能够接受我们的看法，或者把我们的声音传播出去，我认为我们首先应该准确地判断一下国际的舆论环境，先看看机遇有多少，挑战有多少。

## 难得的机遇

中国对外传播的第一个机遇是2008年北京奥运会。从申办到举办的全过程我都参与其中，体会真的是非常深切。我从北京电视台被调到对外宣传的岗位上，就是因为北京申奥需要一个人来做国际媒体的工作，当时我在北京电视台开创了一档面向海外播出的节目，因此，上级领导认为我跟国际媒体有一些对话的经验。到了奥申委，我要做的就是国际媒体的工作。在2000年悉尼奥运会上我们做了一个调查，调查显示：国际媒体对于申办2008年奥运会的五个城市的报道中有三分之二都集中在一个城市——北京，但是在这些报道中却有70%是负面的，只有30%是正面的和中立的。这对北京当然非常不利。从美国盐湖城申办冬奥会闹出丑闻后，国际奥委会的任何一个官员都不允许到申办城市考察，防止行贿受贿。其他的四个申办城市，国际奥委会的委员们非常熟悉，只有北京，他们来过的人太少，150个人中只有15%的人来过中国，我们了解后发现，这15%的人大都是八十年代前后来的中国——那时你们在座的各位还没出生呢。那时候中国是什么样的？如果靠那时候的印象来投票的话，大家说我们中国能拿到票吗？在这种情况下，更多的人靠什么来了解北京呢？就是要靠媒体的报道！而媒体的报道却有70%是负面的，我们怎么能申奥成功呢？所以这时候需要我们开始做媒体的工作了。我就是在这样的背景下被组织上派到奥申委工作的。

上任后我做的最重要的一项工作就是——把国际媒体请进来，美国、英国、法国、日本、德国等等，我把他们主流媒体的记者请来，让他们来看北京。7个月内，我请了334个记者来到北京。当时我觉得自己像个旅行团的领队似的，举着小旗带着外国记者们到处采访。那时候是多么艰难啊！334个记者，我一个一个地给他们打电话，一个一个地给他们发传真，一个一个地给他们做方案……2008年奥运会期间，我面对了多少记者？三万多！整整一百倍！我记得奥运会开幕式那天晚上，火炬一点着，我立刻从鸟巢往回跑，因为开幕式结束就要召开新闻发布会。我跑到新闻中心，马上换上西装出席新闻发布会，真的是跑出了一身大汗。会场内空调很冷，我被汗湿透了的后背又被空调吹得冻成了冰。发布会一结束，我还没有来得及换衣服，就被外国记者包围了，他们都过来跟我拥抱，每一个人都在不停地说：Congratulations（祝贺）！

奥运会之后全世界都知道了：原来中国是这样的，原来中国完全不像媒体报道的那样，原来中国人这么优雅，原来中国的发展变化包含着这么多故事和道理，原来中国的环境是这样的，原来中国人是这么自由和快乐。前来报道北京奥运会的3万多外国记者中，有90%是没有来过中国的，他们以前根本就不知道中国是什么样的，奥运会一下子改变了他们的看法。所以说，奥运会让世界重新认识了中国。

第二个机遇就是奥运会后不久爆发的金融危机。大家知道金融危机给世界带来的是什么吗？是债务，它让很多国家直到现在还捉襟见肘，让美国和欧洲国家麻烦不断。在昨天举行的大连达沃斯会议上，温家宝总理发表的讲话得到了国际媒体的广泛关注。我们今天没有时间讨论讲话的内容，但是从传播效果上看，中国人在这时候说话，国际社会是在认真听的。为什么？因为中国在金融危机中不但没有垮掉，还保持了自己的增长速度。这就让世界看到了中国，关注到中国，社会主义到底是个什么样的体制，他们很有兴趣了解一下。

第三个机遇就是中国的发展。新中国成立60年和改革开放30年的成就，增强了世界对中国的信心。过去他们认为中国的发展、崛起是很可怕的，出现了中国"威胁"论、中国责任论等等，但是这时候要让世界看到这30年中国发生了什么样翻天覆地的变化，中国共产党带着一个13亿人口的大国一直在往前走，一直在进步，这是很了不起的！中国一步步走过来了，外国人看到了以后都很震惊，而且在思考，中国的体制有什么是值得他们借鉴的，所以我们现在开展国际合作，加强对外传播，应该说是最好的时期。

## 艰巨的挑战

在以上这些难得的机遇面前，我们的对外传播又面临着许多艰巨的挑战。我们现在有很多东西能跟国际社会介绍，但面临的挑战别人并不一定接受。

首先，我们正在建设一个什么样的社会？和谐社会！中国和谐了，或许世界也就和谐了，我们真的是在给世界做贡献，可惜的是很多国际媒体并不接受我们的观点，它们并不认为我们在建设和谐社会。

其次，我们走的是什么样的道路？和平发展道路！这一点我们一直在说，但是别人就是不信，因为很多国家的发展不是靠和平，他们当初的积累是靠掠夺。西方很多国家的博物馆都收藏了许多中国的文物。怎么来的？这段历史大家都很清楚，我就不多说了。我第一次去意大利的时候，到了米兰，导游是当地华人，特别爱国，我们刚下飞机，他就把我们拉到火车站，因为这个火车站就是当年用清政府的赔款修建的。西方国家大都是靠掠夺发展起来的，因此，我们跟他们说，中国走的是和平发展的道路，他们不相信，他们认为我们一定是靠掠夺发展的。

第三个挑战是"贡献"与"责任"的矛盾。我们近30年来的高速发展给世界带来的是什么？是贡献！但是世界却在说：你们有责任，你们的排放量太大，你们把地球给污染了，你们要负责任。我个人认为，讨论全球气候变化的哥本哈根会议是一次没有赢家的较量。西方没有打赢，他们提出的限制中国排放的议案没有签成。那么中国是不是就占了上风？也不能这么说。因为我们也没有在这个会议上完全说服人家。

这个问题应该怎么看？第一，我们国家的发展阶段和他们不一样，他们已经发展完成了，可以不再建设了，老百姓可以过着舒适的生活，但是中国的发展才刚起步发展，你不能说你富裕了就不让别人去致富。第二，中国的人口多，如果平均到每个人身上的话，我们的排放量就小很多了。再看生活方式，我们跟一些西方发达国家相比，谁的排放量更大？美国人不喝冰水行吗？不用冰箱行吗？不必每天洗澡行吗？肯定不行。但中国还有许多人达不到美国人的生活水平。所以人均来讲我们的排放量低很多。很明显，不光是中国的周边国家从中国的发展中得到了好处，很多发达国家也从中国的发展中得到了好处，但如何让西方的媒体和舆论认识并接受这一点，确实是我们对外传播中的挑战之一。

## 沟通的思路

世界在关注中国什么问题呢？环境问题，经济发展问题，官员腐败问题，贫富分化问题，还有群体事件问题、计划生育问题、新闻自由问题、互联网管理问题、知识产权问题、国际关系问题、台海问题等等。大家也许要问，你怎么知道外国人关注这些问题呢？我是亲耳听到的。2008年1月，我到美国去组织大型活动，活动结束以后，我去了洛杉矶时报、纽约时报和华盛顿邮报，我对负责接待的人说，我是北京奥组委为媒体服务的工作人员，想了解一下奥运会的时候你们派到北京的记者想报道什么内容，我们也好提前做好准备。三家媒体都给了我选题的单子，列举的就是前面那些问题。我当时惊讶地问他们："你们是去报道北京奥运会吗？"他们回答："当然是呀！"我又问："那这是什么？"他们回答："这就是中国啊。奥运会在中国举办我们能不关注这些问题吗？"所以你看，国际社会关注的和我们想说的问题根本不是一回事儿，这就是认知上的差别。

怎么去改变这个差别呢？我认为，有三个难点我们必须克服。首先就是偏见和误解，长期以来形成的偏见和误解，国际媒体对中国没有一个公正的视角，就像前面所说的，一只眼睛看中国，另一只眼睛闭上了。其次，我们和他们的政治体制不同，有些事情接受起来比较困难。第三，文化差异，文化差异导致我们之间有一个鸿沟，很难跨过去，这是我们跟他们沟通的一个难点。

那么我们怎么样去跟国际媒体沟通呢？我认为应该找到大家共同关注的话题，比如气候问题、人权问题、能源问题、经济贸易问题、软实力提升问题、互联网管理问题等，这些都是世界上所有人在关注的。

谁不关心现在的气候问题？气候变化这么大，地震、海啸、火山爆发等等。这些问题是人类共同面临的问题，怎么解决？我们应该从这儿说起。

能源怎么能不关心呢？世界上就这么多东西，人口越来越多，这个星球已经承载不了这么多人在使用它。我们应该寻找新的解决办法吗？在这个问题上中国已经走到前面了，做了大量的研究和探索，我们应该把这些告诉世界。

软实力提升问题，既然世界关心这个，我们也可以告诉他们，中国今天是怎么提升自己的社会管理水平的，怎么提高我们的人口素质和教育水平的。

此外，还有人权问题。中国的人权问题全世界都很关心，实际上人权并不是一个需要回避的问题，而是一个应该大说而特说的问题。我们的人权真是他们说的那么糟吗？不是！我们可以横着来比、竖着来比，怎么比都可以。中国人权的进步是令世人叹服的，只是我们说得不够，让他们抓住了一些个例，把它说成是全局性的问题来攻击我们。

我们还应该说说我们的经贸问题，没有中国这个大的市场，很多国家的产品和投资都没有地方可去，是中国接纳了他们，中国成了他们新的经济增长点，这一点我们应该在对外传播中加以强调。

最后互联网管理问题。在任何一个国家，互联网上任何涉及国家安全、暴力、黄色的内容都是要接受管理的，中国也是一样。大家在互联网上发出不同的声音，可以促进社会进步，这是个好事。同时，互联网上传播的信息真假难辨、莫衷一是，我们谁都不知道哪一句话是真，哪一句话是假，这种情况应该不应该管理？我想大家都清楚。互联网管理是一个世界性的问题，中国也在探索当中，这一点在对外传播中也不应回避。

## 有效的手段

下面，我们再来看看中国是通过什么手段来对世界产生影响的。

首先，经贸合作。30年前，中国的改革开放就是从经贸开始的。我们很多国际的交流与合作，例如达沃斯、APEC、金砖会议等等，都是因为经济合作而开始的，经贸合作产生的影响力是相当大的。

其次，文化交流。这些年我们的文化交流开展得生龙活虎，有声有色。我自己也是从事这个工作的，我特别有体会。这十年间，我每年都在国外参加文化年活动，包括中美文化年、中法文化年、中俄文化年、中英文化年等等，文化交流也是产生影响力的重要方式之一。

第三，电影交流。中国的电影在海外很受欢迎，世界上所有的电影节我们都参加了，也有很多电影获奖。去年我带了8部中国电影去了布鲁塞尔，正赶上当地在放《阿凡达》，《阿凡达》的电影票7欧元，我们带去的电影早已经定了价，8欧元，会不会被冷落呢？后来我去电影院一看，座无虚席，播放的是《阳光灿烂的日子》，我没有座位，只能靠墙站着。观众看电影，我看他们，我要看他们的反应。我发现，中国人笑的地方，他们也笑，中国人不笑的地方他们也笑。可见我们的电影很受欢迎，现在是中国电影走出去的最好时期。

第四，文物展览。中国是文物大国，很多国家都很喜欢中国的文物，因为他们的历史没有这么悠久。去年（2010年），我们在"欧罗巴利亚"中国文化节上办了《康熙大展》，把故宫的好多珍贵文物都拿去展览了，其中不少展品我都是第一次看见。首都博物馆也带了文物举办了"中国古代文人用品展"，展出了109件小东西，每件都很小，墨盒啊，毛笔啊，小水壶啊……一支毛笔就是两件展品，笔是一件，笔帽是一件，一个砚盒也是两件展品，砚台是一件，盒盖是一件，所以我们带的109件展品实际上没多少东西。我们把这些东西交给主办方布置展览，等到正式展览的时候，我进去一看，天哪，布置得太棒了。主办方结合我们的展品，仔细研究中国古代文人的生活，选择士大夫的人生三个阶段作为布展的脉络，又依照中国文人以花自喻的方式布展：他们入世的时候苦学，就像梅花不怕三冬寒；当了幕僚以后用自己的思想影响君王，像兰花一样散发幽香；出仕以后归隐田园，就变成了菊花。主办方把这些文物用这三种花装饰起来，展厅里还有人弹着古筝，这样的构思真是令人钦佩！法国前总统希拉克自己开着车从巴黎到了布鲁塞尔去看我们这个展览，看完以后评价特别高。这个展览被评为"欧罗巴利亚"的最佳展览。由此可以看出，中国的文物在国外是很受欢迎的，展出时必须有好的构思和吸引人的创意。

第五，文化贸易。刚才说到的文化交流和文化贸易不是一回事，文化交流是政府间的你来我往，文化贸易是我们拿出去的东西，是要卖票的，有市场就待得住，没市场就待不住。现在有很多国外的团体到中国来演出，国家大剧院经常有国外表演，俄罗斯的芭蕾舞、爱尔兰的《大河之舞》，以及各个国家的歌剧等，这都叫文化贸易，都是来挣钱的。中国有什么东西能够出去挣钱呢？实际上我们现在才刚开始。例如，中国杂技团有两个团队在国际上巡回演出，票房非常好。所以说，文化贸易也是传播我们中国文化的很好的方法。

## 难入主流困难重重

现在我们来谈谈在对外交流、传播中国的声音的时候，我们遇到了什么困难。

第一个困难就是西强我弱，难进主流。现在我们还是没有进入国际主流社会，应该说我们还是在边缘地带传播，所谓对外传播应当"进主流、务高端"，实际上还是个梦想。

第二个困难就是我们遇到了很多挑战，尤其是各种误解和偏见，使我们传出的信息大大地打了折扣，不能完整地去展现中国的形象。反对北京奥运会的西方政客在媒体上登广告，把北京奥运会会旗上的五环变成了五个"绞索"或"手铐"，我在国外看到过很多他们做的这类宣传品，这是对我们的污蔑。

第三个困难就是文化差异。中西方文化差异很大，所以在传播过程中我们就会觉得障碍重重，经常会遇到这样那样的问题。我曾经带了北京的一个文化代表团去澳大利亚进行文化交流，演出现场是由对方负责布置的，我们只提供了一个北京的logo（标志）。演出前一天我去看演出场地，一进去，我就惊呆了，舞台的背景是黑的，周围用白色的绸子绾了很多大的花朵，给黑色的舞台加了一个白色的框，两边各有四面白旗子，舞台中间的黑背景上面是白色的北京的logo。我赶紧跟他们交涉，我们北京的颜色是红色和黄色，您赶快把这个黑色变成黄色，把这个白色变成红色。对方反问我，白色代表纯洁，黑色代表庄重，有何不妥？我说，那是您的颜色，北京的颜色就是红色跟黄色，请您给调整一下。但当时已经来不及全部重新布置了，我们只好把白色的部分都换成了红色，黑色部分就保持原样了。黑色跟红色也还行吧，总比白色跟黑色强。白色跟黑色组合用来布置舞台，中国人受不了。中西方文化差异真的是太大了。

从我们自身来看，在对外传播方面我们自己也有一些问题。

第一，我们在对外传播中一直用传统的表达方式。我们不太了解人家喜欢什么，只顾自说自话，说完以后受众非常抵触。

第二，我们的传播的渠道有限。尽管我们有很多报纸，有很多杂志，甚至有些宣传品也发往国外，但是没有渠道，送不到受众手里，很多报纸就在华人开的餐馆里摆着，随便拿，但是不能发行，不能进入主流社会。

第三，互联网本来是一个非常好的对外传播手段，但我们还不知道怎么用互联网去表达我们自己，没有用好这个工具。

为什么产生这种情况呢？

第一，我们缺乏国际意识。在这个国际环境中去表达，我们不知道该怎么说话。就如同一个从未演讲过的人，突然站在公开场合做演讲，一下子不知道该怎么说话了。我们现在也是这样一个情况，一时间找不到我们在国际语境中的话语，所以不太懂得用什么方式跟国际交流。

第二，我们也缺乏对受众的了解。我们不知道国际受众需要了解什么，想要知道我们中国的哪些事。

第三，我们缺乏竞争实力。我们的对外传播媒体还在起步建设阶段，竞争实力还没有那么强，我们还没有CNN（有线电视新闻网）、《纽约时报》、BBC（英国广播公司）这样具有全球影响力的媒体。

第四，我们对互联网的适应能力还有待提升。

以上这是我们的对外传播工作中存在的一些问题。

我经常跟我们的同志说，我们出国，不只是让他们看见我们，还要把我们的思想和价值观传播给他们，让他们能理解，让他们记住，最好能够让他们接受，但做到这一点确实不容易，现在我们还有很大的差距。

## 主动说明中国、解释中国

为了解决上面提出的一些问题，在对外传播和交往中，我认为有以下几项工作要做，要主动地说明中国、解释中国。

第一，介绍。介绍中国处在一个什么发展阶段，中国的发展目标是什么，又是如何实现这些目标的，等等。为什么我们现在要大力度地开展新闻发布工作，就是为了介绍中国，针对他们关心的话题把我们的情况介绍出去。

第二，交流。光说还不够，因为说了以后人家只是听，听了以后是不是认可，不清楚，听了以后是不是能够接受，不知道。所以还要交流。交流就是你说我听，我说你听，互相阐明观点和事实。交流就比单纯的介绍要好很多，因为只要交流顺畅，就能够理解并喜欢上对方。比如我们在巴黎搞的香榭丽舍大街盛装游行，从凯旋门出发到协和广场，整整走了三个半小时。那天现场气氛非常热烈，两个法国人跑过来跟我说："我们记住你们中国的新年了，就是今天是吧？明年的今天我们也跟你们中国人一起过新年！"我说："明年的新年就不是今天了，明年新年是哪一天我还不知道呢。"老太太特别疑惑地看着我："我说你是个明白人还是个糊涂人？你们中国新年是哪一天你都不知道？"这是个有意思的小插曲，说明尽管中西文化有很大差异，一两句话根本解释不清楚，但他们对中国感兴趣了。

第三，解释。因为中国的很多问题太特别了。中国为什么要计划生育，这个问题可以解释。中国为什么要拆房子，这也需要解释。法国驻华使馆的一位领导曾说过，我们巴黎也拆过房子，拿破仑把整个巴黎都拆光了，建了现在你们看到的巴黎，当时雨果都写文章骂他。所以这是发展阶段的问题，西方国家早就拆完了，现在你们拆他们却不让你们拆。所以这需要解释啊！不然怎么能说得清楚呢？

第四，斗争。我说的是要据理力争。对外宣传不可能不斗争，当我们的利益受到伤害的时候，当我们的主权受到损害的时候，一定要据理力争。美国人成天发布我们的人权白皮书，我们也给它弄一个，我觉得这就是斗争。所以该说话的时候一定要说话，该斗争也一定要斗争。但这项工作一定要深入研究。首先，研究我们到底要说什么，确定核心信息和观点；其次，研究我们怎么把话说好，就是表达方式问题；第三，看对方是不是能够接受，就是传播效果问题。

## 用世界的语言讲中国的故事

在当前形势下，对外传播最有效的方法就是用世界的语言讲中国的故事。

虽然目前国际传播"西强我弱"的总体格局没有改变，但我认为在对外传播中不能等、不能怨，也不能自废武功。怎么做呢？

目前首先可以做的是要借船出海，多管齐下，借助国际社会的力量，借助国际媒体的力量，借助国际组织的力量，借助国际论坛的力量，去说我们自己的话。还要"借力发力"，就是对方期望我们说什么，他们关注我们什么，我们就说什么，把他们关心的事情说清楚。

与此同时，我们还要更新观念，不仅知道自己想说什么，还要知道受众想听什么，不仅关注官方的信息，还应该注重民间的信息，多利用来自非官方渠道、非政府组织（NGO）、普通老百姓的信息。同时，不仅自说自话，还要借助别人的嘴替我们说话。

这方面我们过去也有一些好的经验，奥运会的时候，关于北京的天气到底达不达标，这个问题我们自己怎么都解释不清楚，因为你越解释西方人就越攻击你。我们就把国际环境组织的人请来了，在新闻发布会上，他们不但替北京说话，而且还给北京发了奖。国际组织都认可了，一些怀有偏见的媒体和组织立刻闭嘴了。所以，在对外传播中要借助第三方的力量来说话。

讲好中国故事，具体应该怎么做呢？

第一，借助新闻发布，传播权威信息。新闻发布会传播的是政府的声音，国务院新闻办公室的新闻发布会为什么要通过中央电视台中文国际频道、英语频道来转播呢？就是让全世界了解中国政府在做什么。

第二，面向重点地区，加大宣传力度。我们应该针对一些重点地区开展一些活动。2004年我们在巴黎香榭丽舍大街搞了北京主题的盛装游行，2008年1月我们在美国帕萨迪纳花车游行中进行奥运彩车巡游，影响都是非常大的。

第三，面向重点人群，塑造国家形象。在重点地区，针对重点人群进行国家形象的推广。我们今年在日本札幌参加了第62届冰雪节，用冰雪雕了一个比这个教室还要大的天坛，很多日本人专门到札幌来看，他们特别喜欢这个雕塑，媒体的报道也铺天盖地。

第四，发挥中国驻外使领馆外宣前沿的作用。例如，在春节、中秋节等中国传统节日时开展一些文化活动，让外国人了解中国文化。我每次带团出国办展览，图片都带不回来，都被当地使领馆留下了，他们会继续做展览，向外国人介绍中国。

第五，借助一些有国际影响的文化活动，传播中国文化。例如，北京奥运会前，我们邀请世界三大男高音歌唱家在故宫午门献唱，影响非常大。

第六，借助"外眼"，拍摄国家形象片。借助外国人的眼睛来看中国，传播效果会更好。2007年，我们请了五个国际导演拍了一部北京的城市形象片。新闻发布会上，美联社的记者甚至问这五个导演：他们有没有对你们施加政治影响？他们有没有要求你们那些内容不能拍？他们有没有对你们的禁令？他们有没有限制你们的行动？等等。五个导演不停地回答没有，没有……作为主办方，我实在是有点儿生气了，我说：用影像来介绍城市已经成了国际上通行的方法，你的国家也是这样做的，为什么纽约拍城市宣传片的时候，你们不认为是 propaganda（宣传），北京拍城市宣传片你们就说这是 propaganda？借助"外眼"，对于别人来说是常态，对于我们来说却是"破冰"之举。

第七，外宣品要"出彩"，外宣媒体要"出新"。大家不要小看外宣品。我们在发放外宣品时，对他们说："把北京带回家！"那些东西做得很漂亮，外国人是很愿意带回家的，而且他们还会与别人分享，这是很"出彩"的外宣手段。我们租用纽约时代广场的大屏幕，播放各省市的宣传片，这也是"出新"的外宣手段。

## 着眼传播效果，改进工作方式

我们要从提升传播效果入手，改善我们的工作方式。

首先，要了解受众需求。我们在比利时做展览时办了一个茶馆，开业三个月，吸引了近十万名客人，我们还带去了很多中国传统家具，都没有带回来，因为外国人特别喜欢，展览结束把我们带去的家具都给买了。民乐展览时，我们带去的乐器也没带回来，琵琶、古筝、二胡、笛子、笙等等，他们一件都不会，但是都作为收藏买下了。

第二，借助媒体造势。在外宣工作中，我们要多用一些国际大媒体，邀请一些知名记者，写一些影响大的文章，做一些重量级的报道。

第三，借助国际组织、论坛和结构的影响力。譬如国际奥委会，大家都很熟悉，还有类似《财富》全球论坛这样的国际活动，1999年在北京成功举办后，最近他们又准备在中国的西部选一个城市来办论坛。

第四，用国际通行的方式表达自己。我们在巴黎搞了一个展览，内容是一百年前一个法国人在北京拍的照片。我拿到这一百多张老照片时，冥思苦想怎么用好它们。终于有一天我想了一个好主意，我从里面挑出来80张照片，又从法国请来了一个年轻的摄影师，请他把这80张照片中的景色重新拍一遍。比如说，这一张照片是前门，当时摄影师是蹲在地上拍的，我让他也蹲在地上拍；那一张是在城楼上俯拍的四合院，我让他也到城楼上去俯拍。就这样重新拍了80张照片，我把这160张照片都交给巴黎市政府，他们用故宫的红墙做了背景板，把黑白老照片一张一张都镶在里面，另外一边，黑色的背景板上镶的是重新拍摄的彩色照片，展现新的北京。这个展览在当地非常轰动。因此，我们应该学会用国际通行的方式来传播中国。

第五，与国际公关公司合作。申办奥运会的时候，我们和一些国际知名的公关公司合作，他们给我们提了很多建议，尤其是在新闻发布会的内容和技巧方面。2001年7月13日，北京获得了第29届夏季奥运会的举办权。就在11号晚上，美联社还发了消息说北京必败，因为中国人不懂得怎么和国际社会沟通。但是12号我们的新闻发布会开得太成功了，在准备发布会的过程中我们听取了国际公关公司的建议。当时新闻发布会的发言人是王伟同志。他说：全世界都关注中国的人权，中国人也关注中国的人权。中国人权这些年来一直在进步，在发展，这是举世公认的。如果你们给北京2008年奥运会的主办权，那么中国的人权会大踏步地向前发展。他还强调，你们都说中国的人权有问题，那么我来告诉你们，中国有94.9%的人支持北京申奥，意味着有十亿人希望奥运会在北京举办，这十亿人，每一个人的人权都应该得到尊重。西方记者没有料到，中国人自己主动说人权，还说得这么有道理，完全从另外一个角度阐释了中国的人权观。当天晚上，那个美联社记者又写了一篇稿子：不知道中国人为什么一夜之间就变了。这说明，我们听取了国际公关公司的建议，改进了对外传播的内容和方式，获得了完全不一样的效果。

以上我给大家介绍了一些工作的情况和自己的体会，其实不算讲座。我就介绍到这里，谢谢大家！

整理：谭元斌

校对：李宏刚

# 传播研究与全球权力结构转型

主讲人：赵月枝

主讲人简介：

  赵月枝，现任清华大学人文讲席教授。曾任加拿大西门菲莎大学（Simon Fraser University）传播学院副院长，全球媒体监测与分析实验室主任，加拿大国家特聘教授，清华大学新闻与传播学院特聘教授，中国传媒大学讲座教授。研究领域包括传播理论与社会理论、传播政治经济学、国际传播、传播政策、文化产业、传播技术与社会发展等。

时间：2010 年 12 月 23 日

  我很高兴又有机会到清华来，我对清华有一种特殊的感情。1980 年，15 岁的我来北京上大学，第一站就是清华。当然我不是来清华上学，而是跟着老乡先到的清华，第二天才去北京广播学院（即现在的中国传媒大学）报到。最近几年我有幸每年年底都会到清华来，一是跟大家分享我最新的思考，还有就是跟大家讲一下自己最新的学术经历。今天我的演讲比较宏观，是从开拓思路而不是具体研究项目的角度来讲的。

  我觉得，当下全球面临着三种危机。2008 年的全球金融危机，媒体尤其是西方媒体一直在说危机已经过去了，但事实上还没有过去。除了经济危机，社会危机大家也是有目共睹的。此外还有生态危机，这个也不言自明。全球范围内的这多重危机，展露了消费资本主义发展模式的不可持续性，急切呼唤我们开拓学术研究的新视野。

  在我看来，中国崛起和国家之间权力关系转型的讨论掩盖了一个更重要的、更事关很多人日常生活的主题——权力从劳动者到资本的转型。用乔姆斯基的话说就是，我们正经历 "a power shift from the working people to capital"。在西方语境下，二十世纪五六十年代后出现的福利社会，实际上是两次世界大战以后，资本、国家与劳工之间的一次妥协。二十世纪五十年代以后，劳工在福特主义体制下得到了一定的福利和权力。当然，在这个过程中，劳工也放弃了社会主义政治，或者说阶级政治。对西方来说，二十世纪八十年代以来新自由主义的发展，实际上是劳工权力慢慢重新失去的过程；当然，也是资本的权力慢慢回升的过程。从经济的角度说，一个国家的社会财富增加值里面，劳工的份额在二战以后是慢慢增加的，而从二十世纪八十年代的"新自由主义革命"以后，劳工所占的社会财富又相对降低了。这个过程是在全球范围内进行的，不同国家有不同的表达。

关于全球权力关系转型，有不同的权力维度和分析框架。一种是在民族国家的框架内，说权力好像开始从西方国家、发达国家向不发达国家转移，比如所谓的美国衰落和中国崛起；另一种是在社会权力的框架之内，说权力关系是由下而上转移，由平民阶层向富豪阶层、大资产阶级转移。在这个意义上，中国的崛起是哪一部分人的崛起，这部分人的崛起是不是以某一部分人连劳动力的再生产甚至生命都很难维持为代价的？这很重要。在美国，在所谓的"美国衰落"的过程中，美国的跨国资本却是发了大财的。即使在经济危机以后，在很多美国人因为房地产市场的塌陷而失去房子无家可归的时候，美国的很多大银行家的利润却在增加。

当下，我们国家正面临发展模式转型。在科学发展观提出来以后，媒体已经宣传得很多了，但是在2008年经济危机以后，我觉得发展模式转型更加迫切了。这个转型意味着什么，发展模式转型跟我前面讲的权力关系转型是怎样的关系？这是很值得探讨的问题。

我觉得传播研究应该放在一个比较宏观的语境——权力关系转移和发展模式转移——当中来讨论。从全球的角度看传播问题是很重要的，因为在网络社会、信息社会、知识社会里，传播已经变成了社会生活最重要的部分之一。与此同时，中国的问题又是最重要的，为什么呢？西方国家，尤其是美国，会责怪说，这次经济危机都是你们中国造成的，这当然是不对的。但是，从另一个角度来看，中国改革开放以后开始卷入世界市场经济，这是不容置疑的。所谓的"中美国"——中国生产，美国消费，中国借钱给美国消费这一现象，确实是二十世纪八十年代以来，尤其是九十年代以来世界经济格局的重要特征。所以，中国在现有的资本主义体系的危机里面，确实扮演着很重要的角色。今天，谁也不能否认中国问题的解决在解决世界问题中的重要性。所以，传播问题和中国问题加在一块，是网络时代讨论全球化危机和探索出路的关键点。

在这个意义上，传播学尤其是中国的传播学是很幸运的，因为我们又研究传播又研究中国。我不敢说这两个领域是所有学术中最重要的，但是应该说是很重要的。

然而，我们传播学的地位不容乐观。昨天晚上，我在传媒大学跟一些博士生讨论，其中一个学生就说，我们传播学怎么办呢，政治学、社会学都研究得这么深、这么透，好像我们都在用人家的理论，我们哪还有存在的价值啊！传播学者会有这样的危机感，看着好像都是人家比我们高，我们自己低。这是个很自然的问题，也是事实，学术地位是多年形成的，政治学、社会学学科比我们资格老，所以这个等级关系是存在的。但是，我认为，我们的出路不是妄自菲薄，而是发挥自己的长处，争取后来者居上。传播学是一个跨学科的学科，我们有可能站在更广阔的位置上看问题，而且社会学、政治学也有它们自身的盲点和学科包袱，传播学没有那么多的学科包袱，可以不拘一格。另外，如我前面提到的，我们研究的问题是信息资本主义和网络社会时代的重要问题。不管怎么样，我觉得我们要在这样关键时刻，做出有分量的东西，来跟别人对话。

那么，什么样的新思想、什么样的研究问题和研究议程、什么样的范式革命，会有利于我们面对当下世界所面临的多重挑战？将本土经验和社会体验放置在割裂的、专门化的西方知识体系当中是不行的。说到范式革命，我们已经经历过一次了，从当年写各种媒体的阶级性、政治性、时效性的学术，到现在这种强调"实证"的阶段。那么，我们是不是又到了一个新的范式革命的时代？我们需不需要在思想解放的基础上再解放？我觉得，当下的危机恰恰为我们在新语境下追求新范式革命提供了一个契机。

另外，我们自己的传播知识跟西方的理论是怎么接轨的？我们现在是不是在与西方理论接轨的过程中失去了自我的主体性，失去了自己的想象？更重要的是，当我们把中国和西方作为一对非此即彼的对立概念的时候，或者当我们纠缠于某种思想是否"主流"的时候，我们是否已经进入了某种思维误区？

我可以讲点个人经历。任何人都是一个大的、宏观框架和历史里面的个体。正如马克思所说，每个人都在创造历史，但是不是在自己所选的历史条件下进行的。我考的是国家公派到加拿大的留学资格。当时，我曾去教育部要求把我的留学国家改到美国，因为看到潘忠党师兄去了斯坦福，我羡慕得不得了。我不是不爱加拿大，但是加拿大一流大学都没有传播系。可教育部的工作人员说："不行。"我就老老实实去了加拿大的西门菲莎大学。正因为我去了加拿大，我才发现作为边缘的加拿大的视野跟美国是不一样的。

美国是资本主义的中心，自由主义意识形态话语非常强，实证研究当然也是美国的强项。到了加拿大，我发现自己接触的是传播政治经济学，是英尼斯、麦克卢汉那样的媒介技术哲学，还有英国的文化研究。更有意思的是，虽然自由主义、现代化理论和实证研究主导着美国传播研究，但在这样的"主流"外也有批判研究这一"边缘学科"，更有加州大学圣迭戈分校传播系这样的批判研究重镇。所以我博士毕业后第一份工作就到了加州大学圣迭戈分校。实际上，十几年前圣迭戈分校传播系就认为中国很重要，我的研究有前途，所以录用了我。我是1997年入职的。在我之前他们就在这个领域招过人，但没有合适人选，宁缺毋滥，所以岗位一直空着。开学时校长召开新教授招待会，逐一询问新教授们从哪个学校来，我前面的两位都说"哈佛"，我说："我的哈佛是西门菲莎大学。"

相对于十几年前就意识到中国传播研究重要性的加州大学圣迭戈分校传播系，南加州大学的传播研究是非常主流的。不过最近连资本家都去敲他们的门，有意赞助有关中国的传播研究，更不要说学校的管理层了。那天我在另一所大学作讲座，有学生问我，"你们做这个东西，主流吗？"我说我不在乎，因为今天的主流也许是明天的边缘，今天的边缘也许是明天的主流。去年12月份，南加大安南堡新闻与传播学院召开了一个会议，就是讨论中国传播问题。他们非常希望我去那里工作，并邀请我去参与策划这个会议，最后我们把会议主题定为中国与传播研究的方向。因为我参与了这个会议的组织，所以我大言不惭地把自己以前有关中国传播研究方向的一篇文章发给了他们，希望与会者有所回应。这篇文章的标题就是《重新思考中国媒体研究：历史、政经和文化》（Rethinking Chinese Media Studies: History, Political Economy, Culture）。

今年7月份，中华传播学会的年会在台湾的嘉义县召开，这里也包含了一个中心边缘的故事。在台湾，台北是政治经济文化中心，以前这个会每年都是在台北开的，但是这次他们选在嘉义，这个县在台湾南部，会议的主题是"从东看，往南走：传播研究的在地知识和全球实践"。受其启发，我在会上的主题报告的标题是"向东看，往南走：开拓后危机时代传播研究的新视野"。我还把会旗带回来了，旗子上的英文是"looking east, going south"，会议的文件中中文翻译是"从东看，往南走"。很显然，"从东看"和"向东看"意思是不一样的。其中也有不同看法：学会的人认为应该是"从东看"，但会议的几个组织者说他们更倾向于译为"向东看"。因为"从东看"就表示你已经站在东方了，而"向东看"则是站在任何一个地方的人，包括站在西方的人也可以向东看。对台湾来说，"向东看"当然是往大陆看，"向西看"则是向美国看；"往南走"就是走向不发达地区。如果我们把这个题目放在国际领域，东方就是中国、印度等国家，"往南走"就是往原来的第三世界国家走，这是对西方中心主义的一个颠覆。这个副标题也非常有意思——传播研究的在地知识和全球实践。因为一般我们都说是全球知识、在地实践，他们把这个颠倒过来了。大家都知道，台湾是受美国主流传播研究影响很深的地方，这次他们请我这个华人学者中的批判学者去做主题演讲，我觉得不是偶然的。我听说，一些台湾学者也认为他们已经受了很多美国的影响，现在更重要的是进行批判性的研究。

乘着这个东风，今年12月份我去了复旦大学，参加了童兵等几位老师组织的一个小型讨论会，主题是"重构批判研究的理论视野：新马克思主义新闻传播国际研讨会"。这个会议实际上是我有幸参与组建的复旦大学的一个新的马克思主义新闻与传播研究中心的预备会。能在一年之内参加南加大、台湾和复旦的三个会议并在其中扮演重要角色，我觉得自己非常幸运。我不在乎自己的学术研究是主流还是边缘，我乐在其中，它对我有意义，这就够了。从我自己的角度，我的这些机遇反映出中国研究的重要性，反映出批判研究的重要性。复旦的这个会议不仅有国内学者参加，我们也邀请了一些国际知名的批判学者，是一个头脑风暴和真诚对话的机会。

我知道，我这个开场白实在是太长了，但是，这些背景对理解我的讲座的核心内容非常重要。现在就开始进入正题吧。

就像我刚才说的，我来这里是和大家讨论宏观研究视野的问题的，不是来报告一个具体小题目的研究成果的。在这样一个危机深重的时代，在这样一种权力转型和发展模式转型的时代，我们需要什么样的理论出发点来建构传播学研究呢？为什么这么问？因为现在我们已经不提那些前提了，不管前提有没有问题，就假定是这么回事，然后就开始做实证。但问题在于，这个前提本身可能就值得探讨，如果是这样，那么下面的事不都是白做吗？白做是要浪费人力、物力的，生产的许多成果是学术垃圾。我想，我们最好还是要把前提性的东西思考清楚，这就涉及知识权力体系和认识论的问题。下面我会提到三个方面的努力，主要说的是在这样一个转型的时候，我们华人在传播领域能做些什么。

## 寻求南方认识论

我首先要谈的就是认识论问题，关于知识体系的问题，也就是要超越单一的科学知识体系，寻求南方认识论。也许你会问，认识还要分南方北方吗？是的。当然这个南方不只是地理概念上的意思。由于全球社会内部的权力关系转移，出现了一个很经典的现象：第一世界里有第三世界，第三世界里有第一世界。所以如果从社会维度理解"南"的话，我们会发现北方里也有南方，美国有亿万富翁，中国也有亿万富翁，他们之间的关系可能比中国的亿万富翁和乡下的贫苦民众的关系更密切些，他们有可能形成共同的跨国阶级意识。

实际上，这个南方一方面是地理上的，因为我们习惯上认为南半球都是穷国；另一方面，这个南方是社会意义上的，南方就是被压迫的民众。现在的情况是第一世界里有第三世界，第三世界里有第一世界，如果我们要真正建立一个批判的传播理论体系，而且是要立足于所谓的南方的话，就需要在认识论上颠覆现在的西方霸权知识体系，进而在本体论和价值论上重新思考存在的问题和生命意义的问题。我们需要一个比较彻底的思考，思考"什么是知识，所谓的知识是谁的知识"这样的问题。

这里还有另一个区分要关注，就是我刚才说的第一世界里边也有第三世界。在西方，北美还有土著民族，新西兰有毛利人，他们的知识体系和西方主流知识体系是不一样的，那也是在西方，对不对？所以我们说的实际上是西方主流知识体系在世界上的霸权，而不是任何西方知识体系，这个非常重要。因为即使是马克思主义理论，也是西方的理论。但与马克思主义同时代的其他社会理论，实际上对马克思主义是持一种批判观点的。马克思主义理论实际上受了很多19世纪的进步观的影响，这种观念认为通过科学我们是可以掌握世界的，科学可以转化为技术，技术可以带来生产力的增长，这在马克思主义理论里是非常根深蒂固的。但与此同时，也有一些完全不同的观点。大家知道玛丽·雪莱写的小说《弗兰肯斯坦》吧？这本书说的就是科学能给人类带来什么，人类能不能控制科学。所以，现在我们需要分析的就是西方主流传统里边的一些非主流思想，一些其他知识体系。

我们中国也有很丰富的批判思想，比如诸子百家，有儒家、法家、道家、墨家等等，后来从印度传过来的佛教在中国也很有影响。但当下我们谈中国文化"走出去"的时候，如果仅用一个孔子的塑像就把中国的传统给代表了，这是不全面的。当然宣传中国文化需要一个符号，但是儒家思想是否就能代表中国的思想呢？此外，中国还有革命的传统。现在有些学者对来自印度的后殖民学术很感兴趣，这很好，可是别忘了，中国也有丰富的反帝反殖民思想资源，例如，毛泽东不就是一个后殖民批判思想家吗？还有，大家说田野调查是重要的传播研究实践，毛主席当年就写过《实践论》，这是不是也是我们的理论资源？所以说，我们中国也有很多这样的理论资源，只要你不把它本质化，这些都可以重新作为资源。这是一个不断认识、不断学习的过程。

西方内部也有批判思想，马克思主义就是西方内部的批判思想。葡萄牙的一位学者叫桑托斯（B. Santos），他在几年前出了一本书叫《全球左翼的崛起》

(*The Rise of the Global Left*),提出了"南方认识论"的说法。这个学者在葡萄牙,乃至在欧洲都是属于边缘的。前面我讲到,理论和实践是分不开的,知识是从具体的实践中来的。这套"南方认识论"就是基于世界社会论坛(World Social Forum)的社会运动实践提出来的。大家都知道达沃斯世界经济论坛,这是精英云集的聚会,是资本家们和世界各地政要们的聚会。这个世界社会论坛与达沃斯世界经济论坛基本上是对立的。这个论坛大家可能比较陌生,我们中国除了几个批判学者之外,基本没有人去参加过。但是韩国就有农民去参加过,因为被卷入世界资本主义农业经济体系,韩国的农民在那个论坛上以自杀相威胁,表达他们的利益诉求。处于世界权力等级底层的芸芸众生,以非政府组织的形式,隔一段时间,会在印度和巴西这两个国家举行集会,讨论全球化问题,交流自己的社会运动经验。他们不是要抛弃、否定全球化,他们只是说:我们不要精英主导的、由资本驱使的,或者说不平等权力关系驱使的全球化。当然,由于各种局限性,包括非政府组织这种形式本身的局限,世界社会论坛并不能充分表达世界权力底层民众的利益,但他们通过这种全球实践,反对全球权力从草根阶层到精英阶层的转移。在这个过程中,社会运动的参与者自然会调用一些自己的知识,会谈到什么是重要的,什么是不重要的。桑托斯就是在这样的基础上总结出南方认识论的。知识不是我们在大学里凭空想象出来的,知识是从社会实践中生发出来的。

刚才讲过,南方是一个地理概念,但更多的是一个社会概念,在这样的认识论基础上,我们才能有所谓的认知正义,才能有所谓的社会正义,以达到更公正、公平地分配社会资源,使每个个体得到全面的发展。但是你要更公平地分配社会资源,首先要在认识论上进行一个变革,也就是说,我们首先要弄清楚什么样的知识才是知识,什么样的知识才是有效的,没有认知正义就没有社会正义。没有认知正义,就没有从制度上规定权力分配、资源分配的知识基础。任何知识和权力都是分不开的,要达到新的权力平衡,就要有新的知识体系。事实上,不同的社会群体有不同的知识体系,农民有农民的知识体系,你说他们是无知落后,那是因为你是在用你的知识标准衡量他们。

## 超越文化本质主义

我要讲的第二点是多维的时间性。这听起来好像很复杂,我给大家举个例子。

有人到华北的农村去做妇女口述史的田野调查。有些妇女,像我的母辈的年龄，60多岁，她们不一定有书本上的文化。调查的人问她们："1957年发生了什么事？"她们说不知道，忘了。"那1958年呢？"她们还说不知道。后来调查的人换了一种提问方式："你生老大的时候发生了什么事？"她们的记忆就被激活了。为什么呢？这反映的就是不同的时间观的问题。她们在那种生活环境中形成了这样的时间观，她的时间不是以公历纪年，而是以自己生活中的大事来纪年的。这就是不同的时间观念，我们也不能说那些妇女的时间观念就不对。不同的社会群体在认识世界的时候是有不同的时间观的。你问她1958年在干什么，她说不知道，你就能说她无知吗？不过很可能我们就得出了这样的结论。所以，是她们无知还是我们自己的时间概念太单一化了，从而把另一部分人的历史和体验遮蔽了？这样一来，我们是否也形成了某种知识霸权，把一种历史主体的体验当成了所有人群的体验？所谓多重的主体性，说的就是这样的问题。再说，同一个人也有多重身份的，你是学生，你也是某人的孩子，又可能是某人的同学。我们要承认区别，同时又不要把这种区别自然化。

刚才这个例子其实说的是不同的知识体系之间的并存性。我们经常把一种知识体系当成一种自然的知识体系，而把其他知识体系都当作是不存在的。但实际上世界各个民族都有自己的大同，西方有西方的大同，中国有中国的大同，不同的文化都有自己普遍性的愿景。这里说的不是一种普遍性，而是很多种普遍性，多样的普遍性愿景，不能用一种普遍来代替所有的普遍，不同的普遍之间实际上存在着竞争关系。

南方认识论认为，人类理解世界的知识是多元而丰富的，他们的总和大大超过了处于霸权地位的西方主导知识体系。任何有关人与人之间和人与自然之间的关系都涉及不止一种知识。你不能说没有受过教育的农民无知，他知道怎么种豆，我们可能不知道。在这个意义上，没有绝对的无知，只有对某一种特定知识体系的无知，比如相对于当下处于霸权地位的科学体系的无知。对某一种知识体系的掌握往往意味着对另一种知识体系的遗忘，并因而成为对另一知识体系的无知。所以有关有知与无知、进步与落后的认识，是历史的和社会的。我也不是提倡相对主义。我想说的是，西方资本主义和西方文化霸权在全球建立的过程，同时也是西方的主流知识体系在全世界地位上升的过程，也是排斥、挤压甚至消灭世界其他知识体系的过程。

总结一下，西方霸权知识体系构建了简约主义认识论，包括单一的知识体系及其严密性标准，单一的线性时间观念。正是通过单一的线性时间观和特定意义上的方向论，以及特定的进步和现代化和发展等概念，这种认识论把西方核心国家置于世界历史的前端，从而赋予西方的主导性知识、制度和社会形式在世界体系中的先进性。而且,通过建立单一的社会分层逻辑和突出有关性别、种族等范畴,掩盖了劳资关系、统治和被统治关系,使社会等级分化自然化,从而建立了单一的普遍性。被定义为特殊的和地方的东西,是无法成为可期待的未来的。在西方霸权知识体系内,可期待的未来只有一种,就是西方的普世价值。这种普世价值,是遵从单一的资本主义生产率和效益标准,把基于市场的增长奉为最优先的选择。什么东西能到市场上去交换,就产生了产值。这种认识论导致了特定的有关蒙昧与科学、落后与先进、低劣与优等、地方与全球、非生产与生产性等等一系列二元对立的概念。我们都有一个单一的线性时间观念,从落后到进步,从野蛮到文明,从不科学到科学,我们往往是从这样的线性角度来认识社会的。

在这样一个简约主义认识论里,现代技术所导致的危机和灾难,被认为是可接受的,而且可以用更进一步的科技发展来解决。在这样的逻辑下,绿色科学成了解决生态危机的优选方案。又比如,现代生活不是压力太大吗?精神上有问题了要看心理医生,精神科学成了解决心理创伤的良方。但问题是科学知识是分配不均等的,这就意味着,解决现实世界问题的方案必然倾向于那些掌握科学知识的社会群体。但是,不仅科学知识本身在当下的资本主义体系内的均等分配是不可能的,而且科学知识本身对解决现实问题也有局限性。我们中国一直在赶超,但用人家的标准赶超别人很难,说不定你会永远在赶,因为这个游戏是别人定的。

桑托斯所阐述的南方认识论与简约主义认识论是相对立的。南方认识论倡导多维的时间性、知识生态的多样性、多重的主体性、多样的普遍性这样一种新的认识论。他认为,如果不能在不同的、相互竞争的知识体系间建立一种平衡,所有旨在倡导社会正义的政策都会深化不公。

我刚才讲到,桑托斯的理论是构建在"世界社会论坛"的基础上的,但我们中国对这个论坛参与有限,因而我们中国的知识和经验就成了他的南方认识论中的盲点,这就需要我们华人学者去努力填补。实际上,中华文化一直参与世界知识体系的构建,历史上我们贡献过,现在也一直在贡献。当下,任务已经摆在我们面前了。别的理论家参与世界社会论坛能够总结出一套新的理论,我们能不能?二十世纪六十年代的时候,中国贡献过很多很有意思的理论,这个时代,我们又会为世界贡献什么样的知识?过去,我们食洋不化地引进了传播学,现在是不是到了一个反思的时候,到了要贡献新知识的时候?

我刚才说的这些,可能在座的各位,或者很多其他的国内学者,会认为太激进了,我们中国的主流社会基本上还是向西看,往北走。常会有学生问:"赵老师，西方有什么最新理论？"我说西方也不是隔三岔五就出最新理论的。另外，为什么西方最新理论对我们有用？为什么美国进步主义时代的思想资源或美国二十世纪二三十年代，即罗斯福新政时期的理论，不会对我们更有用？我们不但对政治经济精英云集的达沃斯世界经济论坛趋之若鹜，而且唯西方理论马首是瞻。更令人担忧的是，在提升中国软实力和大学学术管理的语境下，在定量化和官僚化的语境下，某种特定的自然科学标准有成为单一标准的可能。

例如，现在SSCI（社会科学引文索引）这样的知识评判机制和它的本土化版本（例如CSSCI），正成为衡量我们的学术生产力最重要的指标，这种特定的知识体系确实在加速中国成为主导性的或者说是霸权性的知识体系。在这样的语境下，传播研究不仅是要生存下来，而且要从某种角度颠覆现有的知识体系，挑战现有的知识衡量标准，实现我前面提到的范式革命，为替代性社会秩序的出现奠定知识基础，这确实是一种挑战。而我前面讲到的那些危机，也使我们意识到，这是一个迫在眉睫的问题。

我们要批评的是西方的占主导地位的那样的一套知识体系，但是，这里我要特别强调的是，这种批评的理论归宿不是相对主义，更不是反现代性、反科学。也就是说，这种批判不是意味着要回到东西方文明二元论，回到文化本质主义。如我前面提到的，主流之外，在西方内部还有很多支流，还有其他批评的传统。我们国内在近代和现代革命中形成的知识体系，也就是把马克思主义中国化的这个体系里，很重要的一点就是讲辩证。我在这里要强调辩证。在这方面，我觉得阿玛蒂亚·森（Amartya Sen）的理论很有说服力。他是经济学家，同时他又写了其他很多东西，包括一些关于文化和身份认同的著作。2006年，他在北京论坛上的主题发言就强调身份认同的多重性和复杂性。也就是说，我们不能把不同的身份简约成某种身份，即把任何东西都化约成某一种本质性的东西。

我们要反对对文明的割裂，要强调文明间的交融和不同区域文明对人类文明共同体的贡献。大家都知道阿拉伯数字，当我们说西方数学的时候，实际上我们已经接受了西方话语霸权了，因为构成西方数学的数字是来自阿拉伯文明。我们中国自己的文化，对西方现代科学的形成也是做出了贡献的。当我们说那是西方的时候，我们就已经把自己放在一个否定自己文化的位置上了。所以说，我们批判西方普遍主义的目的不是提倡相对主义，也不是本质主义，因为这个东西方的分野本身是社会的和历史的，是萨义德意义上的东方主义的产物。总之，许多现有的知识和理论，包括一些被我们认为是"西方"的知识，已经是东西方、南北方交融的结果。

我可以举一些传播政治经济学的例子。比如，赫伯特·席勒（Herbert Schiller）对文化帝国主义进行批判的理论基础就是依附理论。这样的理论它产生于哪里？拉美！同时，席勒等人的批判传播政治经济学更是与发生在东方的社会主义革命和源于南方的反帝反殖的民族解放运动有直接关系。二战时，席勒作为美国士兵被派到了北非，他在北非亲眼看到了西方殖民主义给北非下层民众带来的灾难，受此启发他产生了自己的理论。1971年12月至1972年1月间，北美批判传播政治经济学的另一位奠基者达拉斯·斯迈兹（Dallas Smythe）来到中国，提出了中国有了自行车以后要什么的问题。实际上，斯迈兹的批判理论不仅受到中国社会主义建设实践的启发，而且深受毛泽东思想的影响。另一个广为人知的故事是法语学术界批判学术奠基者阿芒·马特拉（Armand Mattelart）夫妇的学术理论与拉美社会革命实践的关系。马特拉夫妇与1971—1972年的智利民选的阿连德社会主义政权有不解之缘。他们的批判传播理论是从那里得到了启发的。总之，批判传播政治经济学的理论知识与二十世纪以来的不同历史阶段的不同社会政治主体的社会政治实践是直接相关的。也就是说，我们所认为的这些西方理论，实际上与东方、南方都是有直接关系的。这些理论是在全球实践这样一种环境中产生的，从这个角度讲，这些理论就不仅仅是西方理论。虽然那几个学者是白人，但是他们不是生活在西方的真空社会里，他们直接参与了全球的反法西斯战争，因而他们的知识是跟全球二十世纪五十至七十年代的反帝反殖斗争直接联系在一块的。在这些批判政治经济学理论中，我们很少看到把东西方和南北方孤立、割裂开来的分析框架。当然，这是我的解读。这些学者不仅揭示了美帝国对其他国家压制带来的后果，更对东方和南方的民族解放和社会变革的实践投入了热情的关注。

过去，我们都说中国传播学与西方的交流历史是从施拉姆（Wilbur Lang Schramm）访问中国开始的，是他把传播学引入中国。对不起，今天我必须纠正这一历史，因为加拿大的传播政治经济学者斯迈兹1971年就到中国来了，他才是第一位来中国的西方传播学者。而且，施拉姆来的时候，他没有带来有关中国的问题。施拉姆是一位冷战斗士，他是来推销美国的传播与现代化理论的，而不是来研究中国在做些什么。斯迈兹是带着问题来的，他去了北大，去了广州，访谈了很多中国著名学者和广播电视界的官员，发现了很多问题。他很忧虑，因为他觉得这样建设社会主义是会有问题的。于是，他在改革开放初期的1979年第二次访问中国，根据自己的调查写了一篇名为《自行车之后是什么》的报告，请大使馆交给中国官方。他把自己的报告当作内参一样的东西来写，当时并没有发表，因为他没有把发表文章当作目的，没有用我们今天理解的"学术生产率"来衡量自己在做的事情。他把自己当作中国社会主义事业的盟友，真心提出意见。我去西门菲莎大学见到斯迈兹后，曾对他说，中国其实已经用实践回答了你的问题——自行车之后是什么？当然是汽车。

其实，批判传播政治经济学追求的是一种超越资本主义关系的理想社会的可能性。改革开放30年以来，很多人已经抛弃了这样的理想了。听说好多年轻都市女性看完《蜗居》后在网上说爱上那个市长秘书宋思明了——谁能给我们消费主义的生活，我们就嫁给谁。但问题是，当你在反对乌托邦的时候，自己一不小心又掉入了另一个乌托邦。当我们抛弃社会主义这个乌托邦的时候，我们又跳进了一个市场原教旨主义的乌托邦。我们要建立一个产权明晰、法制健全的理想社会，但这也是一个市场社会乌托邦。我们总是要有乌托邦的，问题是我们要什么样的乌托邦。没有乌托邦，我们就都变成马克思说的蜜蜂了。马克思说蜜蜂与最坏的建筑师的区别就是建筑师在建房时是有设想和蓝图的，而不是凭动物本能。我们需要有建立什么样的社会的想象，而这与前面说的价值论问题相关。

与此相关，我们还有必要重新理解劳动。哲学意义上的劳动指的是人们实现自我价值的社会实践，但是现在，劳动往往以出卖劳动力的雇佣劳动和异化劳动的形式出现。在前面我们讲到的"中美国"这一世界经济结构中，人的生产性不仅被降格为装配线的延伸，而且劳动力廉价到不可以维持其本身的再生产。在当下的国际劳动分工中，包括华人学者在内的第三世界知识分子坐拥上百年的革命历史资源，共享建设另类社会的成功和失败的经验教训，这些人应该成为替世界寻找出路的关键群体。作为华人学者，在这个过程中，我们还要超越抽象乏味的中国文化教条。我们可以天天把中国文化是如何讲究"天人合一"这样的说教挂在嘴边，但只说这个有自欺欺人之嫌。"天人合一"是个好原则，但是，不能停留在这个阶段。总之，仅有抽象化和本质化的文化分析是不够的，我们必须要用政治经济学分析，必须用社会的分析。

我不是说回到当年那个贫穷和匮乏的阶段，但是我觉得可以在另外一个更高的层面上来想象这个问题。现在我们谈"中国崛起"有一种在资本主义游戏规则之内谈的倾向，我们能不能换个角度想象这个问题？世界体系理论的作者沃勒斯坦（Immanuel Wallerstein）不久前在《新左派评论》（*New Left Review*）的一篇文章里说，这次经济危机是非常特殊的，其规模巨大，中国和亚洲国家的卷入使这个危机真正成为世界性的危机。他说现在的问题已经不再是资本主义该如何修复自己，从而重新向前迈进了，而是它会被什么样的制度所替代。

什么样的秩序会从这样的局面中出现，这是作为一个批判学者的一种想象。你怎么样定义这个秩序，就意味着你会采取什么样的解决方案。我们都是传播学者，我们都知道定义的力量。当然，我们不能把符号的力量作为唯一的力量，但定义的力量是很重要的。当下的危机，我们是把它当作一个常规性的事件，还是当作一个转型的关头？很有意思的是，在西方学术界，一些批判学者现在又在提马克思主义这样的话语了。美国知名传播学者麦克切斯尼（Robert McChesney）不久前在美国的社会主义刊物《每月评论》（Monthly Review）发表了一篇文章，题目就是《社会主义，或者毁灭》。在危机的语境下，批判学者们重新反思现代世界，这些激进思想又回来了。

## 超越以英美为原点的中心辐射式研究

前面一个是认识论问题，一个是超越文化本质主义的问题，下面我就传播研究尤其是国际传播研究，谈一下超越以英美为原点的中心辐射式研究议程的问题。

我知道清华在国际传播方面是很强的，但我们有对英美以外传播现象不太关注的趋势。中国在研究美国，印度在研究美国，但中国不研究印度，印度也不研究中国，其他国家也如此，从而形成以美国为原点的中心辐射式世界传播研究格局。现在很重要的就是要研究东、南的议题和南方国家间的传播关系。有人提出一个说法，说会不会产生一个新的"万隆"，也就是当年由著名的万隆会议所代表的第三世界不结盟运动。在新的语境下，这可能是一个新的由非西方国家组成的世界政治经济共同体。当然，当年的"万隆"是美苏冷战对立格局下出现的。在当今的世界格局中，当年那样的大规模联盟好像不太可能实现了。不过，许多不同形式的国家和区域联盟，如"金砖五国"已经出现。这些国家间的传播关系就很值得研究。

当下，中国正在大规模实施资本和文化走出去的战略，亚非拉是中国实施走出去战略的重点。我们在研究中国与这些非西方国家传播关系的时候，或者说我们在考虑国际传播政策的时候，是不是应该、有没有可能超越中华文化中心主义的视角，超越媒体的工具理性和国家主义的视野，站在批判性世界主义的立场上分析中国走出去的理论和实践？我认为，这是学者应该考虑的问题。总之，在研究国际传播中，批判性世界主义的视角和国际主义的关怀很重要。

还有，我们在考虑"软实力"时，是以国家为中心的。但是，我觉得在国际传播中，社会和民间层面的传播研究也很重要，要关注非国家、非资本的那些传播者或传播现象、文化流动。国外社会科学中有一个概念，叫作"跨国资产阶级"。我知道，这个概念在当下的中国听起来很刺耳。我们已经不谈马克思意义上的阶级，更不必说考虑跨国阶级关系的可能性了。但是，如我前面已经提到的，达沃斯论坛实际上就是跨国资产阶级意识形成的一个场域，巴菲特和盖茨来中国"走亲戚"，实际上也是跨国资产阶级在相互寻找共识，并希望在慈善这样的"共同事业"中实现"全世界资产者联合起来"。当然我们中国富翁们买不买账还是另外一个问题，这是问题的一个方面。另外一个方面，虽然"全世界无产者联合起来"的口号听起来很遥远，我们要看到下层民众跨地域的团结的可能性。社科院的卜卫教授讲过一个例子，中国传媒大学的一名来自美国的墨西哥裔学生拍了一部题为《我的小升初》的纪录片，讲了中国农民工子女升学过程中遇到的问题。国内中产阶级家庭背景的学生看不到这个问题，而一个来自美国的留学生却看到了，为什么？这位学生说，"我就是在美国的流动农民工"。这些现象迫使我们去思考"民族国家"这个框架的局限性。这个框架当然很重要，但它作为一个分析的单位，已经不能全面解释各种问题了。无论是跨国阶级构造，还是我刚才举的例子，都提示着我们要超越民族国家中心主义的视角。

最后，我还有必要回到"向东看，往南走"的议题。中国东南部经济市场化程度高，与国际资本结合的程度也高，而西北部市场化程度低，"向东看，往南走"一方面要看到东南沿海的劳动者，尤其是流动农民工，同时，这还意味着在地理上"向西看，往北走"。我们的北方还有当年国家社会主义时代留下的巨大工业废墟。对我们来说，"向西看，往北走"，将研究视线从沿海和都市转向内地和乡村，在社会学意义上来说就意味着深入基层，进而将研究对象从都市中产阶级转向广大工人、农民和边远地区、少数民族地区。现在我们的传播学实际上是非常都市中心主义的，我觉得这是中国传播研究应该解决的一个问题。当然我们自己生活在都市，这是一个理由，但这不是充分的理由。我并不是说所有的研究都要关注农村，但是，用复旦大学吕新雨教授的话说，"没有农村视角的都市研究肯定是有偏差的"。在方法论上，我们要从结构的历史和技术的历史回到人的历史中。我们习惯于责怪制度，但制度是特定历史条件的产物，我们不能成为制度拜物教者。我们要关注民众，要回到动态的历史逻辑中，关注民众在历史中的命运变迁，关注他们对历史和结构的影响。

沃勒斯坦被认为是强调宏观结构的，但他说，现在这个时候是非常混乱的时候，精英们也不知道该怎么办，大家都不知道怎么办，因而没有一股力量能够左右整个世界的发展方向。他说在这样的时候，就是个人的能动性能起决定性作用的时候。沃勒斯坦这样一个被认为非常能从世界体系和结构角度来看问题的人，竟然如此强调个人的能动性，我觉得这很有意思，也正是这样的对能动性的认识，使我觉得到国内来讲课挺有意义。

整理：白雪蕾　郑恩　马龙
校对：郭云强

# 传播学发展的三个新趋势与三个新问题

**主讲人：洪浚浩**

**主讲人简介：**

  美国纽约州立大学布法罗分校传播系教授，哈佛大学费正清中国研究中心研究员，马萨诸塞大学传播与社会可持续发展研究中心高级研究员，全美中国研究联合会会长。曾任国际中华传播学会会长。教学与研究领域包括国际传播与国际政治，大众传媒与社会发展，跨文化传播，以及传播新技术对社会的影响等。获得过多项学术奖励，自1988年出国以来已出版中英文著作数部，发表中英文各类学术文章一百余篇，最新出版的著作是《传播学新趋势》，担任美国出版的英文《中国大百科全书》传播与媒介分册的主编、中国人民大学出版社出版的《传播学》一书的联合主编。

时间：2015 年 11 月 26 日

  近些年，传播学的发展显示出了一些重要的新趋势，其中最为重要的有三个。第一个新趋势是传播学的研究越来越与重大的国际议题相关联。这一新趋势的重大意义在于，传播学跳出了只研究传播本身这一范畴，与国际政治、国际关系和国际社会变更等重大议题密切相关，开始涉及很多其他学科的核心研究内容。比如，传播与公共领域，传播与公共外交，传播与国际文化交流，传播与国际商务，传播与国际政治等等。传播学研究跳出了传统的研究领域和理念，开始与以往大不相同。最初的传播学主要是以研究人际传播为主，是与人相关的传播。然后有了社会传播，这方面则以大众传播、新闻传播为主。这两个领域是最传统的传播学研究领域。再之后出现了第三个研究领域，重点研究传播的载体。因为随着传播技术日新月异的发展，学者们发现传播的技术载体是非常非常重要的，而我们缺乏对它的研究。但以上这三个研究领域都还是在传播学自己的范围内。现在，传播学研究跳出了只研究传播这样一个范畴，大大地拓展了传播学研究的空间、内容和方向，因而这是一个有着非常重大意义的新趋势。

第二个新趋势是对新媒体的大量研究。国际传播学会（ICA）是世界最重要的传播学学术团体。在2014年的国际传播学会年会上，一共发表了2000多篇论文，其中70%到80%的论文都是跟新媒体有关的。New media，中文习惯翻译成新媒体，但是在英文里，还可以理解为新媒介。我个人觉得新媒介这个词更为准确。媒介跟媒体这两个词的概念不完全一样，媒介的概念更大。更为重要的是，现在真正给我们这个社会带来巨大和深刻变化的主要不是新的媒体，而是新的媒介。为什么这么说呢？因为新的媒介带来了新的传播模式，而新的媒体只是一个载体而已。新的媒体本身不一定能够改变传播的模式，而新的媒介则有可能改变传播的模式。当然，在很多情形下，新的媒介需要通过新的媒体作为载体来实施传播的过程。

由新的媒介带来的新的传播模式产生了两个根本性的影响。第一是导致各类社会结构的重组，第二是使人的行为方式发生了巨大的改变。任何跟新媒体相关的变化一定是出于这两者之间，因为这两个方面已经可以把所有变化都概括了。关于新媒体的研究大家也看到了很多，这里举一些典型的例子来看看新媒介主要是研究些什么东西。其中最根本的是对CMC的研究。CMC是一个英文缩写，全称是computer mediated communication（计算机媒介通信），这里面的computer不是指一个具体的电脑，而是指电脑技术。现在的一个重要的新趋势就是研究传播的技术，传播的技术载体，而CMC就是指研究这种电脑化、数码化的信息传播技术，研究以这种东西为载体的传播。大家如果去看国外文献的话，文献里几乎都用CMC，因为用得太普遍了，几乎无人不知，所以一般不再把全称写出来，都直接简称为CMC的研究。与CMC研究相关的就是大量的关于互联网的研究，特别是近年来大量的关于社会化媒体的研究。社会化媒体这里指的就是social media，在中文里大家一般习惯把它翻译成社交媒体，我在写学术论文的时候，更愿意把它写成社会化媒体。社交媒体是讲social media（社交网络媒介）所具备的日常功能，它的主要功能确实是社交，但是，如果研究这种社交媒体的社会功能的话，那么它所产生的影响应该是社会化的。举一个简单的例子，现在大家都用微信群，每个人都会加入好几个微信群，整个社会就有成千上万个微信群。这些微信群就表示我们这个社会现在已经被这个social media分成了许许多多的小社会了，成千上万个细分社会了。因此，这种变化，这种由新的媒介、新的媒体和新的社交媒体所带来的变化，是一种社会性的变化，而不是社交性的变化。这也是我为什么倾向用社会化的媒体这样的表述。

另外，我们再来看看新媒介、科技对政治传播的影响，以及新媒体时代的网络新闻研究。

从事新闻工作的人都知道，新媒介、新媒体对新闻的冲击实在是太大了。如果你们去美国考察一下就可以看到，美国传统报业受到的冲击要远远大于中国的报业，但是它并没有被淘汰掉。前些时间有几个国内的访问学者带着课题到我那儿做研究，其中有个课题就是研究美国传统报业如何生存下去。不知道他们从哪里已经先获得了一种印象，就是美国的传统报业和传统媒体为了生存下去采用的一个做法就是整合、融合，就是把新媒介和传统媒介整合在一起，网络化。我问他们这个假设是哪里来的。因为美国的媒体并没有出现这种全面变化的趋势，但是国内的一些学者好像就觉得这是美国传统媒体为了生存下去都在采用的一种模式。因此，中国所有的媒体也都要搞融合，搞整合。不知道是谁把这个观念介绍到中国的。其实，确实是有一些美国的传统媒体在这样搞，但是绝大部分的美国传统媒体并没有这样搞，因为简单地把传统媒体与新媒体融合，把它们整合在一起，未必能解决传统媒体目前面临的问题。因为现在传统媒体受到的冲击，表面上看是由于新的传播技术带来的冲击，但是简单地通过采用新的传播技术并不能够解决传统媒体遇到的危机，因为这并不能产生新的、具备与原来的媒体有同等质量和影响力的新型媒体。

我这次来北京之前在美国参加了一个会议。这个会议的主讲原来是做媒体出身的，在美国最有影响的两大报纸《纽约时报》和《华盛顿邮报》都工作过，而且都是高层，后来又在密苏里大学的新闻学院和南加州大学的新闻学院做过领导，所以她在新闻与传播的实践和学术研究两方面都很有经验。这个会议讨论的主要议题就是新媒介的出现对我们来说意味着什么。很多人问她这个问题，她回答说：至少可以肯定的一点是，传统的以广告作为支撑的媒体运作模式已经崩溃了。但是，新的模式还没出来，而且也不知道会是什么样的新模式。不过，在她看来，可以肯定的一点是，传统的模式已经不灵了。她又进一步强调说，是不是由此我们就可以断言现在网络上的，比如 Facebook 和 Twitter 上面的所谓的新闻，就可以取代传统的新闻呢？她的答案是否定的。她说：不是每条信息都可以被当作新闻（not every piece of information is a news）。新闻是一种经过专业训练才能做出来的东西，所以新闻学有一个概念是"做新闻"（making news），新闻是需要具备专业素质的人才能做出来的，其中包括价值判断、理念的体现等等。所以，不是任何一条包括五个 W（Who、When、Where、

What、Why)和一个 H（How）的信息就是一条新闻。我个人觉得她讲得非常简洁明了，因此，她对听众说，不必担心新媒体会轻易地完全取代传统媒体。

除此之外，这第二个新趋势还反映在对许许多多、形形色色的网络企业、网络公关及网络广告展开的研究。这也是一个非常重要的趋势，越来越多的传播学者做的研究，无论他们的专业是新闻，是传播，还是新闻与传播，都跟这个有关系。这不奇怪，新媒介的出现，新媒体的出现，新的传播模式的出现，等于把传播学的研究领域翻了一番，因此而衍生出来的研究议题和内容则是翻了几番。不论在座的你是资深的教授、是青年教师还是今年刚入学的研究生，大家想一想在这最近五年、十年当中，你如果一定要说出一样给你带来最大变化的东西，会是什么东西？每个人都想一想。好，很多人说是手机，有些人说网络，也有几个小学妹说是游戏机。很明显，十个人当中几乎九个人的回答都是属于新的传播与信息技术。手机是，网络也是，游戏机也是新的信息技术的产品。因此，大家说的其实都逃不出这些新的传播与信息技术。这些新媒介、新媒体与新的传播方式和传播行为，是这最近五年、十年中给我们每个人、给我们整个社会带来最大变化的东西。所以，我们一方面感到这个东西太伟大了，另一方面又感到这个东西太可怕了。从某种意义上说，它的冲击力可以与核武器相比。它影响了全人类，全球各个国家与社会，全人类的生活与行为方式。它影响的不仅仅是人们的生活方式，更是人们的行为方式。同时，它更深层的影响是看不见的，却是实实在在的，那就是各种社会结构的重组，特别是政治结构和经济结构的重组等等。所以，传播学研究与发展出现了越来越与新媒介、新媒体和新的传播模式相关联，这种新趋势是自然的，也是必然的。

第三个很重要的新趋势就是研究方法在不断拓宽，这也是这门学科与时俱进的标志。以前传播学的研究不怎么讲求研究方法，传播学最初在欧洲发展起来的时候，很多著述也多为描述性和议论性的，常常就是简单罗列一两个概念和理论，把一些情况介绍、描述一遍，最后来个总结。近年来，首先是西方的传播学研究在这方面发生了变化，尤其是传播学研究在美国发展壮大以后，越来越强调和重视用科学的研究方法，中国的学者也逐渐开始从西方引进科学的研究方法并逐步予以重视。最初的研究方法还只是比较笼统的两大类，一类是量化的，另一类是质化的。但是实际上在这两者之外还有不少其他的研究路径，譬如文化研究，还有批判学派，它们既是自成一派的研究体系，也是一些独特的研究方法。

这几年里的一个新趋势是研究方法在不断地拓展。质化研究有几种不同的研究方法，量化研究也有几种不同的研究方法，而且量化研究还有不同程度量化的研究方法。这几年在这些研究方法上往前、往上拓展，为传播学研究开辟了更为广阔的路径。比如，有一个最近被广泛使用的研究方法，叫社会网络分析法（social network analysis），它以前主要是用在社会学和政治学研究中的，现在也被广泛地用到传播学研究中来了。此外，生理学和心理学的研究方法也结合到了传播学的研究中。比如，人们都觉得暴力新闻会对人产生很大的影响，尤其是对青少年，但怎么去测试和证明呢？如果只是假设这种影响，那也只是一种猜测而已，不是一个科学的结论。二十世纪六十年代的媒介效果研究也做过一些简单的实验测试，但是把心理学与生理学的研究方法放进去进行研究，通过大量的实验来验证，那就不一样了。当然，这种研究会牵涉到大量的实验，因而目前在美国也只有少数几个有这样的条件的大学在做这一类的研究。但是这至少代表了一个发展方向。再有，就是运用计算机处理大数据来进行定量研究。定量研究最基本也是最根本的问题就是如何定量，如何准确地定量。"最基本"在英文里有两个词可以表达，这两个词的具体意义很有意思。如果用 basic，意思就是最基本的；如果用 fundamental，意思就是最根本的；这两个词同时用，就是又基本又根本。定量研究是最 basic 也最 fundamental 的问题，亦即最基本也最根本的问题，就是如何定量，如何准确地定量。在定量研究中你怎么把研究对象和内容进行量化，也就是说，如何把研究对象和内容更为准确和科学地量化，这是量化研究是否科学的核心问题。不是只要量化了就一定是科学的。其实量化错了的大有人在，而这种错误量化的研究自然不是科学的研究。因此，现在开始有了用大数据模式来进行定量研究的系统，而不是通过人工方法人为进行的量化研究。什么叫人为进行的量化研究？比如，你们很多人都做有关媒体内容的研究，就是所谓的 content analysis，比较《中国日报》与《纽约时报》对某个重大事件的报道框架。很多人做类似的研究时都会用量化的方式来做，因为不用量化来做的话，只是一些议论而已，那就变成了自说自话，完全就是自己对一些表面现象的诠释，很可能产生片面甚至极端的观点。科学研究，用英文来说，则要 give me the evidence（请给我证据）。证据就是要可以通过量化表现出来的东西，这里的量化往往是 impartial data（客观中立的数据），就是以数据为主的证据。但是证据未必一定是以数据为形式的，也可以是以文献或其他内容为形式的。这一点我们下面再细说。

如何准确和科学地量化媒体的内容呢？例如，比较《中国日报》和《纽约时报》在巴黎恐怖袭击事件中的报道立场。你无法直接比较他们的立场，只能比较他们的报道内容和角度，你也不可能逐字逐句地去对比，只能比较他们在报道中使用的不同立场的词。这些词是正面的、中性的，还是负面的，可以成为我们评估报道立场的一个指标。而在这样的比较过程中，最最重要的就是，你在测试的时候需要确保尽可能地准确。以前采用的是人工编码的方法，经常会有误差，除了误差之外，更大的问题还是编码者的主观性。你是这样看问题的，你觉得这个词是中性的，但是换一个人就可能看成是负面的。这个怎么统一？好在现在有了一种用计算机来进行定量研究的系统，这套系统也已经开始被广泛运用了，叫 Galileo 系统，是以意大利著名天文学家伽利略的名字来命名的。这表明定量分析研究方法也在不断往前走，开始不完全由人工来进行，因为人工研究的偏差性有可能很大。因此，定量研究的基础和根本就是看你怎么来定量。人工定量除了有可能产生误差，还有更为主要的一个主观性的问题。当然，使用计算系统来量化，也还会存在研究者的主观倾向和问题，但相比完全由研究者来做主观性判断，误差要小得多。这也是研究方法不断拓宽的一个表现。

再举一个例子，是关于传播学定量研究的一些新议题。从积极的角度讲，就是定量研究在传播学的发展中起了一个非常重要的作用，它使得传播学这门以前主要在人文学科领域的学科，逐渐地转移到了社会科学领域。定量研究在这个转变中所起的作用是非常重要的。大家知道，传播学在欧洲发展起来的时候主要是偏向人文的，后来跟社会的接触面越来越大，研究的议题和内容也越来越与社会现实中的重大问题相关，它也就越来越向社会学科的方向靠近。而作为一门社会科学的学科，研究方法上就必然需要依靠大量的定量研究和分析，因为社会科学跟自然科学相近的地方，就是运用定量分析得出的结果在理论上说是可以重复的。一般来说，如果得出的结果是可以重复的，那么它就是相对科学的；如果它不能重复，那它就可能不是科学的，很可能只是一个特殊的现象，是一个孤立的现象。所以，在传播学的发展中量化研究的运用和拓展是一个重要的转变和新趋势。不过，现在新的问题又出现了，好像大家一下子都只强调定量研究了，从一个极端走向了另一个极端。

关于研究方法，我结合最近遇到的一些例子来给大家介绍一些情况。我目前正在主编一份 SSCI 学术期刊的特刊。前段时间这个特刊发出征稿通知后，国内有很多学者投寄了稿件。我对收到的稿子审读之后，发现国内的学者对传播学的研究方法运用上学得很快，因为大部分研究方法实际上不是很难，没那么高深，只要想学，只要认真去学，是可以学得很快的。但是很多人是重视了定量研究的方法，却缺乏灵魂性的东西。一篇论文灵魂性的东西就是理论假设。我们做任何一个研究，目的是检测一个理论，或者是发展一个理论，或者是反驳一个理论，或者是修正一个理论，或者是引申一个理论。这才是学术研究的灵魂性的东西，而不是为了有量化研究而进行量化研究。如果缺乏灵魂性的东西，就么所做的研究充其量不过是一堆资料而已，一大堆数据而已。你把那些量化的东西处理得再好，你把定量分析的图表做得再漂亮，并不代表你的研究的学术价值就高。量化研究不难，一旦你学会运用那些量化研究的方法，做起来很容易，特别是现在有很多软件，你只要把数据填进去，软件会自动得出相应的结果或结论。但是，没有灵魂的东西做得再漂亮，这样的文章也不会被考虑。因此，传播学发展中的这个新趋势，也是传播学发展中的一个新问题。

## 传播学发展的三个新问题

传播学发展中新趋势与新问题并存。刚才讲的是三个新趋势，所有的新趋势都伴随着新问题。我到各个学校去讲课的时候，经常说我们做新闻传播学研究的人应该说是生逢其时，因为传播学是极少数几门社会学科当中发展得最快，同时也是变化得最快的学科。发展得最快，说明我们大有前途，研究内容层出不穷；变化得最快，说明挑战性很大，随之而来的机会也很多。比如，做新媒体的研究就很容易过时，所以就逼着我们要不断做，好处是我们一直有新的课题可以做。因此，做传播学这方面的研究是"痛并快乐着"。就传播学发展来看，我们面临着大好的形势，这是一个得天独厚的机会。但是，传播学的研究跟不上传播学科的发展。尤其是目前传播学在研究方面面临着三个新的问题。概括地说，这三个问题是：第一，传播学的研究与发展在理论上遇到了瓶颈；第二，传播学的研究与发展在内容上遇到了困境；第三，传播学的研究与发展在方法上遇到了挑战。这三个问题在国内外都是存在的。

第一个问题，传播学的研究与发展在理论上遇到了瓶颈。传播学的主要理论，尤其是媒介效果理论，都是建立在传统大众传播模式下的。然而当下传播模式——特别是大众传播模式——已经急剧改变，而传播学则缺乏与之相适应的新的配套理论。许多现存的理论其实已经不适用于新的传播模式，也不能很好地解释新发生的许多现象。这些现存的理论表现出了明显的局限性。虽然传统的大众传播模式仍在运作，但是新媒介带来的新的传播模式对传统的传播理论造成了很大的冲击。比如，议程设置理论中的很多要素已经有了很大的改变，在很多地方已经缺失了官方可控制的舆论中心，因此这一理论的适用性也随之有了改变。再比如，两级传播理论以前被认为是随着社会的不断进展已经逐渐减弱了，但现在，在不少社会中出现的实际情况却恰恰证明并非如此。就拿中国的情况来说，短短几年里涌现出一大堆被称作"大V"的网络意见领袖。"大V"的出现说明传统的"意见领袖"的概念反而是在后现代社会中大大增强了，因此它对"两级传播理论效应已经式微"这一理论假设是一个很大的冲击。

还有一个例子,是关于大家很熟悉的"沉默的螺旋"理论,这个理论并没有全部过时,但是也受到了不小的冲击。事实上,应该说几乎所有的传播学理论都没有全部过时,只是它们在传播学的快速发展中都受到了程度不同的冲击。现在的关键是,想研究这些新的传播现象时,却没有新的理论来指引,因而还是不得不去用那些现存的理论,这就会有局限性,甚至会有很大的局限性,或者无法用它们来诠释新的传播现象。但是所有的事情都有正反两面。正因为现存的理论可能有局限性并受到冲击,才给我们提供了机会去修正它、发展它、进一步完善它,抑或促使我们创造与新的情况相适应的新的理论。原本我们做研究的目的就是要去测试某种理论,修正某种理论,完善某种理论,检验某种理论,去了解在另一种文化里、在另一个社会环境中,它是否能有效运作。所以,尽管这些理论上的瓶颈可能是存在的,但是只要处理得好,就相当于给了我们一个机会,而处理不好,仍然全盘套用,就可能出错,因为那些理论已经在不同程度上未必都适用了。

我在国内交流时,经常听到有些学者问:西方的主流媒体怎么能在社会上产生那么大的作用呢?中国主流媒体的影响力为什么在逐渐降低呢?原因在哪里?他们做了很多这方面的研究,有一些人还来征询我的意见。我跟他们说,西方媒体的存在有几个基本条件,中国的官方媒体不具备打造成西方社会主流媒体的基本条件。因此,我们至多只能学学西方主流媒体的样子而已,首先一条,也是最关键的一条,西方媒体本身是一个相对独立的社会体系。我不是说我们的媒体也一定要成为一个相对独立的社会体系,而是说我们在进行学术讨论的时候,你没有看到那些东西,而你需要了解和知道那些东西。因此,在理论指导方面,我们在做研究的时候会碰到各种各样的问题。有些问题它是客观存在的,因为它们受到了冲击;而有些问题是我们自己给自己设置的瓶颈,因为我们没有注意到它们需要的一些先决条件。比如,如果你不了解议程设置(agenda setting)理论的先决条件,就很难理解为什么我们的官方媒体很难像西方社会中的主流媒体那样起到议程设置的作用,因为你忽略了或不了解议程设置有几个必要的存在条件。所以说,我们在做研究时遇到的瓶颈,一部分是客观原因造成的,就是在新的环境下有些东西已经不那么完全适应了,新的传播模式对它们带来了很大的冲击,而相应的新的理论也没出现。但是另一个方面的瓶颈则是我们自己给自己设置的,因为我们不了解它们有一些先决条件,结果我们自己把自己困住了。

理论的研究和创新其实是要经过很长时间的,因为真正要成为一个放之四海而皆准的理论，在绝大部分情况下都能显示效应和起作用的，要找到这个规律是不容易的。如果一个所谓的理论假设在这个地方可以运行，在那个场合不能运行，这就不能被视为普遍的规律，没有普遍性也就是没有普遍意义的，那它就不能成为一个理论。两级传播理论是经过很多测试的，议程设置这个理论的提出也是经过了几十年时间的不断完善。议程设置这一理论的最主要的创始人马克斯韦尔·麦库姆斯（Maxwell McCombs），是我二十世纪九十年代在得克萨斯大学奥斯丁分校（University of Texas at Austin）求学时的导师之一，那个时候这个理论已经在全世界广泛运用了，但一直到前些年，他90多岁了，仍在不断发展和完善这一理论。因此可见，一个理论的出现和形成是经过很长时间的，是需要在提出以后通过不断测试从而得到发展和完善的。再比如，涵化理论（cultivation theory），研究电视内容对青少年暴力行为的影响，前后几十年做了无数样本，非常不容易。但是新媒介、新媒体和新的传播模式的突然出现，一夜间对这些理论产生了巨大的冲击，这些理论真的是碰到了各种各样的瓶颈。

第二个新的问题，传播学研究在内容上遇到了困境。很多人感觉传播学的困境是内容太多，不知道该从何下手。同时，也有一些人觉得传播学的研究内容很空泛，他们不知道传播学到底是做什么用的，又觉得它的领域太窄。我觉得有这两种不同的认知很正常。

以前我在别的地方讲课时，也遇到听课的人问这样的问题。有个人就问得很好，他说：传播学研究的东西跟其他领域研究的东西越来越结合的时候，它们之间的界限怎么划分？我是这样回答的：这就需要回到传播学的基本定义。你们都还记得施拉姆的理论吧，传播的过程包括信息的传输者和信息的接收者，还有信息的反馈、信息的解读，等等。传播学研究与其他学科的研究的界限在哪里？就是在这些环节里面。作为传播学者，我们就要研究这些环节里面跟传播直接相关的这些方面。比如，如果研究软实力，我们就会着重研究在软实力传递的过程中，传播起到什么作用，效果怎么样；如果研究公共领域，就会重点研究在构建公共领域中传播能扮演什么样的角色。这是可以清除划分的界限。在所有这些与其他学科交叉的研究中，凡牵涉到传播者、接受者、信息、渠道、内容、效果、手段等与传播相关联的要素，应该就是我们传播学研究者需要关注的重点。因此，关键是要把传播学的基本理念搞清楚。有些人觉得传播学研究的内容太广、太泛，其实根本在于自己怎么把握。

我们搞传播学研究，基本的立足点就是传播。如果你对传播学不够了解，那确实会不知道传播学到底应该研究什么。任何种类的传播过程都牵扯到五六个重要环节，每一个环节都是值得好好研究的。传输者、接受者、信息、解读、符号等等都是传播的要素，而这所有一切之中，归根结底是研究传播的效果。所有的传播过程都是基于最后的传播效果的，如果没有效果，那么这个传播过程就没有完成。比如一条狗对着你叫，但你不知道它为什么对着你叫，也不知道它为什么在叫，那么这一个传播过程就没有完成；你走到一个十字路口，看到绿灯往前走，看到黄灯赶快走，看到红灯不再走，这个传播就是完成了的；但是如果有一天你走到那里突然看到一个蓝灯，而你不知道这个蓝灯是什么意思，变得不知所措，那么这个传播就没有完成。所以传播不是空的，应该是有很明确的意图的，但是能否达到效果并不取决于信息传输者的单向意图。其中牵涉到的环节是很值得研究的。

我们每个人每时每刻都在传播。人与人之间的传播、人与社会之间的传播，这些都是研究不尽的。不少人觉得现在传播学可以研究的内容太多了，这并不奇怪。我在前面说过，正是因为新的媒介的出现，导致了介质的扩大，带来了传播研究领域和研究内容的无限扩大。现在的人们每天大概有一半的时间是生活在另一个世界里，也就是虚拟世界中，这是多么可怕的事情，仅这一点就值得我们好好研究。整个人类社会都由于手机这么一个小小的东西发生了各方面的巨大变化，世界上几乎所有的政府都在考虑如何应对这些变化。这难道还不值得我们好好研究吗？由于这些新的媒介的出现和运用，人类社会的很多方面在几千年里的变化都没有在这三五年里发生的变化那么大和那么快，这难道还不值得我们好好研究吗？当然，在传播学研究中，除了研究领域的扩展带来的不知所措，也同时存在着研究内容碎片化的问题，比如太注重细节的问题，太集中于对一些琐碎问题的研究。我在担任很多国外学术期刊的稿件评审时，感觉有很多文章的研究都太琐碎了，太细太小，学术上立不起来。也许那些文章可以成为很好的商业报告，对某些公司有用，但是在传播学理论上没有建树，也没有多少学术价值。

还有一种传播学研究在内容上遇到的困境就是研究的内容太窄。这个研究内容上的狭窄就引申到了传播学研究中的第三个新的问题，即传播学在研究方法上遇到的挑战。我在前面已经提到，传播学的研究从最初的不重视研究方法这样一个极端，又逐渐走到了太注重方法这样一个极端，变成了研究中只有方法而没有灵魂。特别是由于过度地强调了量化研究，尤其是最近几年里太强调大数据的作用，使得很多人只追求通过大数据计算出来的量化研究。因为大数据要靠大量的资金，结果就是大家都在花力气设法获得研究基金，然后才可以做研究课题和项目。什么样的研究课题和项目比较容易获得资金呢？在西方国家，比较多的资助来源主要是企业，然而企业需要或希望你做的课题和项目是要对企业有实用价值的，于是造成很多传播学的研究课题和项目具有实用价值但是缺乏理论和学术价值，这是一个日益严重的问题。在西方，研究资金，特别是社科类的研究资金，它们的第二个主要来源是各种基金会。美国的基金会主要分两个类型：一种是政治性很强的基金会，它们主要支持带有明显意识形态倾向性的、明确政治属性的研究，比如，所谓的民主与自由、对共产主义国家进行批评性研究的课题和项目；另一种是慈善性质的，主要支持跟健康有关的、跟生命有关的课题和项目，健康传播确实很重要，但是它也并没有重要到值得所有的学者都要去研究。

在这样一种倾向之下，很多宏观的研究、具有理论价值的研究因为没有得到资金的支撑而没有得到应有的支持和重视，这就形成了我刚才讲的第三个新的问题——这是一个严峻的挑战。这些方面有些跟中国的情况可能是一样的，有些可能是不一样的。比如，中国的传播学研究在内容上不存在美国的传播学所面临的问题，因为中国的传播学研究得到资金支持的很多课题和项目都是与政治或意识形态相关的，从企业获得资金资助的课题和项目还不是很多，慈善性的课题和项目也还不是很多，这也在某种程度上显示了内容狭窄的问题。所以，这个问题也是一个共同性的问题，只是在不同的社会中表现出来的形式不完全一样而已。

录音整理／大岛樱子　周丹琪　陈薇　尉爽生　李晨晖　徐尚方　杨智森　周襄楠

校对／王沛楠

# 历史与现实

# 告别百年激进

主讲人：温铁军
主讲人简介：

温铁军，1951年5月出生于北京。著名"三农"问题专家，管理学博士。曾任中国人民大学学术委员会副主任，中国人民大学农业与农村发展学院院长、教授、博士生导师，西南大学中国乡村建设学院执行院长，福建农林大学新农村发展研究院、海峡乡村建设学院执行院长。中国人民大学新闻系本科毕业。主要研究领域为发展中国家比较研究、乡村治理与乡村建设以及农村金融等。主要著作有《八次危机：中国的真实经验1949—2009》《三农问题与世纪反思》《解读苏南》《中国农村基本经济制度研究》等。

时间：2010年12月2日

今晚主要给大家汇报一下最近思考的问题。我们在关于百年中国现代化进程的讨论中，注意到有几个历史性的重大变化。

第一个是新世纪以来我们已经告别了百年短缺，进入了经典理论意义的"过剩时期"。所谓"百年短缺"，是指当大多数非西方工业国家在殖民化时期遭到侵略和瓜分时，都会认识到船坚炮利是一个制胜的法宝。这背后起支撑作用的当然就是西方工业化。于是，后发国家都会以先发国家的工业化作为目标模式来赶超。而一旦进入工业化，就会首先遭遇一个挑战——"资本极度稀缺"。可工业化是一个不断追加资本投入的经济过程，特别是中国，如果想"师夷之长技以制夷"，想形成"西夷"的"坚船利炮"的话，就意味着要发展军事工业，而军事工业更是一个需要不断追加投资的经济过程；而且因为军事工业不属于民生经济，不产生常态的经济回报——除非用军事工业的产品去攻打别的国家，占有别的国家的资源，才能有军事投入的正向回报，否则是没有回报的。

制造了大量的炮和枪，放在仓库里，在不使用时是纯消耗，为了维护还需要不断上油、擦洗，还要有人看管，这些都不产生正向的投资回报。当然，还有一种使用方式就是形成国家军事力量来防止甚至阻遏侵略。但是在大多数先发国家，军事工业产品主要是用于攻打别国，获得别国的资源和市场。

因此，以下两个常识必须记住：其一，一般工业化是一个不断追加投资的经济过程，军事重工业的投资量更大，如果不对外作战，则无回报；其二，大多数后发国家都没有起码的工业化基础，要进入工业化就必须先有资本，所以首先面临的挑战叫作"资本极度稀缺"。

为什么特别强调"极度"二字？因为西方主流经济学建立的分析逻辑之所以能成立，恰恰在于它认为生产力诸要素都具有"相对"稀缺性，西方经济学所讨论的一般经济过程都没有要素极度稀缺的情况，比如说劳动力要素极度稀缺是零，没有劳动力如何讨论要素的优化配置？资本主义时期的西方经济学说发展到亚当·斯密时，认为可以在要素相对稀缺条件下使用市场这个"看不见的手"优化组合，使资源配置达到最优，但是没有分析在资本要素极度稀缺甚至稀缺至零的条件下怎样依靠市场达到最优配置。因此，大多数发展中国家都很难按照一般西方经济学理论来构建或调整本国的经济发展过程，因为他们首先面对的都是资本极度稀缺。

在这种情况下，经济学家会说，可以引进外资，进口替代，然后出口替代。这当然很好。但是，外资从来都是有代价的，任何外资在资本稀缺程度为零的发展中国家都会在引进的瞬间变成外债负担。像中国这样资源短缺，或者初级产品不足，就几乎不可能形成所谓"替代"。因此，在二十世纪八九十年代，世界上的债务国主要是希望进入工业化而引进外资的发展中国家，即以负债的方式进入工业化。

其中有些后发国家进入工业化了，表面上看是用工业品出口形成了贸易盈余，以此还债。成功进入工业化的国家不多，比如"金砖四国"中的中国、印度、巴西。人们提到"金砖四国"的时候，其实主要还是说中国、印度、巴西这三个正在进入工业化的国家，虽然四国还包括俄罗斯，不过俄罗斯早在帝国时期就已经工业化了，只是后来经历了两次灾难而已。这些后发国家基本上还能够有效地应对外债的还本付息，因此被叫作 good student( 好学生 )。在西方看来，这些国家可被纳入国际主流。

但是现在世界上的国家总数有 190 多个，大部分是第二次世界大战之后独立的，大都没有进入工业化，为了工业化而引进的外资所形成的债务就会转化成沉重的债务负担，并且不断地引发债务危机，使这些国家进入债务陷阱，不能自拔。这也是一种发展陷阱。很多这样的发展中国家还要靠出售原材料或者租让本国资源来维持基本生存。

所以，第一个需要注意的历史性重大变化就是，中国在这一百年中主要遭遇的问题是资本极度稀缺，但在完成工业化后进入世纪之交的时候，中国已经告别了短缺，进入了过剩。

这不是我的一家之言，马洪和陆百甫这两位老一辈在政策领域中有影响的经济学家在1998年就已经指出，中国的生产过剩已经出现了。另外，经济学家林毅夫在1999年提出的一个观点，更为直白地指出中国的主要问题是"双重过剩条件下的恶性循环"，并由此而有针对性地建议希望中国开展新农村建设。新农村建设最早提出就是在1999年中国经济论坛的一次内部座谈会上，是由林毅夫教授提出来的，当时并没有引起重视，他的建议直到2001年12月才有机会面陈当时的总书记江泽民，之后新农村建设就随着"三农"问题成为重中之重而逐渐引起重视，终于在2005年十六届五中全会上，被确定为"十一五"八项重大战略之首。所以林毅夫对于国家新农村建设实现统筹协调、平衡发展是有贡献的。

因为我不是主流经济学家，所以我的表达更为直白。中国现在面临的主要问题是三大过剩——因产业过剩而导致金融过剩，因产业和金融过剩而导致商业过剩。由此，可以归纳为三大资本过剩。产业、金融和资本过剩的逻辑关系是，当产业过剩的时候，银行家不会向过剩的产业投资，政府却不断地制造货币，货币总量在不断地增加，但又不能再将货币直接投向过剩的产业领域，只能由中国人民银行拨给各个商业银行，于是出现金融资本的流动性过剩。两年前银行的资产总规模已不止70万亿，现在应该已经在90万亿左右，甚至更多，因为近年来大量外资流入，需要中国人民银行增发货币来进行对冲，估计现在应该约有百万亿的金融资产。但因为产业过剩，大部分金融资产无法使用出去，于是导致严重的银行存差现象，即存款大于贷款。比如你向银行存一百元，银行只能用出去五十元，剩下五十元还得向你支付利息，所以现在不是钱少，是钱多了，淤积在银行了，即喜剧演员戏称的"不差钱"。世界上任何国家只要金融过剩，资金通常都会和房地产结合。金融资本跟地产资本之间的结合几乎是天衣无缝的，互相依赖。大量的过剩金融资本有意无意地推高地产价格，这在世界范围内具有普遍性，产业只要过剩，金融资本往产业投资就意味着砸钱收不回来，于是就不投，不投又不断增发货币进而产生金融过剩，接着就会出现商业过剩。世界商业巨头沃尔玛的年平均利润率也只有1%，甚至不到。大量的商业领域的竞争都不是因为投资环境恶化，而是由于商业布局过剩，商店太多。

所以，试图在产业、金融、商业这三大资本完全过剩的条件下构建信用社会、形成稳定信用关系的努力，不是不值得肯定，而是环境不好。因此，这种主观愿望很好的努力往往带来较高的制度成本，以及因这种努力不奏效而带来的较高的治理成本。

总体来看，资本过剩条件下，无论主观如何，制度成本过高是必然的规律。也就是说，在老师们还在讲着如何构建制度、如何形成信用、如何建立契约关系、如何鼓吹"自由契约万岁"的时候，这些东西都已经是"阿娇在唱着昨天的歌谣"。不能再听过去的歌谣，因为我们已经过了那个时代。出现严重过剩的时候，用过去的歌谣是说不清楚今天是什么日子的。如果想和当代的问题结合起来讨论，就至少应该知道时代发生了什么重大变化，即我们已经在世纪之交告别了短缺，当代这十年，可以称为迎来了过剩的十年。

接着，派生出来的问题是：在短缺时代，无论何种体制、何种意识形态、何种政府，都有一个共同的规律——当资本极度稀缺时，政府第一任务肯定是资本积累，因此就必然是"亲资本"(pro-capital)的政策体系。国内思想界简单地搬用某个欧洲国家在特定的时空条件下偶发性地形成的左派和右派的这种观点，不太明智。有人一言以蔽之地认为过去都是极左的错误，更是有点荒唐愚昧。在资本极度短缺的年代，客观上不会有形成所谓"左"的错误的条件，即使有错误，也只可能是极右的错误。因为，这时无论以任何名义建立的政府，其政策体系都一定是亲资本导向的。只有当资本不再短缺，当资本进入过剩，政策体系不论何党何派、何种政治体制、何种意识形态，都会相应调整到或多或少的民生导向，或者说，"亲贫困"(pro-poverty)政策基本上就具备执行条件了。

请注意我提出的这个客观规律："亲贫困"和"亲资本"这两大本质对立的政策体系，都是在外部客观环境发生根本性条件改变的时候才有可能内生性地发生改变。亦即，条件不具备的时候，政治家说与做就不可能是一回事。

总之，后发国家带有共性的问题是处在资本极度稀缺的条件下，为了解决资本极度稀缺所带来的压力，某些做法或相应的政策一定会是比较激进的。于是乎，似乎不好用左右翼这种两分法，也不好用源于西方的那些约定俗成的概念。因此，我只好用了一个听起来似是而非的概念，叫"告别激进"。

可为什么说"告别百年激进"呢？

其实清末无论是中兴重臣曾国藩、左宗棠、李鸿章，还是后来被当成保守派的慈禧太后，他们都想搞工业化。如果说，曾、左、李这些中兴重臣只是主张"师夷长技以制夷",即今天所说的对国外技术引进消化吸收,那么包括慈禧太后在内的统治者在那个年代则是已经开展了"师夷长制以制夷",也就是制度引进,在戊戌维新之后,中国已经在教育、邮政乃至政府体制上开始试图一步步地采行西制。派大量留学生出国,也是1890年以后的现象。

2011年是辛亥革命一百周年。大家常说武昌起义一声炮响,摧毁了反动的、封建的、腐朽的封建王朝。可很少有人问及:清王朝难道是西方经典理论意义的封建制吗?稍微研究点世界史就应该知道,中国算是世界诸国之中最早告别封建制的国家。如果说中国自秦完成统一就进入权力相对集中的政治国家历史,不再是典型的西方那种诸侯名义上认同国王的封建制度,那么中国告别封建制已两千二百年有余。

当我们不再一定要用这些年苦心建立的意识形态来思考历史的时候,会有很多供我们重新讨论的角度帮助人们开拓思路。

这绝对不是说构建革命的意识形态的历史是错的,这个工作非常非常重要,也曾经是高度有效的。它的有效性就在于,国家在资本为零的条件下,想要动员劳动力成规模地投入大型基本建设来替代资本的时候。经典理论讲的是K和L的关系,K是资本,L是劳动,我们那个年代所做的无外乎就是成功地以L替代了K,在资本稀缺为零的条件下,用劳动力的成规模投入来替代资本,完成了资本原始积累,进入了工业化,这就是中国发展的所谓的秘密。在这种情况下,恰恰是革命意识形态有效地动员了普通大众,成规模地近乎无偿地投入劳动,替代稀缺资本。

请注意,这里可以提出的一个比较:历史上,能够以成规模的劳动来替代包括资本在内的其他要素,而形成国家层次的大规模基本建设的,只有两种时期:一是西方历史上两次发生过的大规模奴隶制时代,二是中国人以集体化组织作为制度基础的革命时代。二者性质不同,西方奴隶制时代人们投入劳动是被强迫的,而中国革命时代劳动者的奉献基本上是自觉的。因为二者性质不同,中国才有像雷锋、王进喜等把有限的生命投入到无限的为人民服务中去的模范人物,这就是革命时代的意识形态的作用。事实上,在这个体系影响之下,形成了以不计代价的劳动投入来完成国家建设的广大劳动者。他们确实不是奴隶,而是英雄。

诚然,在国家资本原始积累阶段,这个革命意识形态体系用于劳动群众的动员非常有效,我们当工农兵的时候,也是被革命意识形态所彻底动员的,促使我们把全部劳动剩余贡献给了国家。后人对此应该给予足够尊重,不仅因为它曾经有效地动员了两代人,而且这是中国能够短期并且低成本地形成了国家工业化的资本积累的内在原因之一。

因此,继续把那个年代作为中国人的英雄时代,总比依据西方说法回归为奴隶时代要好得多!中国人应该承认那时候人们的劳动是有巨大价值的,人们的贡献对于被侵略者欺侮百年的民族国家重新自立于世界民族之林,是有重大历史意义的。如果过于激进和极端地将这些奉献解读为奴隶劳动,绝不是对中国历史的客观表述。

中国发展的实践过程本身是个客观经验过程,可以被多种方式加以表达,特别是社会科学,其本身就是构建意识形态的理论基础,至于怎么去表达,取决于各种学者群体的政治目的或者各种政治家从属的利益集团内生的价值观。

我们之所以要充分肯定革命意识形态的国民动员作用,尤其是它在资本极度稀缺时代完成原始积累的作用,主要因为这对于当代任何尚有理性思考能力并且认同民族国家竞争力的不同利益集团,都有正外部性。

从清末被西方列强侵略开始,中国就从世界第一贸易大国和白银储备第一大国很快地演变为白银外流、资本极度稀缺的国家。因为1840年鸦片战争以后,连续的战败和赔款使得中国上层建筑连同军队都被"鸦片化",国家不再有维持财政基本开支的能力,更遑论追加投资去进入工业化。何况,民间经济已经竭泽而渔了。所以,中国早期进入工业化的时候虽然也是想"坚船利炮,富国强兵",但早期的工业化毫无疑问是组装形式的军事工业——不具有设备制造的能力,只能使用进口部件来组装。

一百多年前,早期的洋务运动是中国进入工业化的第一步,那既不是民办,也不是一般的商品生产,恰恰就是军事工业,对于后世统治集团来说,它还带来了极为严重的路径依赖的作用。此后,无论是晚清还是民国,乃至新中国,都一再强调国家要有军重工业。

我们的教科书中把晚清的工业化说成是从官办到民办,其实自从帝国主义开始瓜分中国以来,即1840年以后,中国就不再有完整意义的中央政府。到1900年八国联军打进北京,李鸿章在东南坐镇,"通电八省,拒不勤王",说明中央早就已经与地方分裂了,因为帝国主义列强当时已经把中国瓜分了。那时候,包括大家所熟知的北洋水师、淮军、湘军,都属于以中央政权为名的地方军事势力。而湘淮两大派系互相斗争,演化为后来淮系李鸿章的海防论和湘系左宗棠的陆防论之争。因此,洋务运动的实际内容就是各地督府在搞本地的军事工业,以壮大本地的军事实力。

自太平天国战争爆发以后,清军的八旗主力作为国军已经完全没法作战,相当于国军的八旗已经完了,地方部队的绿营也完了,代之而崛起的是乡村民兵、地方团练。湘军本是湘团民兵，后来打下了江浙，占领了富庶的地方，进一步发展，就是本属派生之淮系北上扩展到山东和河北，湘系西进，整个中国当时已经四分五裂了，那时候在各个重要城市发展工业的主要是各种地方势力。

后来的故事就多了，比如说慈禧挪用海军军费造园了，最后海军就剩下颐和园里那条石头船……有了这些线索，文学上可以编故事，但研究历史事件之间的规律是一定要有事实依据的。请同学们思考一个问题：当时淮军要用军费去加强军队建设，但那是风雨飘摇的满族贵胄能够依赖的中央军吗？很多事件，今天我们重新来看，都不是社会上流传的故事。

深入研究可知，其实地方实力派的军事工业，客观上恰是压垮清政府这个病入膏肓的骆驼的最后一根稻草。直接表现就是1900年八国联军打进北京，尽管各地都有军事工业，都有军队，但是地方军队"拒不勤王"，清政府只好借助没有任何军事装备的义和团……从那时候起，清王朝就已经名存实亡了。

那个年代，各种各样的地方势力崛起，使得客观上已经解体的清王朝最终出现了分崩离析的局面。接着，各个地方军阀拥兵自重，军阀割据成为大趋势。

事实上，地方割据成了大一统王朝之后必然重复性发生的历史现象，以前的历朝历代当中央王权衰落的时候不是都会出现帮会四起、割据盛行吗？

民国初年新文化运动也是比较混乱的，叫什么国，什么主义，什么制度，用什么新词，其实也是先生们试图给出解释而照搬来的概念。今天，我们都知道，他们做了伟大的思想建设工作，我们也都应该充分尊重和全面继承前人所创造的精神财富，但是我们也得认识到他们有相当的局限性。中国人实在是被迫着才发出最后的吼声，那个军阀混战局面之下，无论什么手段，谁能有效地形成再度大一统，对历史都是有贡献的。有两位对中华民族重新构建大一统的政治国家作了历史贡献的人物，蒋介石没成功，毛泽东成功了。

接下来我们来讨论一下蒋为什么会失败。

大家都以为他倒行逆施，反动等等，是，也不全是。

自二十世纪二十年代，蒋介石就基本上完成了名义上的国家大一统，当然也是以孙中山的名义，以国民革命的名义。因此，蒋介石在1947年以前一直是党总裁而非国家元首，他很小心，总理已经是孙中山了，总统还没经过选举，只能叫总裁。他是中华民国国民政府军事委员会主席，也是先有军，后有党，再有国，或者说先有军权，后有党权，再有政权。这都属于清末以后政治进程中的一个路径依赖的制度演变过程。由于他的军事力量是全国最大的，各地地方军阀为了避免正面冲突，降低与中央的交易成本，而"自愿加入"国民革命军序列，但各征各的税，各发各的饷，各穿各的军装，各备各的军械，地方军阀自己实行地方治理，这是当时的一个普遍现象。虽然矛盾重重，但总之这个国家在趋向于完成大一统之后的国家正常化进程。

二十世纪二三十年代有一个很重要的现象，叫民国"黄金十年"，大局甫定，重归一统，民间经济自然恢复，于是出现了当时中国构建工业经济基础的十年。国家军事上一统，经济上出现高速增长，似乎对民国的建设有百利而无一害。但经济发展了，客观上就造成革命的条件弱化了。

那为什么三十年代中后期革命运动反而又起来了呢？因为一个众所周知的重大国际性事件——1929—1933年西方资本主义大危机席卷欧美。危机期间通货膨胀，伴生贵金属价格上涨——与今天滥发美元造成的通货膨胀、黄金价格飞涨一样。贵金属价格上涨当然包括白银价格上涨，那么白银价格上涨为什么对我们有影响呢？因为中国一直到那个年代还是白银本位的币制，街面上流行的是"袁大头""孙大头"，就是银元，官府和富商还都是用白银作为主要的财富储藏方式。一个银本位的国家突然遭遇世界范围内的银价大幅度上涨，而美国作为中国的主要宗主国之一，曾经跟民国政府签订白银协议，因为中国不产白银，要大量地从美洲向中国输入白银，中国才能不断使用白银作为货币。但是，因银价上涨，美国单方面取消了白银协定，并且从1934年开始大幅提高美国的白银收购价格，使中国的白银大量外流，发生了白银危机，即资本短缺危机。同时，那时已经发生了1931年和1935年两次日本侵华事件，日本帝国主义政府想要控制中国，就要摧毁民国的经济基础，所以也从中国大量收购白银。于是，美国和日本抬高价格在中国大量采购白银，导致中国出现了短期爆发的白银危机，迫使民国政府在1936年宣布取消银本位制，改为发行纸币。但是纸币一发行就立刻贬值，因为国家金银储备不够，大量外流，没有发行纸币的基础，于是这个国家就进入了以通货膨胀为主的长期经济危机。

接着就是1937年日本侵华战争，日本借着中国发生经济危机的机会大规模侵略中国，中国的民族矛盾迅速上升为主要矛盾，本是星星之火的革命得以迅速扩展。这就是民国政府没有能够稳住这个国家的重要原因之一。二战之后，民国政府更是没有硬通货和贵金属储备，只有靠美国的战后援助维持，但也只维持到1948年。援助停止之际，立刻就满街都是滥发的纸币，有的地方甚至滥发到以亿为票面单位的程度。此时，民国的国家财政金融体系已经彻底崩溃了。

所以我说，民国先亡于财政金融、亡于经济崩溃，后亡于军事失败。

那是个战争年代，民国政府70%以上的财政都是用于军事开支的，集中在城市里的财政金融和经济体系崩溃了，就没有支付军费的可能了，无论有多少军队都无法维持财政崩溃的政权，于是就被虽然没有财政但靠农村老百姓支持的解放军摧枯拉朽地扫荡了。

当然这只是我的一家之言，我认为这些因素值得纳入考虑，有利于开拓思路。政权更替的主要因素还是革命战争的迅猛推进，但即使这个判断成立，要知道，农民革命战争中对作为最大社会群体的农民的最有效的政治动员就是宣布"耕者有其田"。

有意思的是，中国革命战争从民国时期起就叫作土地革命战争。孙中山发动了一次，被蒋介石搞歪了，共产党领导了两次，这三次都叫作土地革命战争。土地战争的核心动员机制就叫作"耕者有其田"，但是耕者有其田却不是近代才有的说法。

很多词语都是当代才有的，比如政治、群众、阶级、政党，所有这些耳熟能详拿来就能用的词语，中国古代从来没有出现过，这些词语不是我们从中国人的经验中产生的，是外来的；但"耕者有其田"却是古已有之的理念。对农民来说，它并非现代意义的革命口号，而是一个几千年的传统动员口号。农民要求的不外乎是安身立命的小有产者的地位。

于是，中国人通过三次土地革命战争，用了半个世纪的努力所构建的是一个什么样的国家呢？今天被西方人一言以蔽之地说是"共产党国家"，是共产主义。其实，我们构建的是通过农民参与的以"耕者有其田"为目标的革命战争打出来的这个世界上最大的小有产者国家。因为政府把地分给了农民，中国85%的农民都分得了土地，都变成了有产者。崔之元教授有篇文章谈论小资产阶级社会主义，认为社会主义可以立足于小资产阶级实现，这是很重要的理论创新。

马克思主义经典历来不认为小资产阶级可以成为建立社会主义的基础，同理，毛泽东和党的第一代领导集体非常清晰地告诉全党：不可能在小农经济的社会基础上建立社会主义。1947年《论联合政府》和1949年七届二中全会，毛泽东都反复告诫全党，不要试图在一片小农经济、小资产阶级的基础上去追求建立社会主义制度，那样建立的只不过是农民社会主义，或者民粹主义。毛泽东是反民粹主义的，世界历史上所有反民粹主义的政治家中，都没有极左的。

早在那个年代，毛泽东说得很清楚，我们要搞的是共产党领导下的民族资本主义，这就是1949年到1950年得到社会共识的新民主主义建国方略的核心。党内很多人问毛泽东新民主主义和孙中山的旧民主主义有什么不同。毛泽东说，我们搞的都是资本主义，唯一的不同就是那是国民党领导，我们是共产党领导。假如1949—1950年确立的是共产党领导的民族资本主义，那么这是"左"还是"右"？有谁认为搞资本主义是"左"，那是不是有点自己糊涂了？所以在那个年代，当我们认同民族资本主义的时候，也许应该叫"中右"。

为什么不能激进，因为激进了就容易犯错误。其实，那个年代就是有激进而没有"左"过。

到1957年搞反右运动，其实搞的是反左运动。右派也有，但是很少，像罗隆基、章伯钧，有那么几个民国年间代表民族资产阶级的第三方的人，建国之后也许属于右派，但其实他们说的也不是那么回事。新中国刚刚建立政权的时候，所遭遇的是民国年间金融危机的延续。1949年新中国成立时，最高月度通货膨胀率38%。原来各解放区的印钞还在老百姓手里，比如华北票、东北票，都还要继续流通。早年跟苏联谈判给中国工业建设支援的时候，一个苏联专家给两万斤小米的工资，当时我们国家主席的工资才折合3000斤小米。

为什么要用小米算干部工资呢？因为农民革命时期小米是一般商品等价物。民国政府走的时候蒋介石把国库剩下的一点黄金全拉走了，因此，只要发行纸币一定是毛票子——没有国家储备，新中国也没有商品，既然土地革命赢得了几亿农民的解放，那只能拿小米——农民最认的东西——来当一般等价物。那个时期银行存款叫"存三白"——白米、白面、白布。不是说存款人扛着白布上银行，而是今天存的钱到取的时候还能买到等值的白布，所以叫"存三白"，因为国家没有条件建立货币信用。所以1949—1950年新中国成立初期遭遇的严重的通货膨胀经济危机，乃是1936年民国放弃银本位开始发行纸币以来延续了二十年的通胀危机，并非新中国政权因为"左右"问题造成的。

那么，新中国的货币体系什么时候完成建设的？中国真正使货币成为货币是什么年代？我认为是1998年开始国家银行体制改革、货币体系与财政相对分离之时。

中国1992年因财政补贴压力太大而放弃了"第二货币"——票证制度——当时一户人要想过日子手里要有一大把票，除了粮票，还有油票、线票、火柴票、香烟票、肉票、布票、米票……每家有各种各样的本，副食本、粮本、煤本等等。第二货币体系是非常管用的，比第一货币体系厉害很多。其实一直到1992年取消票证制度之前，中国都是以"第二货币"为主的货币制度，这些票证有效地抑制了庞大人口的消费，使政府尽管可以增加发行货币，但是不至于构成全社会因为消费而拉动的恶性通货膨胀。至少，不能拿现在一般发达国家的成熟市场经济来衡量我们的过去。

1992年我国才取消了第二货币体系，才让人民币成为商品交换的中介，人民币才具有了一般货币的基本职能。此后货币大规模增发，1998年银行与财政正式分家，中国才算开始进入相对比较独立的货币体系建立过程，到2002年完成了现代纸币体系的建设。

从1936年到2002年，中国这条货币化道路很漫长，经济和社会代价都很大。如果做当代史的阶段划分，应该说新中国成立之初的危机乃是民国时期白银外流引发币制改革所留下的危机，那时根本不可能靠现在可想象到的任何经济理论来解决这场危机。

那时候，有两大改变危机的因素值得注意：

第一是中国85%的人口都分了地，农民回到了传统的小农经济，具有非货币化特性，有没有纸币都没关系，任何一个经济多元化的村子都可以实现自我谋生，自给自足。所以占人口总数85%的农民离开了相对现代化的城市经济，只要不动他们的土地，他们就可以自我发展。所以85%的人先稳定下来了，并且能够定期地提供他们的剩余农产品。

第二是朝鲜战争。今天朝鲜半岛局势重新紧张，黄海在闹事的时候，最大的赢家还是美国，这个不言而喻，中国不能算输家，但也不是赢家，或者输得不多而已。最大输家当然还是朝鲜。当年的朝鲜战争，西方很多人说是朝鲜侵略，错了。1945年日本投降以后，朝鲜因为是劳动党领导，所以迅速推行了土改，当农民都得到土地的时候，原来的地主富人大约几十万人逃向韩国，因此韩国更加坚定反对土改。但是韩国的农民不示弱，连续几年的农民游击战争，最后打到了汉城（现韩国首都首尔）郊区，到1949年韩国政权虽然可以控制汉城，但在郊区就已经岌岌可危了。所以朝鲜土改影响了韩国，韩国政权风雨飘摇，导致朝鲜战争爆发。

朝鲜战争爆发和不同国家介入朝鲜战争不是同一时间。中国介入朝鲜战争始于1950年10月，但对朝鲜而言这场战争始于6月，美国也是6月20日战争一开始立刻进入台湾海峡，对中国实行封锁，西方认定中国参加了对韩国的"侵略"，联合国也对中国进行制裁。所以1950年6月份新中国刚刚成立不久就被联合国制裁、被西方封锁了。在投票制裁中朝的安理会决议中，苏联代表缺席。苏联是常任理事国，可以投否决票，但苏联没投，个中缘由留待今后众人探讨。总之这是一场改变二战后地缘战略格局的重要局部战争。

这是一场把想中立地发展民族资本主义的中国打入苏联阵营的战争，从此中国必须站在苏联一边，成为紧密战略同盟。这就是朝鲜战争故事背后的大背景，很少被人所讨论的事情。因为中苏建立战略同盟了，苏联一改1945年把日本在东北所留下的全部设备连螺丝钉都拆走的做法，向中国东北大规模运送战争装备，这就意味着中国有了突然从天而降的军事重工业，于是取得了城市经济陡然起飞的效果。

1950年中国从严重的民国遗留的经济危机到经济高涨取决于两个因素。一是土改剥离了85%的人口与现代经济的直接关联，所以经济相对稳定；二是朝鲜战争打来了军事重工业，让中国经济陡然起飞——如果看GDP曲线，噌的一下子就上去了，中国立刻进入经济高涨，明显过热的高涨，也因此，中国出现了重大的制度演变。

发展中国家制度构建权在于投资人或投资国，即资本出牌。从天而降的朝鲜战争打来的苏联资本也是外国资本，这个资本同样要对制度建设说话，跟二战之后所有的引资国按投资国的框架来构建本国的政治体制的道理是一样的，1950年以后中国构建的上层建筑和意识形态叫作"全盘苏化"。

这可能不是中国人完全自主开展的国家政治建设，当时中国游击队员出身的干部还不知道如何组织有效管理苏式重工业的城市政府，于是在政府的经济部门都派驻了苏联专家，帮着进行国家政治建设。所以中国政府经济部门完全按照苏联的要求构建了八大工业部、五大经济委，全套苏化政府部门管理业务也搬过来，高级干部派去学习，后来继任的领导人都是那个年代培训学习过来的。大学里所有现代学科院系也都派驻了苏联专家，帮着搞教材，搞管理，搞学科体系建设。无须太多解释，经济基础一定要求有与之相适应的上层建筑，这既是经典理论，也是极其简单的常识。

接下来同样在1957年发生的重大事件是苏联突然中止了对华投资。

在朝鲜战争爆发之前的1950年初，中国和苏联签订了中苏友好条约，约定"东亚无战事三年之后，苏联全面从中国撤军，包括撤走以旅顺口为基地的苏联远东舰队"。因此1953年朝鲜战争结束，三年后，1956年中国请苏联践行条约。苏联提出中国没有管理现代军队的能力，不能应对现代战争，所以要建立联合空军和联合海军，至少要建立联合指挥机关。毛泽东不允许外国军队在中国土地上再继续驻扎，直接影响就是苏联不再向中国投资了，这是个涉及国家主权问题的二十世纪五十年代的最大的变化，在不断需要追加投资的城市工业化过程中突然出现投资中断，这个经济还能维持吗？没有办法维持，于是苏式的工业化停了。

因此，中国的上层建筑，为了管理苏联投资的工业化经济而构建的科层化政府部门也就不能再继续正常运作，只能另辟蹊径……我的助手最近做了一张图表，因为我们在写一份报告，叫作《中国的真实经验——60年里四次外资八次危机及其软着陆》( 这种分析方法在一般教科书上不会有，等我这本书出来之后希望大家看一看 )。在这个图里能很清楚地看出，在苏联投资的时候，中央政府财政占比超过80%，地方经济几乎完全没有能力，因为苏联的投资主要集中在中央。1957年苏联突然停止投资之后，1958年中央财政占比陡然下降至低于30%，地方经济上升到占70%左右。

由此，就有了1958年的郑州会议，要调动地方积极性，因为中央政府没有了苏联投资，经济就得停下来，不如让地方来继续搞工业化。但地方毫无工业化经验，于是"大跃进"成为发动地方工业化的社会运动。毛泽东当时为什么进退两难？因为中央让地方搞工业化，地方同志犯了错误，又不能立刻打击他们，还要保护两个积极性，不能轻易出面纠正"大跃进"中过于激进的错误。主要是因为那个时候苏联的投资突然停了，中央政府没有投资能力了，国家经济增长陡然下降，于是1958—1960年大危机就爆发了。

一般而言，一旦发展中国家突然遭遇外资停止而爆发经济危机，都会随伴发生因无力支撑上层建筑而导致政府垮掉，只剩下政府体系中最硬的两个手段——军队和警察。为什么发展中国家较多发生军事政变？只要经济上宗主国停止投资，发展中国家往往就会陷入政治动乱，甚至出现种族屠杀。

中国当时已经没有条件推进苏式工业作为经济基础了，可全盘苏化的上层建筑想要改变，谈何容易？因此，以路线斗争为名发动工农兵改造上层建筑，这个也是中国创造。至于成还是不成，经验多还是教训多，留待后人评说吧。若是按今天仍然坚持的经典理论来看，经济基础决定上层建筑，没有苏联投资的经济基础了，这个苏式上层建筑是难以维持的。

所以，如今再谈论今天所说的种种"极左"，那时候也许算是为了民族主义经济复兴的做法。其实，只不过是苏联留下的官僚主义上层建筑已经无法再适应当时只能动员劳动力维持国家建设的经济基础了。按苏联形式主义运作的官僚们难以动员劳动力，如果不跟老百姓一起下乡干活，一块上工地，难以被劳动者信服。但如果要用革命意识形态重新动员老百姓，就需要驱使已经学会穿中山装喝苏式咖啡的官员们下乡了。所以，六十年代就有了"四清运动"等等一系列大量干部下乡的活动，革命意识形态再次成为抑制政府过分官僚化的武器。

后来这些过程大家应该是很清楚的，并没有真正地发生过西方意义的"左"。

中国在所谓计划经济年代的大部分年份都没有计划，只在1970年以后才搞过两个五年计划。事实上，1950年还没有实行计划经济的时候苏联已经因为朝鲜战争向中国投资了，因为战争需要。1952年成立国家计委的时候还是苏联人手把手教的，也不是我们自己搞的计划经济，苏联人提出计划执行投入，中国人按照苏联人给的投资具体执行项目，那时候的工厂大都是苏联人派厂长、派工程师、派技术员,甚至派技术工人,不是我们自主的工业化。到1957年苏联停止投资了,1960年技术和管理人员也全被撤走了。

所以客观上虽然有"一五",但"一五"基本上是苏联人搞的。教科书上也有"二五",但"二五"没出台,因为没投资了。然后是六十年代前后的困难时期,到1963年应该出台"三五"时停止了,因为要备战了——1961年国民党开始"反攻大陆",1962年发生中印边境自卫反击战,1963年印度紧张局势期间美机美舰八百多次侵犯中国领空和领海,中央政府要搞战备,上三线。中央的三线计划不是国家计委干的,是余秋里带着七个老同志叫"小计委"操办的。原国家计委提出的也是一个非常合理的思路——以前是偏重工业,因此"三五"重点是协调农轻重比例。很好的思路,但是搞战备就不能继续按这个思路进行了,"三五"因此没出台。三五应该是1963年到1968年期间,但1966年开始"文化大革命"了,工业基本停产了,也就没有计划经济了。直到1970年才有了"四五"计划。毛泽东请四位老帅做国际形势分析,世界大战什么时候打。老帅们给毛泽东的意见是至少二十年内无大仗,如果要打也是在欧洲打,因为帝国主义矛盾还是在帝国主义内部。毛泽东说,如果没大仗,那我们就抓紧转向民生工业。于是,开始了"小球带大球",中国恢复了对欧美日的关系,进入了朝向民生工业的结构调整,于是,中国才有了"四五"计划。

所以,二十世纪五六十年代这二十年中国就没有自主地搞过工业计划,直到1970年决定经济调整以后才开始由中国人自主地搞"四五"计划,还主要是为了引进西方资本,形成新的工业结构。七十年代的"四五"和"五五"是为了引进西方资本,调整工业结构的两个五年计划。1971年毛泽东亲自委托周恩来制定"四三方案"——引进43亿美元的西方设备,开始调整工业结构,但立刻遭到新的外资转化为外债所带来的中央政府赤字为主的经济危机,于是发生了第三次上山下乡。

如果说六十年代的上山下乡是1958年经济危机的结果,1968年上山下乡是1966年经济危机的结果,那么1974—1976年的上山下乡则是七十年代引进外资变成外债带来的经济危机的结果。在毛泽东时代,每一次经济危机都靠上山下乡向农村转嫁了城市劳动力过剩的代价,因此城市的国家工业化原始积累阶段的内生性危机就都软着陆了。

1950年以来每一次引进外资都引发危机,苏联投入54亿美元引发了1960年和1968年两次危机,1971年引进43亿美元外资带来了1974年、1979年两次危机,八十年代再次更多地引进外资带来了1988年和1993年两次危机,然后就是九十年代中期开始全面进入全球化,带来了1998年、2008年两次输入型危机。

纵观新中国六十年，四次引进外资，带来了八次危机，其中能向三农转嫁的就能实现软着陆，不能向三农转嫁的在城里引发改革，这就是真实的经验，是中国经济发展过程，应该怎么总结经验，怎么归纳为理论，谁利用它，这是政治家的事。作为学者，我只是客观地告诉人们真实的过程是什么。

这个激进的一百年其实也可以理解，其间的政治家还有学者都激进，主要是因为被打急了。我们这一代也是过来人，都还理解他们，但当代的人，特别是80后、90后的年轻孩子们，应适当地自我调整，要从之前不可能自知的老一代留下的意识形态化的话语体系中多少解脱一些。现在很多称自己是"自由派"的朋友们其实连自主地形成自由话语的表达能力都没有，已经很难从言必称西方的"被自由"中解脱，这很遗憾。

以上所谈的"中国经验"大致是一个发展主义导向的过程，只不过在特殊的时段有特殊的做法。比如，当外资突然停止时，只能用劳动力集中投入来替代稀缺程度为零的资本，当发生经济危机时，因为中国幅员辽阔，还因为是典型城乡二元结构，才得以让农村作为载体来承接代价，否则，积聚于城市的产业资本就难以渡过危机。

当代学者分析农村集体经济，一般是从西方农业经济学的理论概念来看农业集体化的负面影响。但请注意，1960年城市危机向农村送了1200万知青，1968年城市危机再往农村送了1700万知青，1974年以后又送了1000多万，合计大约4000万。如果农民是单家独户小生产，怎么接收由于城市危机而不能就业的4000万知青？只有以集体化为载体，资本内化的政府才有向农村送知青的可能。

总之，如果没有当年的农村集体化，就不可能有向农村转嫁危机的载体，没有这个载体，中国就难以渡过这几次经济危机。国家在没有形成产业资本的工业化早期资本的原始积累阶段是最弱的，在没有形成完整的社会化大生产、没有产业资本门类齐全的经济结构的时候，就像刚生下的娃娃哪怕是发烧感冒都可以要命的道理是一样的。

根据世界银行的研究，从1961年到2003年的四十年里，每当人口增长一个台阶的时候，世界人均GDP就下降一个台阶，差不多每十年下降一个层次。客观地看，西方国家1980年以后发生对发展中国家的产业转移，但这叫作产业空间平移，真实GDP的增长尚需讨论。

国内越来越多的人开始认同普世价值的时候，我说：这如果是一种理念或信仰则无所谓对错，关键看其是否能够负担西方的政治体制需要支付的巨大成本。任何上层建筑，任何民主法治的政治体制都是要花钱的，能否有效运作的关键还是看成本高低，到底谁支付。

现在的问题是，世界已经进入严重的政府债务危机时代，政府的债务中发达国家占 70% 以上。其中被认为最具有民主政治和人权道德高度的美国政府，其债务占全球政府债务的一半，为了能使借债可以不还，美国的军事开支也占全球的一半；且不说全球虚拟资本交易总量也是美国占一半。发达国家最大的问题是其构建的民主法治上层建筑，原来是有在地化的产业资本作为经济基础来支撑的，从七十年代开始发达国家渐次向外移出产业，到九十年代末期基本完成了产业转移，意味着原来支撑这种上层建筑的产业基础大都移出去了，这时候发达国家的上层建筑愈发主要靠政府增加债务才能维持，因此发达国家的政府债务就越来越大。九十年代以前政府债务主要是发展中国家的，因为发展中国家要搞工业化，要接受发达国家投资，投资需由政府偿还，遂成为国家债务，这类债务是生产性负债。九十年代以后政府债务主要是发达国家政府因经济增长缓慢、社会开支占比过高而增加的负债，这类债务则主要是福利性负债。

发达国家借债干什么？50% 以上用以投入本国国民的社会福利需求，满足人们少干活、多休假、多拿工资等方面的需求，但这时却已经没有产业支撑了，除了美国。全球衍生品交易的一半在美国，因此资本流向美国，而我们消耗自己的资源环境制造出货物送到美国去，然后只能获得在美国的电脑里计算出来的所谓"贸易盈余"，但这些贸易盈余我们不能使用，还得资本回流，进入美国的国债市场，最终提高美国的虚拟资本交易规模。于是现在变成了中美双方的一种双输博弈，中国是生态环境破坏，劳工问题严重，美国是金融资本泡沫化。因此，这个世界经济秩序被叫作"Chimerica"，即"中美国"，又称 G2。

中国人想改变这种双输博弈，开始把贸易盈余投向非洲去搞基本建设，去买矿买地。也是最近几年，中国刚刚开始把外汇储备转向投资的时候，刚刚建立的"Chimerica"关系立刻被打散了，几乎同时，中国的黄海、南海、西藏，还有台湾等关系也开始紧张了，美国公开表示不允许改变原先二八开的世界秩序。

也就是说当我们刚开始想接受这个很美好的普世价值的时候，发现这是一个高成本导致高负债的上层建筑。即使我们希望建立这样的上层建筑，恐怕也需要慢慢积累才能达到那个理想水平，何况那些已经建立的都已经维持不住了。之所以出现社会成本太高的情况，是因为西方政治家在竞选的时候不得不承诺更高的福利，而要兑现就要增加政府债务。

2010 年 7 月我在香港理工大学的中欧论坛上跟欧洲人讲了一个道理，他们非常惊愕,说从来没听过这种说法。我说:政府就是每年每月通过增发货币来制造通货膨胀基础,只要国家不出现消费过热拉动的恶性膨胀,政府就能够通过不断增大货币分母来缩小债务分子。虽然世界上任何政府领导人都会选择这么做,但是加入欧元区的欧洲国家政府却无法如此,因为货币主权转交给欧洲中央银行,政府就不能再增发货币了。换言之,加入欧元区的政府就没有货币发行权了,就不能制造通货膨胀基础来缩小债务分子,于是政府债务就不断累积。

希腊原来有世界级的造船业,后来都转移给韩国和中国了,原来还有船运业,现在船运业也搬走了,因为税收太高,希腊从之前世界第一大造船工业国家调整到现在,就剩下旅游业了。那希腊的债务怎么办?美国人可以不还债务,其军费开支占全球一半,而且又是美国把希腊的政府债务评级定为垃圾级。于是,希腊的债务危机就爆发了,既然国家不能再有汇率政策、储备政策,也不能再有利率政策,那只能请求欧洲中央银行救市。因为希腊作为政治国家,其基本经济主权却都丧失了。

同理,所有加入欧元区的国家,只要经济基础随产业移出日渐薄弱,没有货币主权的条件下,政府债务就会不断增加,直到压垮这个国家的上层建筑。希腊和爱尔兰如此,西班牙也如此。我认为,产业和金融作为国家经济两条腿,其支撑能力不足的国家都避免不了列入多米诺骨牌的命运。只有仍然保留了设备制造业的欧洲中心国家——德国和法国——能支撑得住,产业竞争力有限的意大利也不确定。于是乎,最近欧洲中央银行也开始采取美国的方式,大规模增发欧元货币,美国人发六千亿美元,欧洲人发七千亿欧元,最后是搬起泡沫淹了自己。

所谓激进,包括另外一种理念追求,就像《国际歌》里唱的要实现internationale(国际共产主义)那样,中国政治家大都以为这套现代西方政治制度是我们早晚要实现的,但没有人去计算制度成本。我多次去欧洲,因为这套关于中国六十年来有四次外债八次危机的解释,中国人没有,只有我在讲这种关乎国家战略的研究。但是,国内似乎没什么需求,国外有需求,他们一听都懂,于是,现在我这方面的研究基本上是出口转内销。出去调研多了,你就能发现西方现代化不是一个你想象就能实现的事物。

当今世界上居于主导地位的西方国家大都国龄很短。比如德国,原来是三百多个小邦国麇集的地理概念,而不是一个 nation state(民族国家),它正式成为一个 nation state 是在 1832 年;意大利原来也只是一个地理概念,那里有四百多个散乱的小邦国,进入近代国家序列是在 1847 年;西班牙是个有历史的国家，立国虽然比德国和意大利早，但也不是领土主权完整国家，直到被拿破仑横扫才统一成为一个现代意义的民族国家。这些西方发达国家大多数政治经验少，因为他们作为政治国家存在历史还不到 200 年。

这个意义上提出告别百年激进，是说我们还是得自己跟自己比。我们有 2000 多年历史的大一统国家的经验。政治上别激进，不要以为 2000 多年的历史可以被虚无。

这个思路其实是从清代起一直分析到当代，中间跨越了很多政治上人为的界线，但为了客观分析只能一概打通。这是我多年来做研究的一个办法。当年我做土地制度变迁研究的时候，就是对所有资料不分党派和政治倾向，也不分国内国外，只要是关于中国土地制度的调查研究，一律按时间排序，以此来看土地变迁的趋向。如果我先被某位先生的某套理论束缚了，这套理论又本来就来源于某一种学术派别的思想，那我肯定就跳不出来了。幸亏不做掉书袋，仅作资料排序，才完成这项研究。同理，我现在做制度演变和周期性经济危机研究，也不分政治派别地把经济数据作排序——最简单的办法往往可能是最有效的办法。最近的研究结果让我有感想，所以归纳成一个还不很确定的提法叫作"告别百年激进"。

整理：朱少军 袁梦晨<br>校对：郭云强

# 电影，配得上这个时代吗？

主讲人：尹鸿
主讲人简介：

  尹鸿，清华大学新闻与传播学院长聘教授，博士生导师。中国电影家协会副主席、中国文艺评论家协会副主席，澳门科技大学电影学院院长。曾担任中国电视剧"飞天奖"、中国电视文艺"星光奖"、中国电影华表奖、中国电影金鸡奖、中国电视金鹰奖等重要奖项评委。国务院政府特殊津贴专家。著有《通变之途：新世纪以来的中国电影产业》《跨越百年：全球化背景下的中国电影》《当代电影艺术导论》等20余种著作和近300篇学术论文，在《人民日报》《光明日报》等报刊发表过近300篇文化和文艺评论。担任过数百部集影视节目的策划和顾问。

时间：2018 年 5 月 13 日

  电影是时代的一面镜子，从电影当中能看到不同的时代、不同的人、不同的笑容、不同的社会形态、不同的自然形态。对于我来讲在电影院里非常重要的一件事就在于从影片的一幅标语、一个道具、一个楼梯的形状、一个街道的状态，甚至每张不同的笑脸，感受一个时代。如果说电影是时代的一面镜子的话，它不是一面普通的镜子，其实大家知道历史也是时代的镜子，但是电影是关于大时代中的人的一面镜子。所以，我认为电影跟一般的历史不一样，如果说时代无情的话，电影是有情的，电影是用情感来描述不同的时代、不同的人、不同的期望、不同的梦想。

  能够记载这些不同的时代的作品，是时代的经典。时代的经典作品很多，中外都有，从中不仅能够看到社会的变迁，更重要的是能看到梦想，能看到人的期望，这也是电影一百多年来激励人们，能够成为人们生活重要组成部分的重要原因。时代是无情的，"天若有情天亦老，人间正道是沧桑"。电影是有情的，它关心的不仅仅是达官贵人，也关心普通人的遭遇，大家从电影里能看到伟人，也能看到小人物，比如贾樟柯导演的电影，从《小武》到现在正在戛纳竞争奖项的新电影，里面能看到很多普通人的梦想和挣扎，当然我们看电影的时候也会带上我们对这些人物的情感，所以电影是时代的一面有情的镜子。

现在正处在中国电影快速发展的时代，中国的电影一定程度上是世界的奇迹，中国现在是全球"坐二望一"的电影市场，2007年，美国还是世界第一大电影市场，有110亿美金的年度票房，中国去年票房已经超过了80亿美金，接近600亿人民币，远远超过排在后面的日本等国家。今年第一季度，中国电影创造了200亿人民币的票房，这也是世界上在单一国家市场上季度票房最高的纪录。中国的春节，现在除了看春晚、吃饺子、打麻将之外，还有看电影，中国很快能成为全球第一大电影市场。

中国还是全球增长最快的市场，中国市场现在在全球地位非常高，即便是美国电影，在中国市场上创造的票房也有可能比在美国还高，换言之，中国观众太爱电影，中国观众在即便有几十个频道免费播电视剧的情况下，仍能够对电影表示出极大的兴趣，这是中国电影的希望。

中国电影的年度票房在过去十几年当中，平均每年保持接近30%左右的增长速度，年度票房纪录从不到10亿人民币发展到去年的接近600亿人民币。

即便这样的发展态势，观众也经常会有一些问题，比如时代之问。我归纳一下，就是我们今天看到的这个问题——中国电影，配得上这个时代吗？这个问题说的是什么呢？我想是三个问题：第一，中国电影能够表现出我们这个时代的巨大变迁吗？第二，中国电影能够表现出我们这个时代的精神力量吗？第三，中国电影能够表现出我们共同的情感共鸣吗？我们这些年高票房的电影很多，但是真正能够从心里打动大家，让大家觉得代表我们时代呼声的电影还是非常稀缺。正是在这样的情况下，我今天跟大家一起来回顾一下过去40年当中中国电影跟时代的关系。

## 新时期的中国电影

1978年，党的十一届三中全会改变了中国历史进程，今年我们纪念改革开放40周年就是从这儿开始的。1976—1978年，这是新时期真正到来的时候。列宁当年说过，在历史上有些时候一天等于二十年，有时候二十年只等于一天，换言之，就是某一年或者某一天能产生划时代的改变。1976年就是这样一个特殊年头,这一年,中国三位开国元勋相继逝世,发生了唐山大地震,"四人帮"被打倒,"文化大革命"结束,中国进入新时代。

1978年5月11日,《光明日报》刊发《实践是检验真理的唯一标准》,引起了大讨论,随后十一届三中全会确定了以经济建设为中心的党的总路线,改变了长期以来"以阶级斗争为纲"的指导思想,对中国产生了巨大影响。我们开始告别过去,顾城在诗歌《一代人》中写下"黑夜给了我黑色的眼睛,我却用它寻找光明",这个时期的大量文艺作品,包括电影,都有共同的主题,就是"告别过去,寻找光明",这个时期既有所谓的伤痕文学、伤痕电影,也有反思文学、反思电影,出现了很多经典作品。

我是1977年恢复高考之后的第一届大学生,那一年全国570万人参加高考,只有20多万人被录取,高考的录取率只有5%,即使这样我们也感受到了新时代的到来,那时候人民日报、中央人民广播电台经常会发表各种评论和社论,最常用的标题就是"春天来了",我们在告别"冬天",所以很多电影都在跟我们一起来告别过去那个极度贫困的日子,不仅仅是物质上的极度贫困,也是精神上的极度贫困。

谢晋当年有三部电影被称为"反思三部曲",今天即便是票房最高的影片,在观众规模上也完全不能与这三部电影相比,当时所有中国人几乎都在看这些电影,而且很多人看过很多遍,通过电影告别那段历史。"谢晋现象"在中国电影史上前无古人,也很难后有来者。

谢晋的代表作,比如1960年上映的《红色娘子军》,一个男性作为党的引路人帮助一个成长中的弱小女性变成了革命者,这是谢晋早期作品的故事主题。但是《天云山传奇》的故事逻辑发生变化了,一个男性,本来是党的一分子,但在是非颠倒的时代,被冤屈、被打倒,最后是一位女性把他从一个公共政治空间的旋涡当中带回了家庭,给了他温暖。这个故事在当年感动了许许多多的观众,因为在当时有许许多多受迫害、被边缘化但是忠心向党的人,可能因为"左"的路线影响使他们失去了位置。电影中,女性用人性的善良把政治上受到迫害的人从公共政治空间拉回到现实的人性的空间。实际上它表达的是历史价值观的变化。

为什么这部电影会成为时代的经典?

第一,尊重事实。社会的进步一定是以尊重事实为前提的,旧的东西永远会用惯性来束缚我们变革。实践是检验真理的唯一标准,在当时产生那么大的影响,其实就是确定一件事情,我们必须尊重事实,所有已成的东西都可以经受事实检验。当我们回到事实而不是回到政治标签时,我们就可以认识世界的真相。中国改革开放的起点一定是从尊重事实开始的,比如贫穷的事实,比如我们没有自由发展的事实,比如我们落后的事实。中国所有的变化首先是直面事实,这是成为时代经典的第一前提。

第二,人道主义。马克思在《共产党宣言》里有一段经典的描述,每个人的自由发展是一切人的自由发展的条件。人的自由永远是人类向前推进最重要的力量。从《天云山传奇》中我们看到,无论在政治上是什么样的人,他都是一个人,需要得到人的尊重,人的权利需要得到保护,所以这位女性用自己人性的善良帮助这样一个人,实际上她改变了标准,不是政治至上,不是政治唯一,不要把每个人都打上政治标签,每个人都会有不同的生活选择,每个人都应该得到别人的尊重。

正因为对这两个主题的表达,使得这部电影成为当时社会的共识,得到观众的广泛认同。当我们尊重事实、告别过去,紧接着的主题自然就是对幸福生活的向往。对幸福生活的向往难道不是天经地义的吗?但在当时,人们最基本的对情感(比如对爱情)的需求都没有办法表达。我看过我爸爸妈妈写的信,互相都称对方为某某同志,一定要先说致以革命的敬礼,而且要说如何提高觉悟、要谈共同的革命理想,一定是因为革命才能有个人的生活选择。

今天觉得习以为常的生活,在当时都是来之不易的。舒婷的诗《致橡树》中写的"不仅爱你伟岸的身躯,/ 也爱你坚持的位置,/ 足下的土地",当时为什么得到大家的认可?因为她在表达每个人都可以有自己的选择。但是这个时候所有的个人选择都有一个特点,就是认为祖国的强大、国家的振兴跟每个人的幸福、成长息息相关,所以个人的选择是跟国家的成长联系在一起的。

当时的《大众电影》杂志每个月发行几百万册,1979年第五期的封底登了《水晶鞋和玫瑰花》的接吻剧照,引起巨大反响。当时很多人认为接吻照不能出现在社会主义的报刊上,因为这幅剧照,当时《大众电影》杂志社收到了6000多封读者来信,但除了批评的声音之外,更多的人开始说:"我们也有追求幸福生活的权利。"这就是改变!这场争论不仅在《大众电影》杂志,而且蔓延到了《人民日报》《光明日报》《中国青年报》甚至大学校园,大家都在讨论爱情中可以接吻吗?当然这个问题今天早已不再是问题。

所以这一时期的电影开始展现对美好生活的追求,出现了许多经典电影,如《庐山恋》《红衣少女》《少林寺》《雅马哈鱼档》等等。

1980年,《庐山恋》引起巨大轰动,原因有三个。第一,作为国民党后代的女青年可以成为一个追求美好爱情的人——那个时候国民党是敌人,被认为没有追求美好幸福生活的可能,而且这个人在美国留学后回到了中国大陆,然后产生了爱情。第二，电影里面有了接吻的镜头——中国电影终于在1980年可以让两个相爱的人在电影中接吻。第三，电影中女主人公换了很多套连衣裙。在这部电影之前，中国人服装颜色主要有三种——军装绿、工人蓝、文艺白，很长一段时间中国人的选择非常有限，连衣裙在这部电影中的出现，使得上海很多已经很久不做连衣裙的裁缝接到无数的订单，连衣裙风靡一时。这意味着，我们可以不再是千人一面，我们可以选择属于自己的美。

《庐山恋》后来在庐山的影厅不停播放，创下了单厅播放次数的吉尼斯世界纪录。两位主要演员郭凯敏和张瑜都是当年的万人迷，他们当年的表演简单、纯真，这是我们今天在银幕上很少能够看到的。他们在片中为什么老在说英语？因为那代年轻人不仅有爱情，还有理想、有朝气，当时讲"四个现代化"，讲面向世界，面向世界就要学习西方一切先进的东西，所以那时候学英语成为年轻人的一种时尚，人们把爱情、把个人的幸福跟学知识、学文化密切联系在一起。所以我们有时候会怀念那样的时代，因为那个时候即便是谈恋爱，大家都会相约星期一、星期二共同去英语角，星期三、星期四去图书馆，只留半个小时真正谈情说爱，但是大家会觉得生活充满了朝气和理想，充满了对未来的希望。

理想跟现实之间永远是有一段距离的，"五四"时期人们追求德先生、赛先生，也会出现鲁迅先生在小说集《彷徨》里描写的情况："想挣扎着走出一条路来，却是遍体鳞伤，毫无结果，只能是'荷戟独彷徨'了。"我们追求理想的时候，发现理想并不是就在我们眼前，还有一段距离，就会出现迷茫，这些也反映在这个时期的电影中。1980年，发行量很大的杂志《中国青年》刊登了署名"潘晓"的读者来信《人生的路，怎么越走越窄……》。这封信也引起了各大主流媒体和高等院校的广泛讨论，当我们追求自己个人梦想和理想时，我们会发现道路并不平坦，是应该主观为自己，还是该客观为别人？这是一次生活价值观、人生价值观的大讨论，有人把它说成是新时代青年人的第一次精神初恋，这次初恋虽然痛苦却是有价值的，在讨论过程中人们在寻找究竟什么样的人生是有意义的。

在讨论人生的时候，为什么我们会痛苦？因为我们前进的道路上面临许许多多的传统因袭、社会利害关系对我们的限制，所以这时候出现了小说《沉重的翅膀》。翅膀为什么这么沉重？因为中国不仅是要实现科学技术、农业、工业、国防的四个现代化，更重要的是人的现代化这样一个大主题没有完成。这个时候有一首诗——《中国，我的钥匙丢了》——成为许许多多人心情的概括：我们在往前走，但是找不到开启大门的钥匙。学习和反省成为这个时代的主题。

还有一个年头也非常特殊，即1984年，被称为中国思想解放运动黄金一年。

这一年有一套书——"走向未来丛书",一共七十多本,把当时世界上各个国家对于科学技术、哲学、历史最新的著作全部翻译过来,有的书部头太大来不及翻译,就用编译的形式变成小开本引进到中国,把世界各国不同的文化引进到中国,帮助我们思考中国的现实。

1984年也是第五代导演登上中国影坛的一年,标志性的作品是《一个和八个》,还有一部是被称为第五代电影宣言书的《黄土地》。

另外,这一年弗洛伊德的《精神分析引论》出版了,这个事情为什么重要呢?因为弗洛伊德在这之前被当成资产阶级权威、道德败坏的人,但是这本书的引进让大家意识到人是复杂的,所以之后中国有很多的小说、戏剧、电影都受到《精神分析引论》的影响,开始去探索更加复杂的人。

这一年还有马尔克斯的《百年孤独》在中国出版,影响了很多人,包括莫言先生。莫言先生也是因为在那个时代跟世界文化最前沿的成果相交融,受到影响。这一年还有许许多多关于爱情的作品。所以1984年是中国人如饥似渴地向世界吸收知识,非常深刻地反省自己、非常深刻地面向未来的一年。

这几年当中也出现了很多经典电影,比如第四代导演的作品。第四代导演通常指的是在六十年代接受教育,在七十年代末开始创作的更年长的一代导演,他们拍的电影更加偏重现实主义。其中有个非常著名的导演叫吴天明,他的电影《百鸟朝凤》更为当下的观众熟悉,当年他有几部电影更是时代的经典之作,比如《人生》《老井》。《老井》实际上表述的就是第四代导演对中国社会变革的思考:中国的变化就像一口老井深不见底,想要看见那片蓝天需要经过非常艰难的挣扎。这部电影的男主人公是张艺谋扮演的,这是张艺谋第一次做主演,拿到了当年金鸡奖的最佳男演员奖,所以张艺谋也是很好的演员。其实这些电影中的故事大部分都集中在农村,因为当时农村是变革的最前沿,而且农村旧的力量对人的束缚最深。

这个时代更受大家关注的是第五代导演的电影。1984年第五代导演登上影坛,他们已经不完全关注当下的中国,他们还在关注为什么中国人会是这个样子,因此他们把自己的电影叫作寻根电影,他们在寻中国人的根。这种寻根思潮是跟文学联系在一起的,当时几乎所有第五代导演的电影都改编自小说,如刘恒、刘震云、苏童、莫言的小说等。这个时候电影跟文学都在思考同样的问题:中国人为什么是这样的?中国人能不能改变?如果我们仅仅实现了外部的四个现代化,而人不改变,中国会不会仍然陷入前现代化的陷阱当中?所以这些电影大部分都是回溯的,都是在讲中国过去的故事,表现旧的体制、旧的礼制、人们的关系、社会传统、家庭因袭这些对人的束缚和影响,所以这些电影大部分是悲剧性的，大部分人的反抗最终都很难突破传统对人的束缚。但是正是这些电影引发中国人重新思考自己的传统，思考自己的历史文化，究竟哪些文化是有生命力的，可以在未来保持发展，哪些会成为我们向前行进的阻碍。

正是第五代导演的这些作品，让全世界知道：中国不仅有电影，而且有这么优秀的电影。中国第一部在国际 A 类电影节上获奖的电影是 1988 年张艺谋导演的《红高粱》，《红高粱》掀起了世界电影的"中国风"。那个时期，中国电影几乎囊括了世界各大电影节的大奖，一直延续到后来的《霸王别姬》。为什么这个时候中国风可以刮到世界影坛？因为这些电影在表达共同的主题，就是人性的挣扎跟体制性传统之间的悲剧性冲突，虽然全世界表现方式不一样，但是人性跟传统的冲突是世界性话题，所以很快得到各个国家的认可。后来我在加拿大做访问学者时还看到他们在课堂上把张艺谋的电影作为东方电影美学经典段落讲给外国学生听，所以中国电影能有今天这样的世界地位，跟这段时期有非常密切的关系。

《黄土地》被称为第五代导演的宣言书，导演是陈凯歌，摄影师是张艺谋，美术是何平，作曲是赵季平，后来第五代导演中许许多多有重大影响的人都集中在这一部电影的创作团队中，这部电影在视听语言、文化表达、美学形态上都发生了革命性的变革。

大家看到的这段跟传统电影非常不一样，它不再是文学一样的电影，影像上充满了表现性，所有的影像都在表达对历史、对人的思考。虽然张艺谋后来拍的电影戏剧性更强了，但《大红灯笼高高挂》《红高粱》《菊豆》里面仍然充满了大量的影像思考，他这段时期用的红色都是生命力的象征，所以他都会选择封闭性的空间环境，表现红色的象征着生命的东西跟封闭的空间环境之间的抗争。

陈凯歌为《黄土地》写的导演阐述中有八个"想"，换而言之，那个时代的电影人不仅仅在拍一部电影，他们想通过一个电影表达对中国人，对文化、中国历史、中国社会、中国未来的思考，现在还有几个导演能写出这八个"想"，能写出这么多想要做的事情？所以这段时期的中国电影充满了人文深度，这也使得这些电影成为中国电影史的经典，也被其他国家电影人所尊重。

## 世纪之交中国电影的喧哗与骚动

九十年代之后，市场经济大发展，下海经商突然之间变成了新的社会潮，干部下海，学者下海，几乎所有人都在经商。社会的价值观发生巨大改变，一开始大家说万元户，后来发现万元户不值一提，又出现十万元户、百万元户，大家突然觉得挣钱在生活中变得非常重要。

当钱突然变成这个社会的通用价值标准时，电影也发生了改变，有三个电影现象成为记录这个时代的重要文本。

第一，根据王朔的小说改编的电影。王朔的小说在这段时间有六七部被改编成电影，比如《顽主》《一半是火焰，一半是海水》等等。王朔的作品是以讽喻的方式表现政治变革和经济动荡时期社会结构的变迁和人员关系的变迁，他在嘲讽过去，也在嘲讽自己。比如电影《顽主》里被打倒的地主成了投资人，回到中国，成为座上宾，成为社会上被尊重的人，而工人们纷纷下岗，就很有讽喻的意味。

第二，这段时间有一个重要导演——黄建新。黄建新是跟张艺谋、陈凯歌同时代的导演，他在中国电影史上有很高的地位，但是由于他的电影在国际上获奖较少，没有受到更多人的关注。这一时期他有几部都市电影引起了巨大的影响，比如《站直了别趴下》《背靠背，脸对脸》《埋伏》等，其中有部电影最初的名字叫《打左灯向右拐》，后来改成了《红灯停绿灯行》。我推荐的十部我最喜欢的电影当中，其中有一部就是《背靠背，脸对脸》，这也是当年我在主办北京大学生电影节时，作为评委会主席评出的最佳影片，这部影片随后获得了很多奖，非常典型地表现了中国社会的生存空间和生存环境，一个大学毕业生，为了争夺一个正科级岗位，跟周围人发生了非常戏剧性的错综复杂的故事，电影拍得细腻、真切，让人感同身受。

第三，这个时期出现了大家更熟悉的著名导演冯小刚。许多人认为他的贺岁片只是挣钱的娱乐电影，但是我一直不这么认为。冯小刚拍的第一部贺岁片是1997年的《甲方乙方》，从那以后，几乎每一年中国最流行的社会语言都是冯小刚电影里面的台词。今天我们再来看许许多多当时的社会发生的事情，如果还能找到一种虽然有些夸张，但是还能表现那个时候人们的心态和生活状态的东西，一定是冯小刚的电影，比如《甲方乙方》《手机》《大腕》等等。提到《大腕》，大家会记得那句台词"不求最好但求最贵"，看起来是荒诞的喜剧，但是正好是那个时代的特征。《大腕》上映那一年正好是中国申请加入WTO谈判最激烈的一年，也是中国企业纷纷想上市的一年，也是全社会都以为天上掉着钱、满社会都是钱、我们要抓到手的一年，冯小刚在《大腕》里把它变成疯人院的游戏，实际已经有非常尖锐的讽刺意味，这就是他为什么会在那个时代被我们记住。今天大家知道全球面临新的变化，当年《大腕》预言的许多东西今天都可以看到结果，而且有的结果超出我们的预期，比如片中提到的房价——四千美金起，想一想北京现在四千美金起的房子，已经很难找到。

这些电影当中表现的主题无非是三个：价值观的颠覆，位置的失衡，情感危机。

这段时间也有很多表现感情的作品，大部分都在表现现实中感情的脆弱，而且他们都想通过回忆、通过回到过去让今天的感情得到认可，整个社会大的变迁和动荡在这些电影中得到充分的呈现，这也成了一段历史。

## 新世纪的中国电影

为什么黄建新的电影当时没有引起社会广泛的关注？有一个很重要的原因就是这个时期中国电视剧发展起来了，观众变懒了，更喜欢坐在沙发上拿着遥控器看电视剧，不愿意进电影院。张艺谋、陈凯歌的电影在国际上获大奖的时候，也是中国电影观众越来越少的时候。

中国电影面临前所未有的挑战，那个时候电影界甚至出现一种说法："大家都拍电视剧，当电视节目的主持人，没有人拍电影。"所以在中国加入WTO的大背景下，从2002年开始，中国电影出现巨大的变化，就是全产业链推向市场。迄今为止，在中国的文化产业里，只有电影最彻底地走向了市场化，即投资、制作、发行、放映所有的环节都交给了社会，任何人、任何企业都可以来参与电影。这个解放使电影产生了根本性的改变。2002年开始，中国开始允许单片申请拍摄许可证，在这之前中国所有电影必须是国有电影制片厂出品，即便是民营公司生产的电影，最后仍要去获得一个国有电影制片厂的厂标才可以发行。但是2002年开始，只要是中国内地的公民和企业都可以投资拍摄电影，而且允许院线跨地区竞争，于是中国电影产业迎来了从死亡边缘复兴的机会。

2002年，全中国的电影市场，进口电影和国产电影的票房加在一起不足10亿元人民币，现在一个中等规模的单片就能超过10亿元票房，去年全年票房已经接近600亿元，那时候只有一两千块银幕在运行，现在已经有五万多块银幕在运行，所以这种改革对中国电影起到了非常重要的作用，之后中国出现了许许多多商业电影，不断创造新的票房纪录，比如《英雄》是中国最早的一部大制作电影，《泰囧》创造了暑期票房新纪录，以及票房近60亿元的《战狼2》，它创造的票房纪录现在仍无人超越。这些电影发生了新的改变，更多的是面向市场、面向资本。

在出现了一部分优秀作品的同时，我们还是对电影的表现不满，这些不满我认为集中体现在以下三个方面。

第一，现实缺席。新闻比电影要好看，新闻当中有很多大片。我们打了那么多的腐败的大老虎是不是大片？非典是不是大片？我们有很多重大社会事件在电影中是缺席的，很多正面的改变也是缺席的。我们废除了原来的劳教制度，应该是社会巨大的进步，但是至今仍不能呈现在电影当中。

第二，时代是架空的。虽然有些电影看起来是现实题材，但是它们都是隔断了时代变迁的卿卿我我的爱情故事，一些拳头、枕头加噱头的商业戏剧，几乎看不到这个时代巨大的社会发展的张力，也看不到这个时代真正的质感。

第三，精神上的贫血。很多电影缺乏能够鼓励人心的价值的传达，甚至许多爱情电影中表现的是追求高富帅、白富美，把财富看成爱情的前提。我们也看到过国外的爱情题材电影，比如经典的《美女与野兽》。当你是王子的时候，当你拥有财富和骄傲的时候，你却得不到真正的爱情；当你变成野兽的时候，你心中有一份善良，存留一份珍爱的时候，反而会有一个最好的姑娘爱上你，这个爱能让你重新从野兽变成王子，换言之，王子是不重要的，纯真的爱才是最重要的爱情要素。但是我们许许多多爱情题材电影都是直接追求高富帅的"总裁"，光"总裁"还不过瘾，还要追求"霸道总裁"，这些"霸道总裁"们不可一世，对女性不屑一顾，充满了骄傲，充满了不平等的人与人之间的关系，但是这些女性看着他还是激动，睡不着觉，陪他吃一顿饭感动三天，收到一件小礼品就觉得自己终于被"霸总"关注到了、爱上了。所以可见，我们缺乏最基本的对自由和平等价值观的传达。

不仅如此，很多电影充满了对阴谋诡计的赞许，权术成为里面唯一值得骄傲的资本，这些电影传播的是"权力是人生最高的价值"，为了这个可以不择手段。类似这样的东西在我们电影当中非常多，对女性的不尊重，对孩子的不尊重，对社会地位相对较低的人不尊重，在我们电影当中比比皆是，这叫精神贫血。

## 新主流电影的崛起和困境

近几年，《战狼》《智取威虎山》这类电影出现，有人说他们是主旋律电影，这些电影不仅有主流价值观的传达，而且收获了主流市场，跟前面我们提到的主流商业电影不一样，我把这种主流价值和主流市场融合的电影叫新主流电影。

国旗、军队、现代化武器、军舰，这些符号经常会在这类电影当中出现，其实他们在给我们创造一个大国崛起的共同想象。这些作品可能跟过去的主旋律电影不一样，他们都从个体出发，表现的都是个体的英雄，同时他们又有强烈的国家背景，他们都有强大的祖国、强大的人民军队，把个体英雄跟国家背景结合在一起。

大家还能发现一个特点，这些电影都放在全球背景当中，因为只有将中国放在全球背景当中才能看到她的崛起和强大。这些电影中还有共同的主题，就是国家跟人的关系发生了改变。过去我们的主旋律电影更多表现"不管国家对你怎么样，你仍然必须去爱这个国家"，但是今天这个主题发生了改变，我们在表现"无论你在哪儿，无论你遇到什么样的情况，国家都是会保护你的"。所以，国家为人人，然后在逻辑上完成了"人人爱国家"这样一个主流价值观的传达，使得这些电影能够更好地跟观众沟通，更好地让大国崛起跟每个个体相关联，所以这些电影赢得了观众认可。

可以说这些电影是新时代经典的雏形，但是一切才刚开始，我们还是会觉得他们存在一些创作上的问题。

第一，视野相对狭窄。他们几乎都在表现全球背景下中国跟世界的关系，即便像《中国合伙人》这样的电影，最后燃起大家自豪感的，还是"（美国）说当年你的大学不让我进实验室，我今天有钱了，我把大学实验室买下来，用我的名字命名"！他用这样一种民族自豪感来解决国家和个体之间的关系。但是现实当中很多普通人在追求美好生活过程中所面临的困难、发展和变化，在我们的电影作品当中仍然是缺席的。

第二，类型单一。大部分的电影都是军事动作类型片。毕竟在和平年代我们还需要许许多多解决我们当下生存困境和生存梦想的题材，不能永远都是一种类型。

第三，共享价值的缺乏。比如，在《红海行动》中看到的"中国海军接你们回家"，这部电影表现的是"只有中国在保护自己的国民，其他国家军舰纷纷狼狈逃窜"，电影表现的是祖国为了救人民不惜代价，但是有很多其他国家的人在死亡和受伤。这种电影不能够在心里让我们感受到人是最高的价值，似乎在传达"中国人"就高人一等。所有这些东西都导致这些电影在国内虽然有非常高的票房，但是很难真正走向世界，因为任何国家都不愿意听别的国家说"只有我们爱自己的人民"，也不会愿意听到"只有我们才是强大的，你们这些国家都不行"。我想这在国际传播当中很难传播——就像人际交流一样，我们永远需要互相尊重，我们要找到共同价值的传达。

社会主义核心价值观在我们的电影当中没有得到充分的传达，我们现在的电影表现富强、爱国很充分，但是还有自由、平等等很多主题在影视作品当中没有得到传达，而这些主题恰恰可能是最具有国际共享价值的主题，这也是中国电影到目前为止还是内需性电影，在国际市场上几乎没有主流影响的原因。所以，中国电影离世界电影强国还有非常远的距离。

如果说新中国的成立使中国人站起来的话，那我们前面回顾的新时期的到来则使中国人富起来，现在是要让中国人好起来，用党的十九大对新时代的描述，就是"人民日益增长的美好生活的需要和不平衡不充分的发展之间的矛盾"。抓住这个主要矛盾才能抓住这个时代的核心，这个美好生活，我想对于社会来讲就是民主与法治，对于人与人之间的关系而言就是自由和平等。这些重大主题在社会主义核心价值观中已经得到了表达，但是我们的电影能不能表现出这个时代对这些主题的认知，对我们来讲是非常重要的。

我们周边国家的电影这些年给我们带来很多影响，不仅美国有很多主旋律的电影，我们周边的韩国、印度也有很好的主旋律电影，比如印度的《摔跤吧！爸爸》。他们都在表现个体——社会普通人——为争取社会文明的权利而斗争。所以我们说时代在影响电影，电影也应该影响时代，我们现在还需要影响时代的电影。

如何影响时代？我把它做一个总结。

首先，如果要表现中国传统文化的话，我们不是在复兴过去的历史，因为传统是没有办法复兴的，过去的传统就是当时的现在。按马克思主义的经典表述，在任何时代占统治地位的思想都是统治阶级的思想，因此我们不可能去恢复一个封建思想占统治地位的传统。当然传统当中有许多精华，我们可以吸纳它转化它，成为今天新文化建设的组成部分，其中最重要的是中华民族数千年生生不息的生命力。中国人无论遇到什么样的艰难困苦，都能找到一条求生之道、一条救赎之道。

第二，如果我们要表现中华民族的时代精神，就要表现一百多年来中国在落后挨打的情况下所表现出的知耻而后勇的革命精神，我们可以革自己的命，可以革几千年传统陋习的命，所以我们能够走到今天。

第三，就是我们今天讲的主题，我们改革开放40年证明，第一要求真务实，第二要与人的全面发展、人的自由发展这个总目标息息相关。如果能够把这样的精神传达放到我们的影像作品中，就能成为新时代的经典。也只有这样，中国的文化才能成为人类命运共同体的组成部分。

第四，如果我们只讲特色，只讲中国故事，只讲中国话语，可能是不够的，中国之所以有特色，是因为中国的特色在为世界文明做贡献，中国文化可以融入世界当中，为世界提供人类面临困境的解决方式和方法，我们不是要回到过去，而是要面向未来。中国电影如果能回答这样的问题，就可能成为经典。从近年来的新主流电影，我们看到了努力，但是它们还是在向过去寻找精神资源，能不能努力向未来寻找精神资源？

希望新的时代产生新的经典，希望在座的各位共同完成这个目标。

（演讲稿由演讲者本人提供）

# 假新闻，算法和民粹主义政治动员

**主讲人：科林·斯帕克斯（Colin Sparks）**
**主讲人简介：**

  科林·斯帕克斯，传播政治经济学领域的国际知名学者，长期担任英国威斯敏斯特大学传播与媒介研究中心主任，香港浸会大学传理学院首席教授（2011—2018）。主要研究领域是媒体与民主化、全球传播、互联网对大众媒介的影响等。著作有《全球化、社会发展与大众媒体》《21世纪的记者》等。

时间：2017年11月10日

  非常感谢清华大学的热情邀请。我今天要谈的是"假新闻，算法和民粹主义政治动员"。关于这个话题，有四个问题需要考虑。

  第一个问题，我们首先来谈谈假新闻，它本质上是一个关于新闻出处的问题。什么样的信息和素材是"真新闻"？什么样的信息和素材是"假新闻"？关于假新闻，我们究竟了解多少？

  第二个问题是新闻算法，它是人工智能与人类智能之间关系的问题。具体而言，就是由人类所做的决策和由机器所做的决策之间的关系，它们是引导受众获取新闻的不同方法，也是不同的研究领域，因此二者应被区分开来。

  第三个问题是"新闻气泡"（News bubbles）。"新闻气泡"是指人们倾向于阅读符合他们观念的新闻，而拒绝可能改变他们观念的新闻。如能选择，他们将挑选符合他们现有观点的新闻。

  第四个问题是民粹主义政治动员。这在中国及亚洲其他地区也许并不是问题，但在美国和欧洲是当下最主要的政治问题。虽然与在座各位的关系不那么直接，但它仍然值得我们思考和关注。

  这四个问题彼此不同：一个关于新闻来源，一个关于人工智能，一个关于受众偏好，一个关于国家政治。虽然我认为将它们搅在一起是不正确的，但它们之间确实是互相关联的。我的观点是前三个问题不足以解释第四个，也就是说，预测政治民粹主义不是社交媒体或假新闻的功能。我需要对此进行论证，作为一个信奉英国经验主义的英国人，我理所应当地选择从事实出发。

我使用的数据大多来自美国，原因很简单——美国的数据更容易获得。你可以查到关于美国的事情，但你很难查到英国、德国或其他国家的信息。相比之下，数据在美国得到了很好的记录和保存。使用美国数据的另一个优点是，美国具有西方社会模范的形象和地位，仿佛一个结论如果在美国是成立的，那么它在任何地方就都行之有效。但实际上，这样的推论对媒体行业并不成立。美国有一套与所有欧盟国家都不相同的独特的媒体系统。因此我们必须谨慎，并不是在美国成立的结论就一定适用于其他国家。

在数据分析的基础上我将做一个初步的结论，但它并不就是事实本身，而是我的猜想。我真心地希望大家可以积极地做出评论，提出批评意见及表达不同的看法。作为一个"老头儿"，接纳批评对我早已非难事。所以，请你们暂时忘记我的教授身份，只需将我视作一个普通人。你的观点可能比我的更为出色，请将它们表达出来。

## 假新闻没有明确的定义

什么是假新闻？我认为它有多重定义。

首先，它可以是散布的虚假信息。

其次，它可以是引导性的碎片信息。以《每日邮报》为例，它是英国发行量最大的报纸之一，它一直是脱欧的坚定拥护者。2016年5月英国举行了脱欧公投，超过半数的投票人支持脱欧。《每日邮报》已连续二十年宣传欧盟给英国人民生活带来的"愚蠢的限制"，比如它报道"欧盟要求其成员国进口的香蕉必须是直的"。事实上，欧盟只是要求香蕉外观上没有明显缺陷，并没有严格规定必须是直的。《每日邮报》通过选取碎片化的信息，辅以引导性的解读，做出了不利于欧盟的报道。

第三种定义在传播学研究中被称为"框架"（Framing），即不同立场的媒体选择同一事件的不同方面进行报道。例如，某两国有领土争端，两国媒体报道的是同一件事情，但各执一词，只援引表达本国立场的信源。因此，它们采用了不同的"框架"。如果你是A国人，你会说B国媒体的报道是假新闻；而如果你是B国人，你则会说A国媒体的报道是假新闻。由此可见，"框架"

是影响新闻活动的重要因素。记者不得不在某种"框架"内进行报道——因为你无法报道一切,你必须做出选择,强调某些事实,同时删掉另一些。在这种情况下,同一个事件必定产生不同的"解释"。既然如此,谁报道的是真新闻?谁报道的又是假新闻?

第四种定义是"筛选"(Selection),媒体要挑出能够吸引其受众的头条新闻。以《金融时报》为例,它有英国版、美国版和国际版三个版本。不同版本的记者和编辑会选择不同的故事进行报道,会选择不同的头条新闻。谁的选择是对的?谁的又是错的?国际版的编辑们给出的难道是关于世界的虚假图景吗?而英国版的编辑们又是否真实地描绘了世界,或者他们描绘的只是世界的不同侧面?因此我们看到,客观上存在一个从"完全不真实"到"正常"新闻的光谱。而且从某种角度来看,所有这些都可以被视为假新闻。如果你是英国脱欧的反对者,你会认为"直香蕉"的报道是假新闻;但如果你是支持者,你则会认为这个报道是完全合情合理的。

到底什么是假新闻?我认为没有统一的答案。有些人认为,用他们不认可的"框架"来报道的就是假新闻。有些人觉得只要是媒体关注的报道就是假新闻,比如特朗普就认为,主流媒体关注的"通俄门"是假新闻。因此,假新闻就像是一个篮子,对不同的人来说,装着不同的东西。它是一个非常模糊的概念,任何人都可以拿它来指任何他们想指的事情。有没有哪家媒体能够担保"我们报道的就是事实"?绝大多数从事媒体研究的教授都认为这是不可能的,媒体人必须对事实进行筛选,用特定的框架来解释。那么,对"假新闻"的定义到底能够达成共识吗?对此,我很怀疑。因为你眼中的假新闻,却可能是其他人眼中的真相。但大多数新闻记者和编辑都希望能够达成共识,我把它看作值得商榷的问题。

那么受众是如何理解假新闻的?这里有一组来自美国皮尤研究中心的数据。对于"完全捏造的假新闻",32%的美国网民表示常常看到,39%的人表示有时看到,26%的人表示很少看到;对于"似是而非的假新闻",78%的人表示常常在网上看到。显然,人们认为假新闻是普遍存在的。那么受众看到假新闻时能够辨别出来吗?45%的人确信他们可以,39%的人有一定把握,只有15%的人认为他们不能。基于以上这些数据,我们发现,尽管假新闻普遍存在,但多数人认为自己是能够识别的。值得注意的是,虽然只有少数人认为自己不能识别假消息,但有88%的人都认为假消息会引发困扰。总结一下,上述数据表明,很多人都遇到过假新闻,大多数人认为自己能够识别假新闻,但承认假新闻确实会混淆视听。

这是一个有趣的发现，既然大多数人认为自己能够识别假新闻，为什么它们还会混淆视听？这就是传播学者所谓的"第三人效应"。"我"不受假信息的影响，但那些受教育程度较低、知识储备相对贫乏的人会受影响。人们不认为假消息影响了自己，但相信假消息会影响其他人，不是因为"我相信故事"，而是"有人相信故事"。遗憾的是，皮尤研究中心并没有调查受众对传统媒体上是否存在假新闻的看法。可能是因为数据采自美国，所以研究者默认了《纽约时报》这样的主流媒体上不存在假消息。毕竟这不是由特朗普，而是由学者收集的数据。学者们认为《纽约时报》报道的都是真相，如果有假消息，那一定是在别的地方。

## 算法改变了新闻决策的过程

算法本质上是为个人定制内容的程序，它基于我们有意识或无意识提供的信息。有意识的信息，如我们在Facebook上填写的年龄、教育背景、爱好等。无意识的信息，如我们提供给谷歌公司的搜索项。我曾经搜索过飞往海南的廉价航班，然后谷歌便记住了这个人喜欢在温暖的地方度假，之后他们便会给我邮寄相关的旅游宣传资料。又比如我喜欢拍照，会网购一些相机设备，所以每当我登录亚马逊网站，就会有很多相关的广告推送给我。网站收集你在正常使用过程中的数据，并为你提供他们认为适合你兴趣和生活的广告，这些就是依靠一个完整的算法程序来完成的。这个程序不仅仅只为你，也为了每一个人。所以你所看得到的新闻不再是由《纽约时报》的编辑决定的，而是由算法推送的。过去由专业新闻编辑所做的决策，现在是由一个算法程序来完成。

据统计，Facebook已经成为美国人最主要的新闻来源，45%的成年人收到的消息不是由《纽约时报》《华斯顿邮报》或CNN（美国有线新闻电视网）编辑的，而是由Facebook通过算法来推送的。华盛顿大学的迈克尔·德维托（Michael DeVito）做了一项关于Facebook消息推送的研究，发现Facebook的消息推送很大程度上取决于你的社交网络，这不仅基于你朋友的数量，更重要的是你们之间交流的频率和类型。Facebook通过关注你的朋友圈和兴趣爱好，带给你一种社区成员的归属感。德维托表示，Facebook的新闻决策与《纽约时报》并不相同，传统的主流媒体不仅思考"受众对什么感兴趣"，还会考虑"受众应该要知道什么"，以及"什么样的新闻符合公共利益"。而Facebook的决策则不是基于公共利益，它考虑的是"对受众来说什么是有趣的"。所以，算法的出现不仅仅是决策者的转变，更是决策标准的转变。与此同时，算法还产生了"过滤气泡"（Filter bubbles）这一概念，"过滤气泡"会过滤你所得到的信息，以确保它属于你感兴趣的领域。

德维托认为，"过滤气泡"非常重视基于个人价值的算法。社交平台将"过滤气泡"应用在新闻推送中，使得社交平台具备个性化的潜力。尤其是在Facebook上，算法因为我们为朋友所设定的角色而变得更加个性化。社交媒体上的朋友倾向于在思想上聚集，这使"新闻推送"算法能够更加严密地将信息过滤至你的兴趣范围内。

相较于为你描述世界本来的面貌，算法挑选出你感兴趣的新闻，呈现的是你对世界的看法。这样的算法机制可以确保你已有的观念被不断强化，而不是被挑战。《纽约时报》的编辑思考"公众需要知道什么"，也许受众并不感兴趣，但他们需要知道；而Facebook则考虑"公众想要知道什么"，受众需要知道什么并不重要，重要的是他们对什么感兴趣。这便是算法为新闻传播带来的根本性转变。

## "新闻气泡"

在深入讨论"新闻气泡"之前，我们先来看看Facebook究竟有多重要。只有4%的Facebook用户表示它是获取新闻最重要的途径，39%的用户表示它是重要但非最重要的途径，57%的用户表示它并不是一个很重要的途径。所以在美国，虽然Facebook确实倾向于推送迎合用户世界观的新闻，但实际上对大多数人来说，这不是他们获得新闻的最重要的方式。绝大多数人都有自己更为多元的信息获取途径，而不是仅仅依赖Facebook。

在美国，人们如何获得新闻？30%的成年人和47%的Facebook用户从Facebook上获得消息；46%的成年人和42%的Facebook用户通过收看当地电视获取新闻；24%的成年人和23%的Facebook用户收看有线电视新闻；27%的成年人和21%的Facebook用户阅读报纸。显然，Facebook用户使用诸如电视和报纸等传统媒体的可能性略低于整体人口，但差距并不显著。美国Facebook用户的平均年龄是47岁，这让我有些吃惊，尽管我知道很多年轻人现在都在使用Snapchat和Instagram。Facebook新闻消费者的平均年龄是39岁，显然比较年轻。相较而言，年轻人使用传统媒体的频率更低。

总的来说，数据表明很少有人完全依靠Facebook来获得新闻。所以，不少人认为，通过社交媒体传播的假新闻对人们的认知产生了巨大影响，我认为这个结论是有问题的。《纽约时报》、CNN、福克斯等传统媒体明显都对人们的思维方式产生了影响，现在的局势比过去那个只看电视和阅读报纸的时代要复杂得多。93%的Facebook用户有时会在网上获得新闻，但是在他们之中有45%的人常常从《纽约时报》、CNN等主流新闻机构上获得新闻，而不是大家以为的假新闻网站。在此，我想说明的是：对于假新闻的恐慌有些被夸大了，研究数据似乎并不支持关于假新闻的一些说法，受众并不是从假新闻网站，而是从各种各样的传统媒体获取他们的大部分信息。

有多少人认为存在"新闻气泡"？ 27%的公众和28%的Facebook用户承认他们更喜欢符合他们观点的新闻。相比之下，Facebook只多出1%，这令人欣慰。这种新闻偏好在共和党（33%）和民主党（30%）中并没有太多的差别。且在Facebook用户中，共和党（36%）和民主党（34%）的占比也没有明显差距。

总的来看，新闻的算法选择处于增长态势，它不断修改着新闻的价值。迄今为止，Facebook是美国最重要的在线新闻来源。43%的Facebook用户表示它是重要但非最重要的新闻获取渠道。大多数人仍然从传统媒体获得他们的大部分新闻，这一比例在年轻人中有所降低。几乎所有的互联网用户都会从网上获取新闻。在使用和不使用Facebook的美国人中，都有接近1/3的人表示更喜欢符合自身观念的新闻。

## 公众对不同类型媒体的信任度

公众对媒体是否信任？ 70%左右的美国成年人表示他们信任全国性的新闻媒体；85%的人信任当地的新闻媒体；75%的人信任来自朋友和家人的新闻；在使用社交媒体的人中，信任社交媒体的人低于40%。因此，实际上传统主流媒体比社交媒体更为美国成年人所信任，即使是在使用社交媒体的人群中，传统媒体也比社交媒体的信任度高得多。

当媒体的假新闻被曝光时，会发生什么？根据相关研究，对电视新闻、纸媒和大多数主流媒体来说，只有一小部分人会对其信任度降低；但对于网络媒体、社交媒体和APP来说，有较大比例的人选择降低对其的信任度。被曝出假新闻似乎对主流媒体并没有太大的影响，但对网络媒体则有较大的负面影响。这个研究采用的是国际数据，不仅限于美国。

信任度在不同主流媒体之间也不尽相同。美国大多数报纸具有地域垄断性，而在英国，报纸之间的竞争更为激烈。对于五种瞄准高端市场的优质报纸（《金融时报》《卫报》《泰晤士报》《独立报》《每日电讯报》），有近60%的受众表示颇为信任。此前提到的《每日邮报》和《每日快报》瞄准的是受教育程度和工资水平更低的群体，相应地，其受信任程度也要低一些。《镜报》《太阳报》《每日星报》的大多数读者是教育水平和工资水平更低的群体，其受信任程度也更低。人们对不同媒体的信任度并不相同。他们对《金融时报》的信任程度大约是对《每日星报》的两倍。与 Facebook 相比，BBC（英国广播公司）当是最值得信赖的媒体，而 Facebook 的信任度只有它的一半。这些数据告诉我们，大众没有我们想象中那么盲目，也就是说，如果是来自《金融时报》的消息，人们可能会相信，但如果是来自 Facebook 的消息，人们可能不太相信。所以我认为，人们对在线新闻的消费是非常具有"歧视性"的。

总的来说，在美国，人们对传统媒体的信任度还是很高的，即便是社交媒体用户，对传统媒体的信任也远高于对社交媒体的信任。世界范围内，假新闻的曝光降低了人们对互联网、社交媒体、APP 的信任度，而略微提升了人们对大多数主流媒体的信任。以英国为例，不同主流媒体之间的受信任程度可能会有很大差异，例如 BBC 非常受大众认可，其他一些媒体则不那么为大众所信任。而 Facebook 则与最不受信任的报纸处于同一水平。

把这些信息都串联到一起，我们可以看出，"假新闻"实际上是一个模糊的概念。但大多数人都表示已经在网上接触到了它，且大多数人有信心识别它，并认为这会让别人感到困惑。算法对新闻的判断与人工编辑不同。在美国，Facebook 是最重要的在线新闻来源，其算法基于个人兴趣，但并不是大多数美国公民获得消息的主要途径。在美国，只有约三分之一的人倾向于接收更符合他们自身观念的新闻。美国传统媒体比线上媒体受信任程度更高。从世界范围来看，假新闻的曝光提升了人们对主流媒体的信任度，并降低了对社交媒体的信任度。受信任程度在不同主流媒体之间存在很大的差异，事实上，Facebook 或其他社交媒体并没有它们所宣称的那种巨大影响力，Facebook 也不是人们的主要信息来源，人们可以识别假新闻，并非只接纳符合自己观念的新闻，等等。上述这些发现都与当下主流社会有关假新闻的看法相悖。

## 社交媒体与民粹主义的政治动员

什么是民粹主义？正如假新闻一样，它也是一个模糊的概念。那些被称为民粹主义的团体，例如右翼政党"德国的选择"（AfD）、右翼政党"国民阵线"（Front National。2018 年更名为"国民联盟"）、极右的"英国脱欧运动"（Brexit）以及美国总统特朗普，他们都是右派的民粹主义者或民粹主义组织。此外，德国左翼党（Die Linke）、法国左派民粹主义者让 - 吕克·梅朗雄（Jean-Luc

Mélenchon）、英国工党领袖杰里米·科尔宾（Jeremy Corbyn）、美国民主党人伯尼·桑德斯（Bernie Sanders）都被称为民粹主义者。显然，在左翼或右翼党派中都存在民粹主义，且无论在左、右翼之间还是各自内部都有着很大的差异，比如特朗普就和其他的民粹主义者或组织很不一样。所以民粹主义这个概念隐含的意义比它表面显示的更丰富。

民粹主义出现的时间要比社交媒体早得多。19世纪的美国政客布赖恩（William Jennings Bryan）、二十世纪二十年代路易斯安那州的休伊·朗（Huey Long）、四十年代阿根廷的胡安·庇隆（Juan Perón）、五十年代法国的皮埃尔·布热德（Pierre Poujade），他们都被认为是民粹主义者。民粹主义是一个远早于互联网和社交媒体的政治传统。所以我认为民粹主义并不是社交媒体的产物，社交媒体充其量只是这个过程的推动者。民粹主义运动的共同点是它往往由政治精英以外的人发起，"德国的选择""国民阵线"和"英国脱欧运动"都是如此。这些组织的领导人都并非政治精英，所以"民粹主义者"这个词更多意味着人民，而不是精英。民粹主义运动倾向于拥有这种反精英主义的味道。

关于当代民粹主义的发展之路，首先，其经济背景是西方社会存在的一系列经济问题。长期的去工业化进程使得英美国家出现了大量失业致贫的产业工人，许多曾经存在于英美的工作转移到了中国，又从中国转移到了孟加拉国，一些三五十年前欣欣向荣的英美工业城镇现在已经停工，人们面临着失业困扰。2008年的经济危机，在中国，你几乎不会注意到它，因为中国经济正处于持续增长阶段，但大多数欧洲国家的经济活动都受到了冲击，随着经济缓慢复苏，其就业模式发生了转变，从工业经济转向第三产业，从终身就业转向短期就业。

民粹主义发展的政治背景是大众对主流政党的支持率下降。如果你观察大多数西方国家的选举活动，你会发现选民的参与度正在下降，并已经在很长一段时间内处于低位。美国人永远都在讨论政治，但其中近一半的人懒得去投票。欧洲的政治参与度相对较高，但也处于下滑状态。人们对主流政党的支持度下降，主流政党对人们的吸引力也在日趋减少。此外，主流政党之间的差异也在缩小。50年前，欧洲党派还可以依照资本主义和社会主义划分，而如今却只是在资本主义内部划分，虽差异不大，但核心思想不尽相同。

除了经济背景和政治背景，民粹主义发展的社会背景是社会凝聚力的下降。人们不再积极加入社会组织，而是更加趋于自我。当然，在美国和大多数发生战乱的欧洲国家，还要考虑卷土重来的对移民、肤色、宗教的种族歧视。

这一系列的因素都是民粹主义运动发展的原因。

接下来我们来看看民粹主义的发展给当代社会带来的一系列问题。

民粹主义的发展，突出了我们现有政治交流模型的一些重要问题，即这些模型提供的证据相互矛盾，令人难以解释。美国主流媒体大体上对特朗普是敌视的，但媒体并没有占上风，特朗普依然赢得了大选。这是主流媒体反对民粹主义但无法对其制止的例子。英国发行量最大的报纸公开支持"脱欧"，且"脱欧"成为现实。这便产生了一个悖论：在美国，报纸和电视是反对民粹主义的，而民粹主义取得了胜利；但在英国，媒体支持民粹主义，且民粹主义取得了胜利。很难说主流媒体所想的和实际政治结果之间是否存在决定性关系。要回答这些问题有待开展大量实证层面的研究，目前我可以谈谈相关的理论问题。

社交媒体究竟改变了什么？许多传播学者都强调了它的民主潜力，我是其中之一。它确实减少了社会交往的障碍。在互联网出现之前，你可以跟你的朋友和家人聊天，或向一小群人传达你的观点，但你不能有效地与一大群人进行沟通，为此你可能要花费数百万来购买报纸经营权。互联网的出现则显著降低了和大众进行交流的门槛，比如你只花很少的钱就可以开通个人博客。从这个角度来说，大规模社会交往被民主化了，它不再只面向大型媒体或政治家，而是面向更为广泛的人群。

社交媒体还减少了社会沟通的成本，但这并不一定全是积极的影响。形形色色的人会将长久以来怯于表达的各种各样的观点都发到网上，其中一些可能是种族主义的、令人厌恶的，且这些人并不都是素质高的《卫报》读者。线上交流已经损害了精英对社会交往的把控。以前，公开发言必须首先获得报纸编辑或者电视台编辑的允许，社交媒体的准入权是由精英们控制的，现在的这种失控则促成了民粹主义的社会交往。其实民粹主义的社会交往一直都存在，但互联网使得它变得更容易。

相应地，我认为政治传播的模式也应发生转变。

我们首先看看迄今为止政治传播研究中的主导模型——经典自由主义政治传播模型。其主要观点是：

（1）"供给方"在内部有所区分：不同的报纸有不同的报道；媒体和政治精英是不同的群体；媒体有时候是政治家的反对者；政治家不是一个统一的组织，他们分化成不同派别；不同党派向媒体发送相互对抗和竞争的信息；媒体之间也存在相互竞争。

（2）依据"公共领域"理论，这些相互矛盾的报道对舆论的形成至关重要。

（3）受众通常是被动的或心不在焉的。他们只是被动接受，或完全不关注。他们也可能会给予某种程度的"反馈"，甚至主动做出解释，但他们的反馈可能会被刻意修饰。

（4）"另类媒体"（Alternative media）也有提供报道的一席之地，有些甚至可能存在于多元精英的框架内。有人认为，从某种程度上来说，媒体和政治家两者之间的共同点比他们与读者之间更多。

我们试着描绘出这个经典自由主义模型。首先要有多元化的政党，美国是两党制，其他一些国家，比如意大利，可能有四五个主流政党。有各种各样的大众媒体，如电视、报纸等等。在政党和大众媒体之间存在着信息交流，除了大众媒体，还有一些"另类媒体"，且只有一小部分的政治家与其互通。此外还有许许多多的公民，公民并非直接从政党处获取信息，大部分时间都是通过大众媒体来获得消息，他们可能会使用不同的媒体，从而获得的信息是多元化的，他们中的一小部分人选择从"另类媒体"处获取新闻。这便是"经典自由主义模型"下政治传播的运作模式。

这个模型有其优点和缺点。优点包括以下两点：

(1) 它承认各类社会力量都存在一定程度的分化。它最适合美国国情，而不那么适合像英国和中国这样的国家。

(2) 它认为媒体需要与受众建立关系。媒体是在向受众"讲话"，而不只是和其他媒体或其他政治家"讲话"。

缺点包括以下两点：

(1) 当这个模型被应用于解释"常态化"政治格局时，可以产生令人信服的实证研究结果。但对"非常态化"情况而言，这个模型的解释力度不够，还需要依靠"另类媒体"和"另类政治运动"来加以解释。

(2) 它往往夸大了媒体的监控和对抗作用，夸大了媒体对政治力量的敌意，实际上它们之间的关系并没有那么紧张。

"经典自由主义模型"的对立面是"经典激进主义模型"，它是由爱德华·赫尔曼（Edward Herman）和诺姆·乔姆斯基（Noam Chomsky）提出的，许多马克思主义者也常常采用它的模型变体。在经典激进主义模型中，"供给方"在本质上是同质的，大众传媒传递和重现精英阶层的观点是他们的组成部分，即使出现意见分歧，分歧也将被限制在统治阶级所划定的界限之内，受众认可媒体的报道是对现实的真实反映，受众在本质上是服从统治阶级的宣传的。在文化研究的创始人斯图亚特·霍尔（Stuart Hall）看来，大众传媒的报道受到霸权"编码"的影响，但由于新闻受众不同，其所产生的"解码"并不相同。相比之下，"另类媒体"传输的是关于现实的非主流报道。

在"经典激进主义模型"中，首先是政治机构，它们之间存在差异，但本质是统一的，再是大众传媒，它们同样也是存在差异但本质统一的。大众传媒构成精英阶层的一小部分，政治机构与大众传媒充分互通，大部分公众从大众传媒那里接受信息，一小部分公众从"另类媒体"处获得信息。与"经典自由主义模型"相比，这个模型受到了更多的质疑。

"经典激进主义模型"也有其优点和缺点。其优点包括：

（1）这一模型主张媒体——无论是公有的还是私有的——都牢牢地置于权力的范围之内。在西方，掌控大众传媒的人都是和政治家同样强大的人物，该模型很好地契合了传统媒体的社会技术发展轨迹。

（2）这一模型用于研究美国的外交政策与大众传媒的互动关系时，能够产生令人信服的实证研究成果。

其缺点包括：

（1）它严重夸大了精英阶级的统一性，比如欧洲国家就不太适用这个模型，因为欧洲社会历史上存在更深层次的分化，媒体相应地也更趋于异质化。

（2）它低估了媒体与受众建立联系的需求，以及受众的自主性。

（3）它忽视了大众传媒机构内部的矛盾和冲突。

（4）它对"另类媒体"的重视程度不够。

互联网和社交媒体的兴盛对政治传播产生了怎样的影响？

首先，它大幅度降低了"另类媒体"在生产和分销方面的准入成本。现在只需要一台服务器、一些软件以及互联网接入，就可以运行自己的新闻网站，不再需要像传统媒体那样做巨额投资。

其次，互联网和社交媒体也改变了人际传播方式，"在场"不再是人际传播的必要条件。你能够与不在场的人进行沟通，意味着你可以拥有更多的受众，社会交往的前提条件变得更为"宽松"。如果你想要和别人共事，你需要先建立你们之间的关系，并在此基础上进行沟通，而不可一味地按照自己的模式。但通过互联网和社交媒体，你可以完全按照自己的方式与他们建立联系，并将你们之间的交流完全建立在共同的观念、想法、信仰或其他任何事情上。因此，互联网和社交媒体促进了人际传播的广泛性和多样性。

总的来说，社交媒体的兴盛使得网民之间的"非精英交流"变得更为便利，他们不再只是报刊和电视台的信息"囚徒"。但正如以上引用的数据表明的那样，"精英交流"仍然占据极为重要的地位。

当下的政治传播已经突破了"经典自由主义"和"经典激进主义"的模式，涉及的角色包括政党、公民、大众传媒、另类媒体和网络社交媒体。政党也会进行线上沟通，也会和另类媒体交流，公民有时候也会直接和大众媒体沟通，会在网上与政党进行沟通，也会在线上和线下与"另类媒体"对话。在这个新的模式中，社交媒体算法也是重要的角色。这是一个以前并不存在，但现在至关重要的中介。

我们需要认识到，政治传播有了不同的信源，且这些信源有着比之前更为广泛的受众。政治传播不再需要大型社会运动或精英阶层做支撑，它的资源变得更加丰富。我认为民众对精英阶层的愤怒和不满其实一直存在，这也解释了为什么政治参与不断下降，人们对职业政客却愈加不信任。如果你去看有关信任度的调查，你会发现人们最信任的是医生和老师，而最不信任的是房地产经纪人、新闻记者和政客。我相信在许多国家都是如此。这样的趋势已经存在了很长时间，而并非社交媒体所导致的结果。社交媒体所做的是使普通民众有了更多接触民粹主义意见的机会。民粹主义是一种意识形态，而不仅仅是那类"让美国更伟大""让英国重回19世纪巅峰"的民粹主义观点。在社交媒体上，诸如"英国脱欧"这样的民粹主义理念非常容易为人接受和传播，这使得民粹主义运动的发起变得更为容易。放在以前的传媒环境下，这并非不可能，但往往只能在战争、经济危机等特殊情况下才得以实现，而现在已经成为一种"新常态"。

整理人：宁爱萍<br>审校：张耀钟

# 中国与世界

# 国学与国家文化软实力

主讲人：王杰

主讲人简介：

  王杰，中共中央党校哲学部教授，博士生导师，中国哲学教研室副主任，兼任中国实学研究会会长、领导干部学国学组委会主任、尼山世界儒学中心理事、全国儒学社团联席会议秘书长、中华母亲节促进会副会长。出版著作有《先秦儒家政治思想论稿》《荀子·注释本》《儒家文化的人学视野》等，主编图书有《较量——中国反贪历程》《领导干部国学大讲堂》《领导干部国学公开课》《中国古代治国理政箴言》等。

时间：2014 年 11 月 13 日

  今天的主题是国家文化软实力和国学，重点是我们的传统文化。

  "国家文化软实力"这个概念提出以后，对我们国家的文化战略发展，对提高我们国家的综合国力，都有非常重要的影响。我们从事传播工作的，要研究如何把中国在国际上的形象传播出去。那么，国家文化软实力如何提升中国在国际上的形象？我们国家的文化软实力、文化竞争力，或者说文化产业的竞争力，如何在国际上得到提升？如何挖掘中国优秀文化的独特魅力，让中国的文化能够走出国门，走向世界？这些都是我们国家文化软实力应该思考的问题。

  但是今天我想把重点放在我们的传统文化上，谈谈如何挖掘中国文化独特的魅力，让中国文化走出去。

## 硬实力与软实力

  经济、科技、军事，这些是一个国家的硬实力，在这些方面，中国已经取得了一定的成绩；但是一个国家除了这些硬实力以外，还有文明、道德，还有文化、价值观，还有人民的信仰、信念等等，这些是软实力。只有把硬实力和软实力结合起来，才是一个国家综合国力的体现。

希拉里说过，中国是一个贫穷的国家，不可能崛起。撒切尔夫人也说过，中国成不了超级大国，并不可怕。她们说这个话的时候，并不是指中国在经济上落后，而是说中国的文明、道德、礼仪这些软实力，和世界上许多发达国家相比，还很落后。一个国家应该把这两者结合起来，就像人的肉体和精神一样，只有肉体和精神完美地结合，才是一个完整的人。一个人不能光讲肉体，不讲精神。没有追求，没有信仰，没有抱负，只满足于肉体的需要，人和动物便没有区别——其实在自然层面上，人和动物并没有区别，都要吃、喝、拉、撒、睡，区别在于社会层面上。所以荀子讲"人之所以为人者，非特以二足而无毛也，以其有辩也"；孟子讲"人之所以异于禽兽者几希"，人和禽兽相比，区别"几希"，是很小的。可是因为人有恻隐之心，有社会之心，有辞让之心，有羞耻之心，人才成为人。一个人是这样，一个国家也是这样。精神和肉体结合才是完整的人，国家的硬实力和软实力结合才是其综合国力的体现。

2300多年前，商鞅通过变法，让一个落后的秦国迅速变成一个强大的帝国，经济发达，军事强大，为100多年以后秦始皇统一中国奠定了非常强大的经济和军事基础。虽然经济发达，军事强大，但是秦国的社会风俗呢？秦国的人伦道德呢？江河日下。古人用了四个字形容——"秦俗日败"，秦国的社会风尚，秦国的文明程度，一天不如一天，一天一天走向衰落，虽然经济发展了，社会上却没有正确的价值衡量标准。

120年以前，中国的GDP相当于日本的9倍，但是甲午海战，清朝的GDP再多，拥有再多的财富，这个腐败的王朝还是不堪一击，瞬间土崩瓦解。清军入关的时候只有十几万人，当时明朝几百万的军队面对十几万的清兵，也是不堪一击。所以光讲GDP没有用，GDP虽然重要，但是一个国家不能只注重GDP，而忽视了社会软实力，忽视了文化、文明、道德建设。

管子讲过一句话，"仓廪实而知礼节，衣食足而知荣辱"，吃饱了，穿暖了，应该知礼节，应该讲廉耻。孟子讲过，一个人"饱食暖衣，逸居而无教，则近于禽兽"，生活得非常安逸、舒适，但是没有教养，没有修养，和禽兽没有区别。所以衣食足了，就应该知荣辱，仓廪实了，应该知礼节。国家的软实力看起来不重要，不像GDP那样是刚性的，但是一个国家在注重硬实力的时候，千万不能忽视软实力，我们的软实力，包括社会主义道德建设，包括公民的文明素养，都应该提升。

在中国的文化中，古代的官员、知识分子追求的理想目标是什么？他们要让老百姓富裕起来，"治国之道，必先富民"。孔子到卫国，他的学生冉有问：老师，人口已经这么多了，接下来应该怎么办？孔子说："富之。"让老百姓富裕起来，"百姓足，君孰与不足？百姓不足，君孰与足？"小河没有水，大河哪来的水？只有小河满了，大河才能满，所以要让老百姓富起来。另外，"得民心者得天下，失民心者失天下"，"政之所兴，在顺民心；政之所废，在逆民心"，只有顺应民心民意，才能够得天下，得天下才能够御之掌上，易如反掌。除此之外，统治者还要关心老百姓的疾苦，"春种一粒粟，秋收万颗子。四海无闲田，农夫犹饿死。"自古兴亡都是百姓苦，统治者要关心百姓疾苦，要顺应民心民意，要让老百姓富裕起来，最后要达到什么样的政治目标？其实就是让老百姓提高他们自身的道德素养。

孔子讲得非常清楚，"先富后教"，让老百姓富裕起来，不是终极目标，富裕了以后还要"教之"，对老百姓进行道德教化。孟子说："使契为司徒，教以人伦：父子有亲，君臣有义，夫妇有别，长幼有序，朋友有信。"要让老百姓了解"五伦"关系，即人伦道德关系，使老百姓道德素养提高，官员道德素养提高，整个社会风清气正。社会和谐，政治清明，老百姓安居乐业，这就是古代中国文化追求的理想目标。"硕鼠硕鼠，无食我黍！三岁贯汝，莫我肯顾。逝将去汝，适彼乐土。乐土乐土，爰得我所。"追求的就是这个"乐土"，就是《礼记》上追求的"老有所终，壮有所用，幼有所长，矜寡孤独废疾者皆有所养"，就是陶渊明在《桃花源记》讲的"黄发垂髫，并怡然自乐"，就是杜甫在《茅屋为秋风所破歌》中讲的"安得广厦千万间，大庇天下寒士俱欢颜"。这都是古人追求的理想目标，这种理想目标最后是落到老百姓的安居乐业和老百姓道德素养的提高上，所以习近平总书记所讲的"中国梦"，最后也是落到这里。

当今中国老百姓的温饱问题基本上解决了，现在更为重要的是提升老百姓的文明素养。

文明素养这些软实力决定了一个人的形象，决定了人的一生，所以古代教育把德行教育放在第一位，把知识的灌输放在第二位，决定孩子未来命运的不是考试成绩，也不是财富，而是这个孩子的品行，是他的德行。汉代选拔官员是"举孝廉"，把德行放在首位。"道德传家，十代以上；富贵传家，不过三代。"今天我们这个社会在强调硬实力，抓经济、抓 GDP 的时候，还要把整个国民的道德文化素养，把我们的思想文明建设提升起来，硬实力和软实力这两者都要重视起来，不能够厚此薄彼，这是我想谈的第一个问题。

## 中国文化对世界文化格局的影响

在座很多同学毕业后要从事对外传播方面的工作,有必要了解一下中国文化曾经对世界的影响。

公元前139年,张骞通西域,在汉武帝统治时期,我们和西方的交流便开始了。中国的文化起初主要传到东边的国家和地区,大约在西汉的时候,传到了朝鲜半岛,李氏朝鲜是在1392年建立,1897年才改称大韩帝国,1910年沦为日本殖民地,从1392年到1910年,李氏朝鲜政权500多年的主导思想就是儒家思想,就是程朱理学。韩国的一些思想家,比如丁茶山、李退溪(他的头像印在了韩币1000元的纸币上)都是实学大家,而实学源于中国。在韩国,可以说,受中国文化的影响体现在生活中的方方面面。韩国总统朴槿惠讲,在我人生最苦闷的时候,中国的哲学成了我心中的一盏明灯。潘基文也讲,孔孟之道,无论是对我个人的私生活,还是在我联合国秘书长这个位置上,都起着至关重要的作用。成均馆大学,韩国排名靠前的重点大学,建校600多年了,校训仍然没有改变,还是"仁、义、礼、智"这四个字,这是一所在1398年建立的学校,1398年在中国是明朝洪武三十一年。韩国把"江陵端午祭"申报世界非物质文化遗产,其实这也是从中国传过去的。所以说,中国文化对韩国的影响可以说是巨大的。

中国的文化还传到了日本,日本的第一部宪法——《十七条宪法》——完全是按照儒家思想编纂的。《十七条宪法》直接影响了日本的大化改新,大化改新是公元645年,是日本由奴隶社会到封建社会的一次重大改革,公元645年在中国正是唐太宗执政的时候。可以说,不管是在国家层面,在社会层面,在企业层面,在家庭层面,还是在个人,日本都深受中国文化的影响。美国有个学者叫赖肖尔,他说,在1868年日本明治维新之前,整个日本民族可以说是彻头彻尾的孔教徒,完全受中国文化影响。

新加坡其实也是这样。李光耀讲过,从我治理新加坡的经验来看,如果新加坡人民不是很早就受到儒家价值观的熏陶和影响,新加坡是无法成为"亚洲四小龙"之一的。他说,也许我的英语比我的华语要好,因为我从小受到的是英式教育,但是再过1000年,我也不会成为英国人,因为我秉持的是儒家的价值体系,而不是西方的价值体系。东亚文化圈,儒家文化圈,它们的根都在中国,中国文化对周边的国家和地区产生过非常大的影响。

明清时期,我们在西学东渐的同时还通过传教士——利玛窦、南怀仁、汤若望等，把中国大量的经典，比如儒家经典、道家经典，包括《周易》等，翻译成拉丁文、意大利文传到了西方。最有名的是利玛窦写的《利玛窦中国札记》，以及元朝时期马可·波罗写的《马可·波罗行记》，尤其是《马可·波罗行记》，直接推动了西方的殖民化和全球贸易。达伽马、迪亚士、哥伦布、麦哲伦的环球航行刺激了西方，让西方国家知道了在东方有这么一个富饶的国家。西方的一些思想家，卢梭、莱布尼茨、笛卡儿、霍尔巴赫、谢林、费希特、康德、歌德、魁奈、黑格尔等，也都受到了中国文化的影响，可以说，在整个西方，形成了长达200年的"中国热"。那200年，西方人看待我们中国，就像中国过去几十年看待美国、看待日本、看待德国、看待法国一样，羡慕，觉得对方是个美丽富饶的国家。伏尔泰甚至提出"全盘华化"的理论，胡适、陈序经在二十世纪二十年代提出"全盘西化"，但是伏尔泰提出的叫"全盘华化"，认为中国人应该成为所有欧洲人的老师，欧洲人要全面向中国人学习。所以不难理解，为什么伏尔泰除了拜上帝以外，还要拜孔子，因为他对中国文化推崇备至。

咱们从事传播工作的，应当首先搞清楚中国文化对整个世界文化格局的影响。

## 中国文化中的核心价值观

我们要挖掘中国文化的核心思想，让更多的外国人了解这些核心思想。我们接受了许多西方早期的价值观，如自由、平等、人权、博爱，但是我们中国文化的核心价值观往往不被西方人所了解，这是一种"文化赤字"。尽管有孔子学院对外传播中国文化，但是孔子学院更多传播的是"术"的层面的东西，比如武术、太极、书法、绘画，孔子学院的老师们还无法把中国文化的精髓，核心的价值观提炼成民主、科学、平等、博爱这类价值观，向西方传播。

中国文化在几千年的发展历程中形成了我们的核心价值观。比如，关于"德行"的问题，习近平总书记讲，核心价值观既是个人的德，也是国家和民族的德，所以官员、领导干部要把道德修养作为人生的必修课，用道德的力量去感染人心、鼓舞人心。儒家经典不断强调修身、做人、正己、立德，这些都在中国文化的核心价值观里。《礼记·大学》里讲："自天子以至于庶人，壹是皆以修身为本。"孟子讲："天下之本在国，国之本在家，家之本在身。"这里讲的修身，不是锻炼身体，而是修德、养德，因为人无德不立，国无德不兴，人之所贵，唯在德行。所以孔子说，我不担心我能不能当官，我担心的是我做人的德行怎么样。

在"德"和"才"的关系问题上，中国文化认为"德"是主要的，"才"是为德行服务的；"德"是主人，"才"是仆人，仆人是要服务于主人的；"德"是树根，"才"是树枝、树叶，想要枝繁叶茂，就要把根培育好。我们身上背负着很多东西，名誉、地位、财富，都要靠"德"支撑，因为"厚德"才能"载物"，如果没有"德"做支撑，这些东西就会把人压垮，有"德"，你才能保住你的官位，保住你的俸禄，保住你的名誉，甚至是延长你的生命。如果没有"德"，那你当官，殃祸必至，殃祸速至，"其祸必酷"。今天出问题的官员，不就证明了这一点吗？没有德行就去当官，结果一定是自己毁灭自己。

可见中国文化把"德"放在了一个主要价值的位置上，这就叫"道德价值优先"。这是中国文化与西方文化很大的一个不同点，是一个非常重要的价值观。

中国文化还强调"律己"，就是自律。"吾日三省吾身"，"反求诸己"，"扪心自问"，管好自己，约束自己，从自己身上找原因。我们不讲外在的客观条件怎么样，我们认为在内因和外因中，内因是起主要作用的。古代的环境那么恶劣，但是有些官员还是能够把持住自己，做到洁身自好、恪尽职守，能够守住自己做官、做人的道德和法律的底线，就是因为他们善于从自己身上找原因，而不是看到外部环境很差就随波逐流。屈原不正是这样吗？外有小人当道，屈原讲"举世皆浊我独清，众人皆醉我独醒"。

我们读中国的哲学，学习中国的文化，可以看到这种自律、自警、自省，就是要严于律己，从自己身上找原因，管好自己、约束好自己的这种思想，这叫"正人先正己"，"欲胜人者，必先自胜"。大家都管好自己了，整个社会就和谐、稳定了。所以自警、自省、自律的问题，也是我们在读中国文化过程中感受到的一个非常重要的思想。

中国文化和西方文化不一样，它关注到了人，关注到了人伦，关注了当下，所以重视修身，重视做人。朱熹讲"圣贤千言万语，只是教人做人而已"，圣人讲了那么多的话，其实就是两个字——"做人"，我们说做事先要做人，做官先要做人。做人是有底线的，什么底线？就是道德底线。出了这个道德底线，就是禽兽。对于那些打骂父母的，大逆不道的，做了伤天害理的事情的人，咱们中国老百姓就会骂，"你小子不是人""你畜生不如""你人面兽心"，其实就是因为这些人把做人的底线都否定了。所以我们要注重修身，注重做人。

"孝"也是中国非常重要的一个文化传统，"百善孝为先""孝为德之本""教民亲爱，莫善于孝"。父母把我们带到这个世界上来，把我们养育成人，他们所付出的劳动、艰辛，所付出的无私的爱，是无法用言语来表达的，也是无法用金钱、尺子来衡量的，所以我们做儿女的要孝敬父母。不管你是做什么的，你的钱再多,权力再大,你都要孝敬父母。"人不孝其亲,不如禽与兽",乌鸦尚有反哺之恩,羔羊还有跪乳之德,所以一个不孝敬父母的人,是世上最可恶的人。

孝敬父母,不仅仅是让父母得到物质上的满足,更重要的是精神上、情感上、心理上的满足。我们要学会感恩父母,让父母晚年能够在我们的关爱下过得幸福、平安、健康、快乐,这就是"孝"文化,不管以后社会发展到什么程度,我们都不会变,这是我们中华民族的传统美德,而传统美德恰恰是我们中国文化的精髓所在,这也是我们的核心价值观。

再比如,我们读中国文化会发现,不管是佛教的著作,还是儒家、道家的著作,都有对人的贪欲的讨论,关于如何戒除人的贪欲,如何看待我们的人生,等等。

佛教认为,贪婪的人绝不会幸福,只会给自己带来痛苦。佛教讲"贪嗔痴慢疑"五毒,贪为首,因此要到达幸福的彼岸,就必须戒除贪欲。

儒家文化里,孔子说,"君子有三戒",年少戒"色",中年戒"斗",老年戒"得",不能贪得无厌。孔子讲说"不义而富且贵,于我如浮云",不是通过正当、合理、合法的手段获取的财富,对我来讲,就像浮云一样。不要劫取不义之财,不能见利忘义,要"君子爱财,取之有道",不能不择手段,唯利是图。儒家告诉我们"傲不可长,欲不可纵,志不可满,乐不可极",要节欲,要寡欲,要导欲。孟子说,"养心莫善于寡欲",主张的也是清心寡欲。

道家更潇洒,庄子说:"人生天地之间,若白驹之过郤,忽然而已。"生命这么短暂,为什么有的人还要一味去追求身外财富?比身外财富更重要的不是还有很多吗?生命、亲情、家庭、友情,这些不是更重要吗?为什么有的人为了追求财富,把这些不该丢的东西全丢了呢?为什么有的人为了追求财富,不顾惜自己的身体,甚至不顾惜自己的生命?你的身体都没了,你的命都没了,那么你追求再多的财富有什么用呢?所以庄子告诉我们,生命中不应该属于我们的东西,不要去强求,"命中有时终须有,命中无时莫强求"。老子也告诉我们,人生的祸患就在于贪婪,但富贵难求,知足常乐。只有知足,才能不被眼前的各种利益所诱惑;只有知足,才能感到幸福和满足、快乐。

这就回到了刚才所讲的肉体和精神的问题。孔子有个学生叫颜回,"一箪食,一瓢饮,在陋巷,人不堪其忧,回也不改其乐"。颜回的物质生活非常贫乏,但是他的精神生活非常富足,他感到快乐,感到满足。孔子也是这样,生活非常穷困,"饭疏食,饮水,曲肱而枕之"。没有枕头,枕着胳膊睡觉,但是"乐亦在其中",精神上富足,他就感到快乐。那些永不知足的人,即使拥有天下的财富，他也不会满足。

所以我们通过读中国文化，可以得到一个启示——知足常乐。学会放下，把贪婪的心放下，这对于我们今天的任何一个人都是非常有启示的。

重视读书、学习，也是我们中国文化中非常重要的一个核心思想。孔子一生，活到老、学到老，"学而不厌，诲人不倦"，"不知老之将至"，终身读书，终身学习。韩愈讲"圣人无常师。孔子师郯子、苌弘、师襄、老聃。郯子之徒，其贤不及孔子。孔子曰：'三人行，则必有我师。'是故弟子不必不如师，师不必贤于弟子。闻道有先后，术业有专攻，如是而已"。孔夫子终生读书，欧阳修公务繁忙，也坚持读书，在马上，在枕上，在厕上读书。中国的文化，强调读书和学习对人生的重要性，"少壮不努力，老大徒伤悲""一寸光阴一寸金，寸金难买寸光阴""黑发不知勤学早，白首方悔读书迟""少而好学，如日出之阳；壮而好学，如日中之光；老而好学，如炳烛之明""书山有路勤为径，学海无涯苦作舟"，把读书、学习作为人生一个必不可少的环节，认为人生至乐，莫乐于读书。

此外，中国文化还强调人的廉耻。人不能鲜廉寡耻，孟子讲，"人不可以无耻，无耻之耻，无耻矣"。人要知道羞耻，会对自己的一些行为感到不安，感到愧疚，这叫作羞耻。一个人知耻，是民族的大幸；一个人不知耻，是民族的悲哀。

还有诚信。诚信是人的第二张身份证，"与朋友交，言而有信""人而无信，不知其可"，人如果不讲诚信，何以立足于社会？宁失千金，不失诚信，因为覆水难收，"一言既出，驷马难追"，只有内诚于心，才能外信于人。

另外，我们还讲敬畏。敬畏就是有所怕，有所敬重，不能够老和尚打伞——无法无天，什么都不怕，什么话都敢说，什么事都敢做。没有敬畏感，人最终会毁灭自己。

还有君子人格，"和为贵""以人为本""和而不同"，平常心，等等，这些都是我们中国的传统文化，几千年来在传承过程中所体现出来的核心思想。我们中国有非常优秀的传统文化，如果要把一些核心的价值观归纳、总结的话，比如"自强不息，厚德载物"——这也是清华的校训，"先天下之忧而忧，后天下之乐而乐""苟利国家生死以，岂因祸福避趋之""己所不欲，勿施于人""己欲立而立人，己欲达而达人""仁者爱人""人生自古谁无死，留取丹心照汗青""天下兴亡，匹夫有责""鞠躬尽瘁，死而后已"等等。这些都是我们民族的精神，这些精神让中华文化几千年来延绵不断，一直延续到今天。

几大文明古国中，其他几个文明都中断了，唯有中华文化源远流长，一直流传到现在，就是因为这些精神一直贯穿在我们整个民族的历史中，所以虽然我们在历史的发展过程中遭遇了各种各样的磨难，有外族的入侵，还有外敌的入侵，但是我们这个民族靠着这种精神，顽强地挺了过来。鸦片战争中，英法联军想灭亡中国，之后的八国联军——俄、美、日、德、英、法、意、奥，也想灭亡中国，1931—1945年的侵华战争中，日本也想灭亡中国，但是"睡狮已经醒来"，越是在这种民族危难的时候，我们的民族精神就越是强大，我们的爱国精神、我们的凝聚力就越强大。我们民族的自强、自尊、自信，永不言败的品格，民族凝聚力，爱国精神，一直支撑着整个民族。

我们今天应该让自己民族传承下来的核心价值观走向世界，让世界上更多的老百姓了解中国，不但了解我们的武术、书法、绘画、建筑，还应该了解我们这个民族传承下来的核心价值观。西方的价值观和中国的价值观都是人类永恒的价值，在这方面，我们了解西方的比西方了解我们的要多得多。西方对我们这方面了解很少，所以我们不仅要传播"术"，还要把这些价值观大力地挖掘出来，大力地传承、弘扬我们中国的传统文化，不但要让这些传统文化在每一个中国人的心里生根、开花、结果，也能够让这些核心的思想走向世界，让世界上更多的人对我们中国的文化有一个全面的了解。我们应该通过中国文化的影响力来全面提高中国的文化软实力，提升中国在世界上的总体形象，提高我们的文化竞争力。

整理：聂冰玉　吕佳妮
校对：刘滢

# 中国故事的传播之道

主讲人：王义桅

主讲人简介：

王义桅，中国人民大学国际关系学院教授，博士生导师。先后担任天津联合化学有限公司助理工程师、复旦大学美国研究中心教授、中国驻欧盟使团外交官、同济大学特聘教授暨国际与公共事务研究院执行院长。曾为美国耶鲁大学福克斯学者、法国巴黎政治科学院访问学者、韩国延世大学及比利时布鲁塞尔自由大学（ULB）访问教授。出版专著有《"一带一路"：机遇与挑战》《世界是通的：一带一路的逻辑》《海殇？——欧洲文明启示录》等；译著《大国政治的悲剧》等；主编《全球视野下的中欧关系》和"中国北约研究丛书"（10卷本）；在12个国家的学术刊物上发表学术论文150余篇。

时间：2014年11月20日

非常感谢史老师给我这个机会给大家汇报一些我最近的思考。习近平总书记提出要讲好中国故事，提升中国的文化软实力，这也是公共外交领域的前沿课题，与新闻传播学的联系也比较密切。所以，我把今天讲的题目定为"中国故事的传播之道"。

什么是中国故事？现在世界上关于中国的言论很多，毕竟中国确实挺成功的，从日本战后经济复苏以来，没有任何一个国家这么成功过，而且中国的成功远远超过了日本的成就。为什么这么说呢？因为日本是在西方的体系里运作的，包括现代化、明治维新，但是中国今天所说的中国梦，不单单是现代化的梦，这个梦已经超越了美国梦，超越了现代化的梦，无论是从量上还是质上。所以我们要讲的中国故事对世界来说是一个谜，我们怎么传播好，确实是一个很重要的问题。

我们研究公共外交时更多强调的是"道",人民大学也好,清华大学也好,新闻学院非常重视的是传播的手段、传播的艺术,这当然是很重要的,但是我觉得,"道"更重要。我们为什么要思考"道"的问题呢?

第一,只要"道"通了,即使你不会传播,别人也会帮你传播的。当年毛主席在延安窑洞里,没有公共外交理论,也没有新闻传播学,但是埃德加·斯诺远渡重洋到延安来采访,因为"红星照耀中国","道"在这里。

第二,我们当中的很多人,包括做思想政治工作的,搞学术的,自己的研究领域连自己都说不清楚,怎么能让别人理解呢?传播也是一样的,我自己讲清楚才能说服人,自己不相信怎么可能让别人相信呢?所以对中国来讲,缺少的可能不是传播之"术",而是传播之"道"。

这是我的引言,就是为什么我要讲传播之道。当然,传播之术也很重要,我从来不否认它的重要性。

那么,"道"在哪里?首先,我们面临的是什么样的中国?什么样的中国故事?这个首先要说清楚。我是江西人,江西有一种酒叫四特酒,周总理命名它的时候是因为它有四种香味,现在我喝完了四特酒,再喝"中国故事"这壶酒的时候会发现,我们有"四特中国"。

第一,特长的历史。戴高乐曾说过,中国是一个比历史还要悠久的国家。这句话听起来似乎是矛盾的,但戴高乐所说的历史指的是《圣经》,就是西方的历史,就是在耶稣诞生的时候开始的。而公元前221年,秦始皇已经统一了中国。对于西方来讲,中国的历史这么长,是很难以想象的。

美国就那么一点历史,顶多比照到罗马,但是中国在罗马之前就已经存在了几千年了,所以美国没有办法用它的参照系来衡量中国今天所发生的事情。也就是说,因为中国有着特长的历史,因为中华文明是唯一统一且有连续性的古老文明,所以,这个"中国故事"时时提醒着世界,中国的历史比你悠久,你穷尽你的脑瓜你都难以想象,因为你就这么一点历史,你那些古老的文明都断了。

西方人总是讨论,帝国什么时候会崩溃,因为历史就是帝国不断崩溃的历史,而中国一直不崩溃,就让他们郁闷了。所以一旦有点迹象,西方媒体和学界就会宣扬"中国崩溃论",但又一次次被证明是错误的。

第二,特大规模。人类实现工业化,最开始是在英国,那个时候英国才几百万人口,传播到整个欧洲大陆,也只有几千万人口,传到了美国以后,工业化在人口数量上才达到了上亿级,而中国人口总数近14亿。中国的手机用户有12亿,网民数量6.7亿,仅微信用户数量就相当于美国的总人口!学数学、学物理时会讲到模型是有边界的,这个模型在什么样的数量级范围内才会起作用,比如说,爱因斯坦对牛顿说,在宏观世界,你是王,但到了微观世界,我才是王。现在的科学知识基本上都来自西方——德先生、赛先生,这一整套知识是关于西方历史经验的总结,它开创的现代化的历史才几百年?就算是追溯到古希腊也只有两千多年的历史,你能够用它来形容一个五千年的文明吗?从数量上看,中国已经超越了西方的模型了,无论这个模型是多么的客观、多么的科学,就像牛顿定律在微观世界就不适用了一样,西方的模型到了中国这里就是不行,这里不是你能形容的特大规模。

现在整个的科学体系都是西方主导的,是一种地方性的知识、经验的总结。所谓的普世价值有三个神话。第一个神话是它把偶然的成功说成是必然的,说工业化一定是发生在他们那里,什么东西都是必然的,从奴隶社会、封建社会到资本主义社会,是一种线性进化的过程。

第二个神话是它把短暂的说成是永恒的,把他们短暂的领先说成是永远的领先。西方才领先多少年?西方真正领先是从18世纪中叶开始,1776年瓦特发明蒸汽机,那是工业革命的源头。西方说自己一直领先,有谁承认呢?

第三个神话是它把地方性的东西说成是全球性的。整个世界几乎都被欧洲殖民过,包括美国在内,但是中国没有完全被殖民。我在欧盟工作过,去某个欧盟议员的办公室,他看着地图说:整个非洲是我的,拉丁美洲是我的,澳洲更不用说,都是我的后代,看到亚洲,他就有点郁闷,最大的国家——中国——没被"干掉",印度——"干掉"了,俄罗斯本来就是自己的一部分,本来就偏向西方的文化,所以古老文明里,只有中国没有被殖民。刚刚讲了,我们的规模不是西方的普世价值所能涵盖的,普世价值是有边界的,所以到了中国,发现这价值不是普世的。黑格尔曾经讲过,中国是一切例外之例外,西方的标准到中国就不灵了。

第三,特别世俗的社会。什么叫世俗的社会呢?因为中国没有宗教。费孝通先生说,中国因为文化太发达,以至于没有宗教,任何一种宗教都不可能有足够的空间去占据支配性的地位。《大国崛起》这个纪录片里大家看得很清楚,从葡萄牙、西班牙一直到后来的美国、苏联,没有一个大国是没有宗教的。苏联尽管是共产主义,但是它还是以东正教为主的。但中国从来没有一个一家独大的宗教,儒家文化不是宗教,它是一种文化,这对西方来讲是很难理解的。西方人产生了很多疑问,第一,你没有宗教为什么到现在还不崩溃呢?有什么秘诀吗?第二,你现在有这么多权力,你怎么使用你的权力呢?他们认为中国没有宗教很可怕,没有宗教,那么你发展的目的是什么呢?你的终极关怀是什么呢？中国说要崛起、复兴，他们不懂，你复兴的目的是什么？你复兴到什么程度呢？

现在中国的对外传播要照顾他们的心态，不应使用"我必胜你"的逻辑，而是说我是应该胜你的。中国是成功的，人家很羡慕，羡慕完了就嫉妒，嫉妒完了就恨：凭什么你可以这么成功？中国告诉他们，我走的是符合本国国情的发展道路，我没有灵丹妙药。中国现在鼓励其他国家走自己的道路，但是很多国家走不了自己的道路，大部分国家被西方殖民掉了，根都没有了，怎么走自己的道路？

我们说，我们历史很悠久，欧洲人都很羡慕，欧洲一体化到现在都没有做到秦始皇的"书同文""车同轨"，至今还有24种语言，欧洲的统一遥遥无期。

中国之所以成功，是因为中国不断地在解决问题，这就是思维方式的不一样。宗教式的思维方式和世俗论的思维方式是不一样的，宗教式的思维方式是由未来推溯今天的关怀，而中国是从历史推导到今天，不是倒推的。假如你能活100岁，你现在是20岁，那接下来的这些年应该怎么分、怎么过，这是西方的思维，而中国不是这样的。

第四，特殊的崛起。中国现在的人均GDP是美国的1/8，但经济总量却已接近美国的70%，中国将来所创造的财富就像《共产党宣言》所说的那样，是相当于人类一切财富的总和，如果那一天到来的话也并不是神话。

这次我参加香格里拉会话的时候，罗尔斯·罗伊斯公司亚太地区的总裁跟我说，他很担心中国迟早会掌握喷气式发动机的秘密，因为中国这么多人在研究，造发动机的秘诀被找到是必然的。中国有这么多的人，有这么坚定的意志，中国人这么勤奋，上帝礼拜天都休息，中国人不休息。

这就是我讲的关于"四特中国"的故事。

在人类历史上，所有的老二在追赶老大的时候，它的人均GDP都已经和老大差不多了，只有中国是例外。美国很清楚，中国的经济增长速度是7.5%，它自己是2.5%，而且2.5%的增速能不能保持住还是个问题，所以中国追上美国是必然的！

所以说中国的故事是世界性的大学问，因为从中国5000年的文明里也很难解释中国今天所发生的这一切，西方的理论也解释不清楚，其他的更不用说了，所以说，讲中国故事不是我们自己的事情，而是整个世界共同的事情。近年来，哈佛、牛津这些老牌名校越来越多的毕业论文都是关于中国的，在传统的中国和近代的西方科学体系里都很难把中国的成功故事——当然也包括不成功的故事——讲清楚，如此说来，讲中国故事是对人类知识体系的一个巨大的挑战，只用我们的或他们的理论和话语体系都很难讲明白。

以前的理论和话语体系很简单，就是西方的成功是因为工业化，工业化是它成功的秘诀，大家都可以学习借鉴，所有的国家也只有学它才能成功，这是他们的逻辑，无论是日本还是亚洲四小龙都是在效仿西方的过程中成功的。由此，西方成功的背后所承载的价值和制度当然就是普世的，因为没有其他的道路。

现在飞来了一只黑天鹅——天鹅不一定都是白的。非洲的黑人兄弟说，黑天鹅也是很漂亮的，我们也是黑天鹅。这在西方看来就很糟糕了！因为中国的存在把西方的普世价值的神话给打破了，就是因为中国证明了不走西方的道路、不学习西方，走自己特色的道路也是可以成功的。

习近平主席今年（2014年）去拉丁美洲访问的时候，阿根廷总统握着习主席的手激动地说，早知道中国会成功的话，我们这么多年就不用学华盛顿共识，最后落入中等收入陷阱，因为我们以前不知道还有第二个成功的模式。但现在，所有的西方理论到了中国这里统统止步，这就是我讲的"中国悖论"。在"中国悖论"之前，我学到了古希腊思想家伊壁鸠鲁的悖论。他曾说，神是不存在的——如果神是存在的，世界上有很多邪恶的东西，那么魔鬼也是存在的，既然神是无所不能且永远正确的，那神为什么不把魔鬼拍死呢，神说我不拍，我留着它们吓唬人，那么神在道德上就是有问题的。所以说，伊壁鸠鲁是无神论的开创者，他从逻辑上推翻了神的存在，后来又启发了但丁，对文艺复兴时的思想解放起到了很重要的作用。

那么"中国悖论"是什么意思呢？自由民主是经济可持续繁荣的必要条件，假设这是一个定律。那么中国经济的可持续繁荣已经35年了，在人类历史上，经济增长率保持两位数并且持续这么长时间的还从来没有过。中国每年培养的工程师的数量比美国、日本还有印度的总和还要多，西方怎么不忧虑呢？核心技术就这么几项，中国人力物力财力都有，又有这么强烈的复兴愿望。以前我们还羡慕法国人，现在呢，法国只剩下香水、红酒等少数的奢侈品了，其他产品的生产正在被华为、中兴等来自中国的企业逐渐取代。所以，西方现在就面临这样一个问题：第一，承认中国的经济是可以持续繁荣的，就必须修改前面提到的前提条件，即政治自由民主——这个条件修改之后，西方的价值就不是普世价值了；第二，承认中国的经济可以持续繁荣，承认中国可能有自己的一套民主，也是符合这个前提条件的，就是民主等于经济持续繁荣，但是这样一来就被迫要承认中国也是民主的。这两点无论哪个都是西方不愿意承认的。所以他们现在就认准一个结果：中国的经济是不可以持续繁荣的，因为只要中国持续繁荣，无论是推出中国是民主的还是不是民主的，都不符合西方的普世价值。这就是我说的"中国悖论"。就像刚才说的神和魔鬼是不可能同时存在的一样，这就是西方纠结的地方，当然也是我们郁闷的地方。我们也有很多人都认为我们自己也讲不清楚这个"中国故事"，比如我和另一位老师曾经有过一次关于主权和人权的辩论，他坚信中国迟早要融入西方的主流世界，不融入道理上就通不了。我跟他说，不用着急，我们是5000年，他们才170年，你用我们现代化的几十年跟他们的170年比，或许比不过，但你用5000年跟他们比，逻辑上就不是这么回事了。

这是我讲的第一个核心的观点，讲好中国故事是全世界共同的事情，不仅仅是中国的事情，这是一个世界性的挑战，它涉及的不光是一个传播问题，更多的是整个人类的知识体系、价值观念某种程度上的重新调整和更新的问题。

在欧洲访学、工作的时候，我经常跟他们讲，你们以前老是想着"殖民"中国，但到最后你们还得感谢中国，因为你下围棋留了一个对手。古罗马曾经有一个将军打仗很厉害，他把最后一个强悍的敌人给干掉以后，抱着敌人的尸体痛哭了三天三夜，因为没有敌人了，那他这个将军的价值何在呢？同样，如果西方把中国也完全"殖民"了，那么整个世界上就找不到一个能够让西方走出今天的困境的国家了。

西方具有远见卓识的一些政治家意识到了这一点，其中最有代表性的是德国前总理施密特。他曾经对我们的领导人说，我对西方已经很失望了，因为西方二元对立的思维方式已经走不出这个循环了，将来可能要靠中国的成功来刺激它，让它走出这个循环，所以中国成功，我不仅仅是羡慕，更是由衷地感到高兴，只有你们成功才能让我们走出困境。这是非常明智的观点。比如美国的中东政策，美国一会儿支持这一派，一会儿支持那一派，这就是二元对立，它在不断反复。美国以前要推翻阿萨德政权，利比亚是它的敌人，现在阿萨德政权的敌人ISIS，就是伊斯兰国，也是美国的敌人。美国说，我的敌人的敌人，还是我的敌人，绕不出去了。以前美国说一定要把阿萨德政权干掉，不仅没干掉，还让伊斯兰国起来了，所以美国的中东政策已经绕不出来了。毛主席讲得很清楚，要把我们的敌人变得少少的，把我们的朋友变得多多的，这就是统战！所以，讲好中国故事是人类的一个巨大的挑战，因为中国没被西方殖民掉，已经跳出了那个循环。

梁启超1911年写的《中国史叙论》是经典，文中他提出了"三个中国"——中国的中国、亚洲的中国、世界的中国。梁启超在中国学术史上的地位近代以来无人能及，他当时说，按照西方的民族国家的观念，中国应该是56个民族，所以他发明了一个概念，叫中华民族，把中国这个不是按照民族国家组成的国家统一到了一个大家庭里来。梁启超提出了"中华民族"的概念，将五千年文化融会贯通，他将中华文化"圈"起来，成为一个整体。

我按照他的思路，提出三种"中国"。第一种叫作传统中国，以文化为血液、载体；第二种叫作现代中国；第三种叫作全球中国，在全球化趋势不可阻挡的今天，中国已经演变为全球中国。

讲好中国故事，要讲清楚传统中国怎么走到现代中国，又发展到今天的全球中国。我们经历了三种文明的转型，一是由农耕文明转型为工商业文明；二是由内陆文明转型为海洋文明；三是由东亚体系的文明转向全球体系的文明。这三种文明的转型在之前的五千年历史中都没有出现过。此梦非彼梦，今天的"中国梦"确实不简单。

讲好中国故事，这个故事在五千年的中国文明史中没有发生过，甚至在人类文明史上也很少有国家能在如此短暂的时间内实现工业化和现代化，如果没有中国共产党领导，这难以想象。中国共产党在中国有三种职能：第一，用意识形态统合全国；第二，维护政局稳定；第三，强大的社会动员。

讲好中国故事，不仅应该讲好过去，也应该讲好将来。中国文明能够对世界文明的延续做多大的贡献。中国是最大的发展中国家，中国成功了，其他的发展中国家也会成功的。中国是最大的新兴国家，中国成功了，其他的新兴国家也会崛起的，西方也是会从中获得机会的。如果能够把这个故事讲清楚，所有的国家都会期待中国成功崛起。但是现在我们却不是这样讲故事的，我们过分强调成功的历史必然性，这是需要改进的地方。

实际上，中国故事就是关于中华文明复兴、转型和创新的故事。复兴和转型很容易理解，关键是创新。今天中国从事的工业化不能是简单抄袭西方的，而更多是一种新型的工业化——不能重复过去的先污染后治理的老路，而是要带动一种可持续化的工业化文明。现代化的故事需要突破原来的话语体系，工业、农业、国防、科技现代化，这不足以代表中国，我们还有第五个现代化——治理能力和治理体系的现代化。美欧都已经逐渐意识到他们的制度需要变革——以前他们认为自己拥有的是普世价值观，不需要改革——他们开始意识到：真正的上帝并不存在，也没有所谓"历史终结于资本主义"，改革是不可缺少的。如果不承认自己需要改革，那么这个国家就完蛋了，改革的目的是适应这个新的时代。

以前，我们一讲改革就是要去接轨、转型、拥抱主流西方价值。比如，菲律宾的宪法几乎是照抄美国的，没有成功；华约晚于北约成立，但早于北约解体，华约的宪章几乎也是照抄北约的。因此，缺乏自己的核心价值观是很危险的。中国故事不是照搬照抄西方的经验，而是创新。从这个意义上看，中国故事应当属于整个人类。一个国家带动更多的国家成功，正如现在所讲的"一带一路""互联互通"。中国文化强调"大通""全通"，中国文化善于疏导，而不是制造更多的对立。美国在中东是以这个敌人打那个敌人，美国需要制造敌人、制造危险，才能保持自己的活力。从这个角度看，中国文明已经超越了以欧美为中心的西方文明，我们和各个国家所讲的"命运共同体"，讲的就是同甘共苦，要和发达国家同甘，又要和发展中国家共苦，坚持正确的义利观。

"传统中国""现代中国"和"全球中国"分别对应着三种国家类别——西方国家、发展中国家和新兴国家。我们要跟发展中国家说："我成功了，你也能成功，找到一条适合自己国情的发展道路。"这条路线比美国那条路线高明。美国人说他们代表的是唯一正确的道路——所谓的"上帝之路"，要成功就选他们，没有别的道路。所以我们现在要解决的问题是心理上"走出近代，再别西方"。何为"走出近代"？在近代我们被西方人击败，所以在心理上总是强调东方和西方之间的对立，这种思维方式存在着问题。

以德国的历史为例，我来进行一下说明。

1871年德国统一之后，面临的一个重要任务就是长久以来德国都被认为是导致罗马帝国解体的入侵的日耳曼蛮族的后裔，所以尽管国家统一了，但还是被认为是野蛮的民族。如何才能把"蛮族"的标签去掉呢？德国诞生了一位伟大的思想家——施本格勒。施本格勒写了一本书，叫作《西方的没落》，他研究的是历史生态学的循环。他认为文化是具有多样性的，是后来者居上的。文明是一种成熟的文化，但因为已经成熟，所以即将衰落。施本格勒用"文化"的概念对"文明"的概念进行了解构，认为"文明"的概念源自希腊，希腊被罗马打败之后，罗马拥有了文明的话语权，罗马帝国衰落之后，英法又夺走了文明的话语权。所以，文明是一种话语霸权。在施本格勒看来，英法所代表的传统文明已经衰落，而新兴的文化是多元的，是后来者居上的，是在德国产生的。所以他论述的"西方的没落"是指以英法为代表的西方已经没落了，而只有德意志才能拯救西方的没落。所以德意志的中心论代替了以英法为代表的西方的中心论，从内部确保了德国文明的后来居上，并在理论体系上论证了这一点。

第二位伟大的思想家是马克斯·韦伯。他认为，德国之所以成功，是因为找到了人类生产方式的密码，这个密码就是他的书名——《新教伦理与资本主义精神》。最早欧洲人之所以如此虔诚地信奉天主教，是因为那时大多数人是文盲，只有少数人能读懂拉丁文，而《圣经》则是用拉丁文写在羊皮纸上的。

印刷术传到欧洲以后——当然，西方人始终坚持说是谷登堡发明的印刷术——第一部印刷的书籍就是德文版的《圣经》。德文版的《圣经》由马丁·路德翻译。随着《圣经》德语版的印刷发行，人们的思想产生了混乱。马丁·路德创建了新教，提出了"因信称义"的逻辑，即任何人阅读《圣经》都可以和上帝进行直接对话，不需要通过传教士。新教的作用很大，以前强调等级体系，要服从封建主才能上天堂，否则就要下地狱，话语权一直都由封建主所垄断。现在新教宣称每个人都是有原罪的。如何拯救自己呢？以前说只有经过封建主和传教士才能拯救自我，因为他们代表上帝；但新教认为，个人可以通过发财致富的方式拯救自我，只要将创造的财富捐献给教堂就可以拯救自我的灵魂。从逻辑上将等级体系瓦解了，从而也催生了资本主义。这也是在德语区首先发生的事情。所以德国的统一和崛起之所以伟大就在于它不是为了一个国家，而是为全人类找到了一种新的生产方式以及与它相配的"密码"。这不仅是一般意义上的后来居上，更代表了人类发展的未来。

第三位伟大的思想家是黑格尔。十八世纪的欧洲兴起了"中国热"，认为中华文明是人类的一座高峰。伏尔泰曾说："欧洲人最大的悲剧是不能成为一个中国人。"当时欧洲很多人对中国的文化都非常地崇拜，认为如果不能超越中国文化这座高峰，整个西方是无法站起来的。所以德国从西方内部站起来以后，还要让整个西方从整个人类文明史上站起来。黑格尔提出了一套新的假说，这套假说认为人类的历史是从西方起源，回到了东方，所以现代东方虽然很成熟，但属于近史。中国过去很辉煌，但是现在已经开始衰落，而且中国自从雅斯贝斯所谓的"轴心时代"，即春秋战国时代开始，王朝在轮替，但文明上没有任何进步。文明的高峰便已经到来了。中国的文化是什么？孔子、老子……但孔子和老子之后呢？中国就后继无人了吗？这显然是不正确的。黑格尔的逻辑是非常有误导性的，我们应该这么理解：孔子和老子也是两千多年来中国人给建构出来的，也就是说，中国的"圣经"是几千年来所写就的，不可能老子或者孔子一个人就能完成一整套极其完备的体系，所以他们只是标志性的人物而已。不是中国后继无人，而是中国人在不断对他们进行阐释。这些阐释的人的具体名字已经无法查证了，他们都叫"孔子"。孔子活在我们每个人心中，孔子有无数的子孙，我们都是孔子的子孙。如果不从这个角度理解，而是认为孔子之后中国后继无人，中国文化是静态的，那是有问题的。黑格尔的假说严重地束缚了很多人的思想。但黑格尔当年之所以要提出这套理论，是因为他要从中国文明中站起来，所以他认为中国以前很辉煌，但近代已经衰落。我们必须打破这种学说。

这三位伟大的思想家将德国的话语体系构建完备了，这种构建的方式都是以征服一个高峰然后让自己变成高峰为代价的。今天的中国也有着自己需要面对的问题：如何面对中国特色和普世价值，就像当年德国如何去面对中华文明一样，当年的中华文明是以天下为体系，跟现在的普世价值是一样的。那现在中国如何去对抗普世价值，是说中国是特色？还是说西方是假的普世价值，中国是真的普世价值？还是强调中国是社会主义普世价值？这些都会陷入一种新的、二元对立的思维方式里去。

所以今天的中国需要完成这样几个任务：第一，佛教传入中国以后，经过七百多年的发展变成了佛学和禅宗，这里有无数思想家起了作用，比如韩愈。170年来，西方的价值体系传入中国，现在能不能够像当年面对佛教一样把它变成中国的东西。马克思主义已经中国化了，但中国特色的普世价值还没有出现。所以我们要讲中国故事，要传播，要搞学术，第一个就要搞清楚这个东西。也就是说，能不能将西方的普世价值内化成自己的东西。马克思主义已经内化为我们自己的东西了。毛泽东、邓小平等老一辈思想家、革命家能够做出这样的贡献，把外来的东西内化成自己的东西，我们应该要有这个自信心。

我最近有一个想法，既是中国特色，又是普世价值，这两者似乎始终有冲突。我提出了一个概念，把普世价值变成"普适性"，问题就解决了。这一个简单的"性"字，带来了整个学问和思想的变化。"普世价值"表明这个价值已经成形了，例如民主、宪政等，都有固定的说法了，如果变为"民主性""宪政性"和"普适性"，那就成了一个动态的概念。也就是说，在不同的文化和不同的发展阶段中呈现出不同的价值普适性而已。任何人都不能说自己的价值一定是普世价值，因为每个人的价值里都肯定有普适性的成分，否则如何跟世界沟通呢？我们今天讲的西方文明好像都是西方的，但其中有很多部分其实是来自东方的，包括两河流域、埃及等地区，西方文明逐渐成熟后将所有东西归结为自己的。19世纪殖民主义兴盛时期，西方鼓吹殖民的合理性，因为他们是先进生产力和先进文化的代表。但事实果真如此吗？埃及文明、两河流域的文明曾经都比西方辉煌得多，只是在衰落之后才落后于西方。所以，我们既能够在西方文明中找到东方的起源，也能够在东方文明中也找到西方的起源，这样相互包容，不存在谁比谁好的问题，而是你中有我、我中有你的关系，这样才能讲一个更大的故事，超越东西方，关注整个世界的发展变化，将几百年的对抗看作短暂的瞬间。这就是我今天强调要讲的故事。

对于中国来讲，如何持续成功、崛起和繁荣，我们的学者能不能像韦伯当年写《新教伦理与资本主义精神》那样，写出一本属于中国自己的"世俗伦理与社会主义精神"——不是只有宗教型的国家才可以崛起，像中国这样的"世俗国家"同样是可以崛起的。只有写出这样的东西，才能将自己的故事讲清楚，构建起完备的价值观体系，同时也能启发和激励更多的国家共同发展。

最后，我们可以得到以下的结论：

第一，传播之道首先源于传播之性，传播之性在于自己想明白，有更大的理论体系包容他人。

第二，如果将中国视作一个现代国家，那么我们的历史比西方要短——美国作为一个现代国家已经几百年了，中国在1911年才成为一个现代国家。但是中国是一个文明体，所以要取文明之所长，舍国家之所短。这就意味着讲中国故事要淡化国家的概念，从文明的角度出发。西方学者动不动就讲民主和人权，其实民主文明不过是政治文明的一种形态而已，西方的政治文明追溯到古希腊。那如果追溯到孔子，追溯到中国的道德经，政治文明又是什么样的呢？所以要跳出国家的视野，要从文明的角度切入，用五千年的文明来对抗西方的几百年。

最后，讲中国故事要把我们来讲变成他们来讲，要让他们比我们更急切地去讲中国故事，这才是真正的高境界。我的故事就是你的故事，你的困惑就是我的困惑，把你的困惑交给我，我们一起来讲好这个故事，这就是中国故事的传播之道，道可道，非常道！

整理：林成龙　付光磊　龙亦凡
校对：赵涵漠

# 新闻传播领域的国家语言能力问题

主讲人：李宇明

主讲人简介：

  李宇明，1997年获全国五一劳动奖章，2015年入选"北京榜样"。现为中国辞书学会会长，中国语言学会语言政策与规划专业委员会会长，第八届中国中文信息学会副理事长，中国语言文字规范标准研究中心主任，中国语言产业研究院名誉院长，《语言战略研究》《语言规划学研究》主编。曾任国家语言文字工作委员会副主任、教育部语言文字信息管理司司长、教育部语言文字应用研究所所长、北京语言大学党委书记、华中师范大学副校长、国际中国语言学学会会长。主要研究领域为理论语言学、语法学、心理语言学和语言规划学。出版著作30余部，发表论文580余篇。

时间：2020年11月19日

  今天非常高兴能跟同学们一起讨论跟语言相关的问题，都说在内行面前讲话要非常谨慎，到这来，我在新闻传播方面就是外行了。清华大学是我们国家非常有影响的大学，特别是这些年来，不仅在理工方面发展不错，在人文社科方面也有很大的发展。能够在这里讲一个语言相关的主题，非常感谢李彬老师，因为我俩是大学同学，我才有这个机会。今天报告的题目是《新闻传播领域的国家语言能力问题》，这里面有两个关键词，一个是新闻传播领域，另一个就是国家语言能力。

  不管是语文教育还是外语学习，语言能力针对的都是个人。我们过去读很多语言学的书，也没有人提过集体语言能力。从理论上来说，有人认为个人的语言能力是先天的，比如乔姆斯基。乔姆斯基自1950年发表《句法结构》以来，影响了整个人类语言学70年的发展，他到现在仍然对语言很感兴趣，他认为语言能力是人的一种生物性遗传，跟后天的学习和输出没有关系，只要不是在"狼群"里面长大的人，到了一定时间，其语言能力都可以发展起来。

还有人认为语言能力就是语言运用，即说话办事过程中使用语言的能力，这个倒是很贴合我们的实际。我们在讨论贫困地区的语言扶贫问题时发现，很多贫困户多数没有基本的语言交际能力，获取信息、与人交际都存在一定障碍，包括自己的身体健康都管理不了。所以如果没有后天的良好的教育，个人也不可能形成很好的语言能力，语言能力应该是先天和后天交互作用的。

对于集体语言能力，过去肯定没人讨论过。比如一所大学应该具有什么样的语言能力？一个国家应该具有什么样的语言能力？都没有人讨论过。21世纪美国人提出"关键语言"战略，讨论美国军方的语言战备，我们才开始讨论这种集体语言能力。我今天主要讲三个问题：一是国家语言能力和语种的关系；二是国家语言能力与领域的关系；三是新闻传播领域的语言能力。

## 国家语言能力和语种的关系

从目前的研究来看，国家语言能力体现在三个方面：第一个是语种能力，一个国家能够掌握和处理多少语种；第二个，在某些领域特别是重要领域，这个国家能否"以言行事"；第三个是话语权问题，你跟别人说话，别人愿不愿意听。这三个方面都跟一个问题相关，那就是做事。所以国家语言能力，就是一个国家处理海内外事务所需要的语言能力。比如我们到亚丁湾护航、参与国际维和、到利比亚撤侨，分别需要什么样的语言能力？大家可以从这里展开讨论。

就目前的情况来看，我国需要"20/200"种语言能力——获取先进知识，参与世界治理，需要我们掌握20种语言；向世界讲好中国故事，在"一带一路"上顺利行走，共建人类命运共同体，则需要200种语言。

语言可以分成两类，一类是通事的，一类是通心的。我们现在只注意到了语言通事，什么语言能通心？母语、家乡话才是通心的语言。我用英语跟你交流，你能懂但不能通心。所以要真正和世界人民建立命运共同体，只用殖民者的语言是不够的。

为什么是"20/200"种语言能力，这个结论怎么来的？首先我们要建立一个衡量世界语言的功能指标。过去我们都是从类型、家族学来划分世界语言，把它分成印欧语系、汉藏语系等，语系下又分成不同的语族、语支、语种。

由于人类语言的信息搜集非常困难，衡量一个语言的功能强大与否，过去并没有标准。我在这里试图从工具功能和文化功能两个角度来建立标准。

在工具功能方面，我是用 5+1 的标准。

第一个指标，一种语言的母语人口有多少？这是一个底盘。世界上凡是人口比较多的国家，比如印度尼西亚、印度等等，虽然现在比较落后，但是人口众多，语言的底盘较大，而且资源丰富，其发展不可估量，所以必须重视它，否则将来会吃亏的。实际上我们已经轻视了马来语、印地语、印度尼西亚语，中国并没有多少人懂得这些语言。三十到五十年后，这些语言所在的国家一定会让中国好好与其打交道。

第二个指标，将这种语言作为第二语言来学习的人口有多少？在这一点上英语是最强势的，学习英语的人很多。虽然我们老讲"汉语热"，但是把汉语当作第二语言学习的人并不多，汉语在世界上也远远没有达到"热"的地步。这与我们国家的地位非常不相称。也就是说，中国在世界的影响力有了，但语言地位差得却很远。

第三个指标，将这种语言作为官方语言的国家有多少？现在大概只有两个国家把中文当作官方语言，一个是中国，另一个是新加坡。大家知道，世界上有很多国家都把英语做官方语言，还有很多把法语、西班牙语等作为官方语言。

第四个指标，文字类型。现在拉丁字母明显占据优势，哈萨克斯坦、蒙古国等正在把文字拉丁化，人类的文字发展已经到了第三次拉丁化的阶段。汉字过去也有过拉丁化的走向，但后来有了汉语拼音，而且今天国内的整体倾向也是反拉丁化的。虽然我们认为汉字甚至是甲骨文是最好的，但站在整个人类历史发展的角度，在整个世界文字系统里一比，汉字在世界语言学习文化和交流方面的弱势还是比较明显的。

第五个指标，网民及网络文本。在这一点上，中国现在占据优势了。

第六个指标，经济与整体实力。一种语言怎么走向世界？不是看这个语言有多优美，世界并不缺少优美的语言。中国现在的国际影响力跟 40 多年来改革开放所积攒的经济力量是分不开的。所以说，能真正推动一种语言在世界上产生影响力的必然是一个国家经济和文化的综合力量，这是最重要的。我们的孔子学院有时候就没有认识到这一点，课程设置不是讲现代中国，而是讲古代中国，讲守株待兔、刻舟求剑，讲划船、剪纸、书法等等，实际上讲述当代中国和未来中国才是吸引世界年轻人的地方。

语言的另一个功能就是文化功能。文化功能的指标有哪些呢？

一是要有书面语。没有书面语的语言对世界不可能有大的影响，当然，前提是要有文字。

二是要有翻译量。优秀的书面语用什么来衡量？就是翻译。凡是好的文本内容都会不断地被翻译出去，或被翻译进来。可以看看有多少中文文本被翻译出去，有多少外文文本被翻译成中文的。这是个很重要的指标。

三是整个文献量和声望的关系。你的语言有多少著名的文本？据说对世界影响最大的文本当中，第一是《圣经》，第二是《道德经》。《道德经》现在有70多种语言的翻译文本，在世界上的影响要比《论语》大得多。你的语言在相关领域里有多少突出贡献？比如，一提起歌剧，就想着用意大利语来唱；一提起地理、哲学，就离不开德语；一提起航空航天，就少不了英语和俄语。那中文呢？文化输出要对别人有影响，文化名人、文化遗产都要有可供人类学习、保存、纪念、模仿的东西，要在科技、思想领域做出贡献，这个才是最重要的。所以，整个文化功能实际上不仅是语言的文化，也更有文化力量的东西在里面。

通过衡量这两大工具指标，我们就会形成一个人类的语言功能分类体系，包括全球通用语、国际和区域通用语、各个国家的官方语言、地方强势语言、其他小语种等五大体系，再加上文化语言。这对中国的外语教育非常重要，我们过去没有这个标准体系。

全球通用语现在只有一个，就是英语。第一次世界大战的时候，法语在世界通用语言当中占据首位，第二次世界大战结束，整个世界的文本成了英语文本，越南战争之后，英语文本又开始从英国英语转向美国英语。英语也改变了自己的包装——它过去是精英社会的包装，现在则变成了工作包装、劳动包装，要想找到一份好的工作，你就要学英语。那汉语是怎么包装的呢？我们总是强调汉语非常难学、汉语历史悠久、一个汉字就能讲出多少学问等等，外国人就知难而退了。如何包装汉语，就是如何包装中国，老把自己包装得跟别人不一样，把中国和世界截然分开，不利于建立人类命运共同体。事实上汉语跟英语本就是两种语言系统，西方也有不少人，越是难的事情他越冒险，我就问过好几个学汉语的外国人，得到的回答是，汉语太难了，别人学不了我来学。

国际和区域通用语就是在国际或者在某一个大区域通用的语言。汉语是在这个行列内的。全球通用语、国际和区域通用语加起来大约是20种。这20种语言，加上各个国家的官方语言，一共有100多种。

除了官方语言，地方上还有一些强势语言。比如中国的地方语言当中，粤方言就被美国军队专门拿来学习，闽南话在台湾的影响很大，客家话甚至还成了非洲一个国家的官方语言；我们的民族语言当中，蒙、汉、维、哈、朝、彝、壮等七大语言都非常有影响。英国、法国、西班牙等国家都也都有一些强势的地方语言。

全球通用语、国际和区域通用语、各个国家的官方语言、地方强势语言加到一块大约有 200 种。通过前述两大功能指标，"20/200" 的语言能力就能在这个分类体系找到根据。

人类现在一共有 7111 种语言，这是联合国教科文组织最近公布的数字，并不完全准确，其中包括盲文、聋哑语，还包括方言等。

有些方言是有野心的，特别有了文字系统、词典标准语和文学作品的方言，是最危险的。一旦地方上的政治权利达不到，就会制造分裂。比如香港把香港话叫作香港语，改用繁体字做标准，台湾把闽南话包装成台语，宣称是台湾人民使用的语言，以此作为借口谋求独立。所以，语言问题从来就是个政治问题。

大约在 21 世纪末，6000 多个小语种当中有 90% 会消亡，这是人类语言发展遇到的最大问题，有些语言还没来得及挖掘里面的财富就消亡了。除此之外，一些文化语言比如古希腊语、拉丁语、梵语、古叙利亚语、埃及文字、玛雅文字、甲骨文等等，也需要有人专门学习才能传承下去，因为它们影响着我们的文化，比如拉丁语、希腊语的影响都延续至今。

学术界有三大引文数据库，对中国和世界的影响都很大。一个是 SCI（科学引文索引）数据库，一个是 SSCI（社会科学引文索引）数据库，还有一个是 A&HCI（艺术与人文引文索引）数据库。在 SCI 数据库当中英语文本数量占比为 98.05%，汉语文本看着还不错，排在第四位，但占比只有 0.28%，二者根本不在一个数量级。全世界其他语言跟英语相比，总共只分摊了不到 2% 的比例。由此可见英语单一化达到了什么程度。社会科学引文索引 (SSCI) 数据库，学校评价老师经常会用这个数据库，其中英语文本数量也占到 96% 以上，全世界其他语言的文本数量占比不到 4%。艺术与人文引文索引（A&HCI）数据库稍微好一点，英语文本数量占 75.3%，第二位是法语，汉语文本数量在排第十位（0.26%）。

总结起来，世界三大引文数据库基本是这个情况：英文文本占绝对优势，前三个集团的语言文本（20 种左右）几乎涵盖了整个数据库。都说语言帮助我们发现新世界，全世界的语言看起来那么多，却只有 20 种语言在发现新世界，别的语言已经没有发现新世界的能力了，像越南语、缅甸语，就根本占不到比例。

从数据来看，对于中国要掌握 "20/200" 种语言能力的判断是重要的。但现在中国有这个能力吗？没有。中国最常用的外语语言除了英语之外，其他语种都比较缺乏。现在北京外国语大学能开设 101 种语言教育，是开设外语语种最多的高校。但多数语种几年才招一个学生，老师是硕士毕业，且没有学术文献。近几十年来，公民个人的语言能力飞速提高，多数是"三语通用"，即普通话、方言、英语。受到英语单一化的影响，虽然看起来高校有101种语言可开设，但我们国家的语言能力实际上还非常弱，最近40年都没有得到提高。围绕这个工作，北京语言大学高精尖创新中心专门启动了《万国语言志》的编写工作，要让全世界的每一种语言都有文本能保存下来。这个文本不是书面上的，而是语料库性质的，有录音有录像，可以复原这种语言的各种情况，起到语言保护的作用。我们把它称为语言领域的"海国图志"。

## 国家语言能力与领域的关系

一个国家的语言能力是分领域的，它不是很抽象的、统一的。有六大领域对一个国家很重要，简单讲一下这几个领域。

第一，行政领域的语言能力。我们需要国家通用语言，需要民族语言、方言，需要外语。中国到现在还没有完全统一，台湾地区以讲闽南话为主，围绕国家统一就需要大量闽南语人才。香港和澳门是两个特别行政区，要把特别行政区安定好就需要粤语人才。所以只讲普通话是不行的，方言在国家治理当中非常重要。中国还有很多少数民族，这些民族语言也需要有人懂。此外，还需要大量外语人才。

第二，外事领域的语言能力。现在不仅是外交中才有外事，内事当中也有外事。比如，北京语言大学所需要的语种工作能力可能比外交部还要多，因为有很多外国人在这里学习。此外，北京的望京地区已经成为一个韩国人的集中居住区了，广州的几个小街有很多黑人居住工作。随着中国的改革开放，很多外国人到中国来学习、工作、生活，更需要我们有很好的管理能力，好的管理能力首先就要有好的语言能力。

第三，军事安全领域的语言能力。现在的战争已经不是拼刺刀的时代，而是非接触的战争，特别是情报获取、信息制导已经成为战争中最重要的武器。美军的侦察机经常沿着中国的南海海岸线飞行，其主要任务之一就是做语音侦察。他要搜集中国飞机的特殊的声响、中国潜水艇的声音、中国主要领导人的声音等等。

美国现在提出，语言就是战备物资，特别是将计算机用于无人机，以及大量研制语言武器。比如说，微型武器非常小，把它投到城市的公共管道等地方，爆炸后你都找不到。网络上的信息安全也更是如此。所以，现代战争已经不是二战结束时的战争了，语言在国家军事安全里起的作用非常大。语言再也不是仅仅起个翻译的作用,而是有着提高军队力量的作用。

第四,科技教育领域的语言问题。什么叫科学?科学是探讨客观世界和人类社会的运行规律的认识宇宙的实践方法。什么叫技术?技术是一种发明工作,它是研究产品制造的系统的知识。过去认为技术无非是对科学的应用,现在看起来不是了。科学未必能指导技术的应用,技术本身都具有原创性。教育是将已有的科技知识传授于人,并且进一步培养科技探索人才的传承性工作。这些工作都需要通过语言来实现,通过语言来完成。

第五,经济贸易领域的语言能力。在这里面我只想说一点,这里的语言是产品成本的一部分,大约占产品成本的20%~30%。为什么?因为从开始规范标准的制定,买规范标准,到最后谈判、广告、售后一系列环节都需要语言服务。所以,当一个产品里面有20%~30%是语言成本的时候,那我们不禁要问,语言成本应该谁出?理论上应该是卖方出,买方不出,但中国一直都是语言成本的负担者,买东西的时候语言成本是我们出,卖东西的时候语言成本还是我们出,都是用英语跟别人谈判。我们不仅和美国的贸易是如此,面对全世界都是如此。进入到中国的产品,医疗用品的说明书,化妆品的说明书,都是英语的。

所以在经济贸易领域需要更强的语言能力。我们现在语言能力是不够的,中国的厂家走出去,但是去到的地方都是我们外语教育的薄弱区,甚至是外语教育的盲区。我们有一个词叫小语种,连法语、德语、俄语、西班牙语这么大的语种都叫人家小语种,最后是别人没小,小了自己的眼界,小了自己的事业。实际上人家一点不"小",非常"大",但是这套说辞使得我们现在这些语种人才奇缺。中国要走出去,中国的产品、中国的产业要走出去,都需要语言铺路。但是我们没有语言铺路,中国厂家走出去才会有一肚子辛酸史。外交外贸上需要很多语言方面的人才,我们现有的人才培养还远远不够。

第六,我们最关心的就是新闻传播领域的语言能力。从国家和人类、和世界的关系上来看,我觉得语言有三大作用。

第一个作用是人类利用语言去发现世界,也就是哲学说的,实践的边界就是语言的边界,语言帮助我们发现世界。科学家在思考问题的时候是在利用语言去思考,成果出来之后也要通过一定的语言来表达。现在只有英语占着科学领域最大的份额,汉语还能用来发现世界吗?我们使用中文思考可以,但是得用英文去发表,这对我们这个民族,对我们的科学,都是不利的。

第二个作用是当世界被发现之后,要用语言去描述世界。科学是在发现世界,新闻舆论是在描述世界。除此之外,谁还有资格描述事件?全世界只有200种语言有描述世界的资格,其他的几百种上千种语言只能转绘。

第三个作用是当世界上多数语言都不再具备适应世界的能力时，语言是帮助我们来适应这个世界的。最近有一个研究非常有意思，讲的是帕金森病患者在身体活动出现问题的时候，谈话时在处理相关动词的时候也发生困难。科学家发现，在人类的大脑皮层里，哪个地方管着名词，哪个地方管着动词，哪个地方管跳，哪个地方管跑，这叫作具身语言学。由此可见，人和动物最大的不同是，我们做任何行为的时候都有一个语言系统在背后支撑着我们，用内部语言来帮助我们思维、指挥我们行动，动物不可能有这样的习惯。所以，我们正常人最大的好处是我们在做任何事、思考任何问题的时候都有一个足以支撑我们的语言系统，叫内部语言能力。这个观点逐渐在形成，叫具身语言学。比如我们训练帕金森病人的时候，通过让他的语言康复也能对他的身体康复起作用。

所以我们原来只把语言当作一种交际工具，实际上不是。你做任何动作的时候整个语言系统都在活动。如此看来语言是在帮助我们适应整个世界。一方面用知识储备帮助我们适应历史的经验，另一方面和现实互动，"走神"就是语言和思维跑到另外一个地方去了。

语言和世界的功能，我总结为帮助人类发现世界、描述世界、适应世界。在描述世界层面，新闻舆论起着很大的作用。世界是什么样子？美国大选究竟什么样子？我们从哪儿知道的？是新闻舆论告诉我们的。

新闻舆论在告诉我们人类是什么样子，人类的世界是什么样子。现在世界一体化，整个世界充满了英文的信息。70%以上是英语在描述世界，汉语顶多是转绘，人家描述之后，你再按照中国的意识形态转述一遍。我们生活在新闻舆论描绘的世界上。语言能力是新闻传播的关键能力。从这个意义上来讲，语言能力也会影响我们的判断。

## 新闻传播领域的语言能力

新闻传播领域的语言能力，我觉得主要表现在两个方面。

第一，设置舆论话题的能力。在全世界范围内，多少话题是我们设置的？现在中国人不挨饿了，但是挨骂。疫情期间，我们把口罩等医疗物资运到国外，他们还骂我们。怎么样能使我们在国际社会上不挨骂，新闻媒体承担着重要的责任。

我们现在没有主动设置话题的能力，基本上都是别人批评我们一下，我们反驳，别人又批评我们一下，我们再反驳。别人矛来了，我们用盾去挡，我们没有主动出过矛。所以设置话题的能力是中国新闻界语言能力、综合行为能力最重要的表现。我们可以做一个世界有多少重要话题的统计,这些话题是哪些媒体提出来的,通过这个检验媒体的能力。

第二,话语权。新闻传媒领域的语言能力主要表现在设置话题的能力和说话能不能令人信服。设置话题的能力本质上在于有没有独到的见解、有没有思想、有没有把握人类社会发展的规律、有没有凝结出社会所关心的问题并提出解决方案,我觉得这个特别重要。语言说到底就是思想。

那么怎样才能有思想?我觉得新闻工作者不能只研究话术,更重要的是要研究话题。只懂新闻是不够的,必须在某个问题上成为专家。全球治理问题、人类命运共同体问题、一带一路问题、环境保护问题、反恐问题、扶贫脱贫问题等等,还有一些社会问题,比如说生命问题、死亡问题、老龄化问题、中国人口问题等等,你对这些问题要有深入的调查和研究,你才有发言权,否则你说不了话,必须深入到相关领域,深入调查研究,成为专家,才能争取到话语权。

从语言学的结构来说,新闻界应该培养"新闻+领域+话题"这样的专家。每一个新闻记者都有很好的研究领域,在写文章在说话的时候就会不一样。我知道谢国记老师来给大家讲过课,他对于弱势群体很关心,他提出了很多问题,对很多问题都有研究,他最近对黄河感兴趣,就研究了黄河从古到今的历史,看了很多的书。

我们把语言从功能上分两类,一类叫通事,一类叫通心。我在《人民日报》发表过一篇文章叫《一带一路需要语言铺路》,讲到中国要利用其他语言从事国际交流,更要重视用中文进行舆论传播,不能因为中文在国际场合使用的人比较少,我们就放弃中文的作用。中国要想获取世界的舆论话语权,还要等到在世界上有地位才行。现在俄罗斯又制定了一个新的法律,是关于加强俄语的世界传播的法律,普京非常清楚,他如果不干预的话,俄语在世界上就没有多少人用了,往后俄国人的地位就更低了。这一点我觉得是很多中国人没有意识到的,我们现在都是把中国的书籍翻译成外文去讲中国故事,没有意识到用中文讲故事的重要性。《人民日报》(海外版)从创刊至今一直用中文出版,我觉得是非常了不起的。

发现世界的语言、描述世界的语言和教育世界的语言都是英语,英语之外的人类语言还怎么办?中文还怎么办?我们今天讲四个自信,但整个语言的较量场不在国内,不在一个地区,而是在整个国际和网络这两个世界里面。所以我们要放眼全球,看一看中文描写世界的作用还有多大?还有多少空间?人类还留给我们中文多少年的时间?我们中国人利用这些时间该做什么事?

另一个问题是如何获取话语权,我们设置话题的机会和能力究竟有多少。

设置话题是两个方面，一个是能够设置话题，是说话有影响，通俗来说，就是说话有人听，听了能理解，理解还要能信，这个信不是一般的迷信，是要信了之后还能跟你说。如果有一天这些都能实现，那就是我们新闻舆论的语言能力很强的那一天了，我觉得有希望，当然还需要国家的发展，需要文化的振兴，需要有世界的理念，有世界的眼光，需要不断地创新思想、创新教育，让中华民族为人类做更多的贡献。

语言学院应该提倡什么？不要光研究名词、动词、形容词，还要研究怎么说话，研究话题，只有研究这个，语言学才能对别人有用。中国的语言学是一个很古老的学问，但是对相关学科没有穿透力。语言学应该有三个力：第一是对相关学科要有穿透力；第二是对社会大众要有影响力；第三是对学科本身要有建构力，能够让研究的问题学科化。我们在讲这三种力，其中语言学从语言研究向话语研究的转向，是我所提倡的。

今天首先讲了语言能力，特别是国家的语言能力，是指能够解决海内外事务所需要的语言能力。接着讲了语种能力，大量的事实表明中国需要 20/200 种的语言能力，20 种用于获取世界信息，200 种用于向世界讲中国故事。接着讲了六大领域的语言能力，其中新闻领域的话语权主要是指设置话题的能力，和说了话能够有人信有人听有人跟着说，也就是令人信服的能力，这两个都是我们比较缺乏的。

其他的语言能力我觉得都是次要的，怎么把话说好说通顺是次级的语言能力。更高的语言能力是说了话能够影响人类，影响世界，使我们的新闻能够帮助全人类来描绘世界是什么样子。现在被描绘的这个世界是一个被歪曲了的世界，是一个英语描写的世界。很显然，即使再公正，也是受了语言的歪曲。语言之间的差别很大，什么时候能让中文来描写世界，让全世界人受益？当然，我们也希望中文能够让全世界在发现世界、描绘世界和适用世界这三个方面都能起作用。

今天有些问题讲得比较宏观，不一定正确。我觉得科学性跟正确与否没有关系。正确是一个价值观的判断，科学是一个逻辑判断，它只能更加片面性地深入地发现问题。

# 终篇：全球传播的新视阈与中国对外传播的重新定向

主讲人：史安斌
时间：2012年12月27日

> Whoever controls the entrance of global communications will control the globe.
> ——Rupert Murdoch, Founder of the News Corporation

今天我们要讲的是全球传播，首先要从默多克的这句话开始。当时他还是澳大利亚一家地方性报纸的总裁。他在二十世纪七十年代已经预见到了这一点。"谁掌握了传播的入口，谁就掌握了整个世界。"与之类似的更早的表述，就是我们的毛主席，他老人家在1955年批示，"新华社要把地球管起来，让全世界听到我们的声音。"在当时的历史条件下毛主席就提出了这样一种远见卓识。所以我今天用了一个词——视阈，对应的英文词是vision，它既是你能看到的现状，又是带有预见性的愿景。

受历史条件限制，毛主席提出的宏伟愿景在他的时代并没有变成现实。而默多克则借助二十世纪八十年代以来兴起的全球化的"东风"，建立起了"新闻集团"，这是一个横跨四大洲（欧洲、亚洲、北美洲、大洋洲）的"传媒帝国"，号称覆盖了除中国大陆以外的全世界57亿人口。

世界对中国的"期待视野"开始发生变化，一个重要的标志就是从2007年的达沃斯峰会开始。这一年的主题是：中国需要一个什么样的世界？我们的代表团团长到了现场就非常惊讶，说这个是不是写错了，一直都是在讨论"What kind of China does the world need（世界需要一个什么样的中国）？"达沃斯峰会的主办方说：没有错，因为中国已经崛起了。当时，我们中国人还没有意识到这一点，但全世界已经对我们有这样的一个期待了。这个期待到2008年达到了顶峰，就是北京奥运会的成功举办和接下来发生的金融海啸把中国的崛起提前了5—10年。我们今天要探讨的正是中国自身的变化与全球传播的变化之间究竟有哪些关联。

今天我主要讲三个问题：首先是梳理一下从国际传播到全球传播在理论和概念层面的演进脉络，我把它概括为三个"全"；其次从实践层面上界定全球传播的新视阈，我把它概括为三个"拓展"；最后回到我们自身的实践，探讨一下中国对外传播的重新定向，我把它概括为三个"看"。

## 从国际传播到全球传播：三个"全"

从概念和理论层面上看，国际传播与全球传播是完全不同的两个概念。国际传播（international communication）是"冷战"时代的产物，它指的是以民族国家为单位的信息流动，比如美国之音（VOA）就是一个是比较典型的国际传播媒体。你问任何一个美国老百姓，他们几乎都不知道什么是VOA，因为他们都从来没有听过。其实他们想听也听不到，因为他们买不到短波收音机。在美国，无线电接收设备是受到严格管制的。中国也一样，很多人没有听说过中国国际广播电台，原来叫RADIO BEIJING，现在叫CHINA RADIO INTERNATIONAL。

到了全球传播的时代，信息传播变成了共时性的流动。在国际传播的时代，我们还讲"内外有别"，客观是也存在着时差。但全球传播时代这些差别都没有了。所谓"全球传播"是指信息、符码、观念及意识形态在全球范围内进行的跨越民族、国家边界的共时性流动，它不同于肇始自冷战时代的，以民族国家为核心，遵循"内外有别"原则而进行的"国际传播"。

在互联网高度发达的今天，尽管出现了全球传播的现象和趋势，但为什么说它仍然是一个愿景呢？因为这不是真正意义上的全球传播，它仅仅是在全球范围的信息流动，传播的主体仍然没有实现全球化。我们只听到两个国家声音最大，就是英美的几个主要的English Media。当然，英语媒体的声音也最大，其他国家、其他语言的媒体声音都很小。所以，全球传播仍然处于"两国传播"或者说"英语垄断"的格局。

但是我们必须看到，实现全球传播的条件已经基本成熟。我曾经用三个"全"字——"全球、全民、全媒"——来概括当今新闻传播的发展趋势。首先，从理念上来说，全球传播符合我们当今时代思潮的主流，具体来说就是"文化相对主义"。现在我想任何一个大学，无论在中国还是美国，我们都认同这样一个"多元文化"的观点。同学们会说，这有什么奇怪的？现在大家都会这样认为，但是我给你举一个例子你就会明白。这幅地图在二十世纪八十年代还出现在澳大利亚、新西兰的中学课本里，大家一看：呀，中国没了，到哪儿去了？

人家澳洲人说，谁规定的"上北下南"？为什么澳洲要在世界地图的下方？我就要倒个个儿——"上南下北"，让澳大利亚和新西兰在世界的上方，在世界的中心。

其实"中国"的命名也体现了这样一种思路。我们叫 Middle-kingdom，那是自己说的，别人不承认。这个思路就是民族主义，或者是更为激进的"种族中心主义"。这种思路在冷战时候达到了顶峰，到二十世纪八十年代，文化相对主义兴起，种族中心主义被逐渐抛弃。所以现在澳大利亚、新西兰的课本里不能再用"上南下北"的地图，而是与其他国家一样要统一使用墨卡托版的世界地图。

我们说，从爱国主义到民族主义再到种族中心主义，属于同一个意识形态的谱系。爱国主义无可厚非，理性的民族主义也可以接受，每个人都以自己的国家、民族和文化为荣，但种族中心主义就走向了极端，认定别的文化都是低下的、劣等的，而自己的文化则是优越的，甚至于要消灭其他的文化，保护文化的"纯洁性"，它的极端表现就是希特勒时代。现在，大家接受的是文化相对主义，文化相对主义是我们要站在异文化的视角来看待自我，看待他者。

我给大家举一个例子，2005年《纽约时报》网站第一次出现以中文为标题的报道，这就是记者运用文化相对主义的一个典型案例。当时，西方媒体竞相报道"中国世纪的到来"，姚明和章子怡分别上了《时代》和《新闻周刊》的封面。《纽约时报》这位资深的驻华记者纪思道（Nicholas D. Kristof）独辟蹊径，别人写的都是中国走向世界的一面，北京，上海，香港，姚明，章子怡……他却聚焦开封，题目是《从开封到纽约，辉煌如过眼烟云》。

这篇报道体现了文化相对主义的精髓，那就是站在两种文化的交集处看待彼此，从美国看中国，再从中国反观美国。当然，做到这一点是基于记者对中国历史和现实的深厚积淀，否则他不会选择开封。别人在看北京、上海，他为什么看开封呢？因为他从开封看到了纽约，开封在1000年前就是世界最繁华的都市，相当于今天的纽约，现在开封则是中国一个普通的中等城市。

这篇报道的核心就是站在一个跨文化的视角看待历史和现实。所以纪思道说，纽约人不要得意，1000年后，你也许就是今天的开封。所以他引用了莎士比亚的名句——"辉煌如过眼烟云"，这就是记者本人的高度。他运用文化相对主义的视角，获得了这样一种 vision，就是"视阈"，它既是当下存在的现实，又代表着未来发展的趋势。

其次，从实践层面来看，全民传播为全球传播的实现提供了广阔的平台。在社交媒体高度发达的时代，人人都是记者，人人都有麦克风。新闻、信息和观点的传播不再被少数人所垄断,每个人都有参与新闻传播的机会,这也是全球传播的要旨之一。

第三,从介质层面来看,全球传播需借助全媒体来实现。"媒体"这个概念,现在的定义越来越广泛,过去我们说报纸、广播、电视是媒体,现在几乎所有的介质都可以成为媒体,所有的媒体机构都动用了各种不同的传播手段。《纽约时报》70%以上的收入来自互联网和数字产品,"报"的概念越来越淡化了。

全媒体的普及意味着媒介技术的飞速发展。所谓 SoLoMo——social, local, mobile,这是媒体传播发展的总体趋势,它变得越来越社交化,越来越本地化,越来越移动化。给大家说一个有趣的事实:非洲在媒体的更新迭代上一直处于落后地位,只有4%的人可以用上互联网,因为宽带的费用太高了。所以,你怎么讲全球传播也没有用,因为非洲参与不进来。但是移动媒体发展起来后,非洲已经有60%的家庭拥有手机。非洲可以越过宽带的阶段,直接进入到 SoLoMo 的时代。因此,是移动媒体的普及使得非洲人民参与全球传播成为可能。

## 全球传播的拓展(1):由西向东、由北向南

概念和理论的演进使得传播实践也发生了深刻的变化,我把全球传播在实践层面上的发展变化概括为"三个拓展"。首先是由西向东,由北向南的拓展。这更多是从全球地缘政治的角度来说的。我们这里说的"西方""北方"代表的都是富裕地区,发达国家;"东方""南方"则是相对贫穷的地区和落后的国家。中国大体处在这样的地缘政治格局的中间地带,所以从这个意义上说,中国还真是一个 Middle-Kingdom,处于 Global North 和 Global South 的一个交界地带。

还有一个类似的说法是英国文化研究的奠基人斯图尔特·霍尔(Stuart Hall)提出的,即西方与其他地区的对立(the West vs. the Rest)。在国际传播时代,我们经常讨论的是 Westerization(西方化)的概念,因为以美英为首的西方国家是新闻传播的主体,但在当今全球传播的时代,我们讨论的是 Resterization,即西方以外的其他国家和地区的兴起。例如,大家熟悉的 G20,金砖五国,还有 Chindia(中印一体),ChiAfrica(中非一体)等概念,这都体现了全球地缘政治格局的变化。

国际传播的时代,世界上主要的新闻媒体几乎都来自西方,集中于美国和英国,所以英国知名学者达雅·屠苏一针见血地指出,无论国际秩序和媒介生态如何变化,一个永恒的母题是:全球信息和娱乐产业主要由少数几个西方国

家和来自这些国家的大型跨国公司所把持和掌控。从电报时代的马可尼到互联网时代的微软，我们可以看到一条清晰的演进路径，不论是将电缆铺遍世界，还是通过网络创造一个虚拟的赛博空间，这一母题从未改变。

进入全球传播的时代，全球新闻与信息的流动呈现出自西向东、自北向南的拓展。换言之，长期以来垄断全球新闻传播体系的、政治经济实力更为强大的"西方"与"北方"正在遭遇"其他地区的崛起"（the rise of the rest）这一趋势的挑战。与之相应，由美英两国媒体"双重垄断"的国际传播格局正在被改写和重组。在这一过程中，中国和印度的表现最为引人注目。当今世界上发行量最大的英语报纸不再是《泰晤士报》或《纽约时报》，而是日发行量超过300万份和拥有千万固定读者的《印度时报》。卡塔尔"半岛电视台"、伊朗"波斯电视台"（Press TV）和拉美国家共同开办的"南方电视网"（Telesur）与中国的"中央电视台"（CCTV）一道都成为全球电视新闻领域中不可忽视的力量。

从我国的情况来看，自2009年以来，国家有关部门对新华社、《人民日报》、中央电视台、中国国际广播电台、《中国日报》和中国新闻社六大中央级媒体加大投入力度，对已有的媒体资源进行优化整合，开办了一些新的媒体平台。其中，中央电视台的海外记者站点数量已达70个，包括2个海外分台（还有2个正在建设筹备中）、5个区域中心站和63个驻外记者站，数量在全球电视媒体中位居首位，基本完成了由"本土媒体"向"全球媒体"的转型。新华社在原有120多个海外分社的基础上又增设了近50个分社，目前在境外设有180个分支机构，数量居各大通讯社之首。《人民日报》的海外驻站数目在全球报业机构中首屈一指，在Facebook等社交媒体平台上的活跃粉丝数量也大幅增长，截至2015年6月已达到460万，仅次于《纽约时报》。

媒体国际话语权的提升促进了中国国家形象和声誉的整体改善。据美国Pew民调中心2015年6月发表的报告，在亚洲、非洲、拉美地区民众中，对中美两国持正面评价的比例，美国领先中国10个百分点左右，这个差距较前几年有了显著的缩小；在中东地区，中国则领先美国近30个百分点；但在欧洲，美国仍然领先中国近30个百分点。这充分说明，我国媒体利用新一轮全球传播秩序重组的契机，初步实现了国家形象的改善和媒体自身的转型。

过去中国媒体除了少量外聘专家外，必须是中国公民才能够入职，现在央视北美分台雇员的本地化比例达到了90%。除了国际台、《中国日报》等老牌外宣媒体外，《人民日报》、中央电视台等主流媒体也抓住了全球传播的机遇，在技术、人员、机构、定位等方面实现了全方位的变革，除了刚才讲的向"全球媒体"转型之外，还有进一步推动了全媒体平台的建设。仍以央视为例，2011年5月29号"国际视通"正式开通，这是央视要打造国际视频通讯社的努力，毕竟央视节目的海外落地不可能这么快。我到美国的时候到处找CCTV，终于找到一个公寓有CCTV，后来才知道，原来CCTV就是闭路监控电视。所以CCTV到美国落地时有认知上的问题，因为人家认为CCTV是闭路监控电视台，我怎么会花钱去定这样的一个频道。因此，打造视频通讯社能够摆脱这种刻板印象所带来的不利影响，是央视扩大海外影响力的一个新的渠道。

## 全球传播的拓展（2）：自上而下，从中心到边缘

从新闻信息生产和流通的机制上看，全球传播呈现出自上而下、由中心到边缘的拓展。传统的新闻生产和传播机制是以报纸、通讯社、广播、电视、互联网等媒体形式来分别展开，主要以国家或政府主导的国际媒体机构和专业媒体人为生产主体，普通读者、听众和观众是以"沉默的大多数"的身份处于被动接受的一端。在社交媒体时代，普通民众参与的"众包"机制已经成为新闻生产的"新常态"。近年来震动西方政坛的"维基泄密"（Wikileak）网站就是这种趋势的典型代表。更为引人注目的是，这种以关系为导向的信息流动还能够产生"联结效应"，从而将线上的舆论交锋转化为线下的集体行动。无论是"占领华尔街"还是"阿拉伯之春"，都体现了社交媒体对中下层和边缘弱势群体的强大动员力量。

我们再通过几个例子来看一下这种"拓展"所产生的影响。首先是传统媒体的话语权和把关权的式微。顺便说一下，传统媒体，英文所对应的叫作legacy media，不是traditional media，因为legacy这个词是说这些媒体本身已经拥有非常强大的品牌，比如《纽约时报》。奥巴马两次竞选美国总统，《纽约时报》在选情最紧要的关头公开发表声明力挺奥巴马，对他的胜选起到了至关重要的作用。这就是《纽约时报》的legacy。但是，社交媒体时代靠《纽约时报》的影响力已经远远不够了。奥巴马搞"医保改革"，得到包括《纽约时报》在内的多家主流媒体力挺，但在社交媒体兴起的今天，反对派可以动用网络草根媒体的力量来与传统媒体抗衡，反对派把奥巴马搞医保改革与当年希特勒上台初期的政策相提并论，甚至制做奥巴马和希特勒的"合脸图"，在网上广泛流传，影响民意和舆论走向，干扰了医保改革的顺利推进。

刚才提到的"维基泄密"网站也是典型的例子，该网站披露了很多秘密文

件，尤其是美国政府的外交机密，在美英等西方国家的政坛掀起了轩然大波。创始人阿桑奇很聪明，他为网站设计了一个口号——Keep us strong, us 这个词既可以理解为"我们"，又可以理解为"美国"。他说，我从来没有反过美国，因为我这样做就是让我们大家更强大，让美国更强大，否则美国就完了，被这些政客们搞垮了。因此，他为自己赢得了道义上的支持。

当然，"维基泄露"不是真正意义上的新闻媒体，确切地说它只是一个信息平台，这里我要和大家推荐的是一个值得大家去研究的"另类媒体"（alternative media）——"为了公众"（Pro Publica），这是第一家获得普利策奖的网络媒体机构，这是由一些传统媒体的记者和编辑在基金会的资助下共同兴办的一个调查新闻网站。由于做调查新闻成本过高，现在传统媒体都不愿意做，另类媒体找到了新的新闻生产方式来弥补这个不足。例如，"众包"机制和大数据技术的采用。这是 Pro Publica 最近做的一个项目，其中一个点击率很高的而且很有影响的栏目叫 Free the File，有点像"维基泄露"网站，但它做得更为专业和规范，就是把一些不太容易获得的政府的数据和文件让网民能够下载、评论。比如说，我们要调查美国大选期间两党在各地投放的竞选广告的数字，如果按照传统媒体生产方式，这是一个耗资非常巨大的项目，因为首先要先派调查员到各个地方去，然后还要做很多琐碎的工作，因为美国竞选广告的投放不在全国性的媒体，而是在地方媒体。如果按照过去的生产方式，传统媒体不愿意做，因为耗资太大，但这个工作由另类媒体采用"众包"机制来做，成本相对比较低，而且还非常准确，因为网站有专业核实的机制。因此，无论从新闻的深度和广度来讲，Pro Publica 这样的另类媒体已经全面超越了传统媒体。

我们再来看一个案例：美国全国公共广播电台（NPR）——"一个人的国际新闻部"。在社交媒体和大数据当道的今天，国际新闻的生产和制作不需要向全世界派出这么多的驻外记者，其实一个人就够了。为什么近年来美国主流媒体纷纷裁撤海外驻站机构，一方面是由于银根紧缩，金融危机造成美国媒体在资金投入时的困难；另一方面就是他们找到了替代的方式。例如，NPR知名的微博记者安迪·卡尔文（Andy Carvin），他的成名作就是"卡扎菲之死"。有趣的是，他并没有在现场，他甚至都没有离开美国，他就在"一个人的国际新闻部"里敲键盘。他在世界各地有很多"线人"，大家可以看到他面前有三台电脑，屏幕上有一个个的小头像，这些都是他的合作伙伴，这些"线人"都是经过他非常严格的筛选，在全球各地寻找的具有一定专业素质的公民记者，通过跟他们的互动和及时沟通，就完成了这个"互动新闻"（interactive journalism）。以上这些新的变化和典型案例都体现了全球传播向下拓展、向边缘拓展的趋势。

## 全球传播的拓展（3）：由扁平向纵深

从信息的内容和品质来看，全球传播呈现出由"扁平"向"纵深"的拓展。在社交媒体日渐普及的今天，传统媒体在新闻报道的广度和速度上逐渐失去了竞争的优势。回顾传统媒体当道的时代，"9·11"事件、伊拉克战争这类"扁平新闻"曾经是 CNN 和半岛电视台等媒体的"独家专利"，但是现在第一个报道"阿拉伯之春""卡扎菲之死"等重大新闻的已经不是专业媒体记者，而是普通的"民众记者"。因此，在"人人都是记者"的时代，我们更加需要的是"纵深新闻"，即对新闻主题的深度挖掘和阐释及更为专业化、精准化的信息生产。在此背景下，"大数据新闻""可视化新闻""虚拟现实（VR）新闻"等新的品类应运而生，逐渐成为专业媒体在数字化时代的核心竞争力及其品牌价值所在。

《扁平世界新闻》（*Flat Earth News*）是英国新闻学者尼克·戴维斯（Nick Davis）的名作，已经被翻译成中文出版，但我不知道是不是译者和编辑觉得这样的书名太专业，卖不出去，于是给改成《媒体潜规则：英国名记揭秘全球新闻业黑幕》。其实作者在书里讲的并不都是新闻业的"潜规则"和"黑幕"，他重点讲的是全世界媒体出现的这种"高度同质化"的新闻。比如伊拉克战争期间，美国国防部给全世界媒体提供了 350 万字的新闻稿、2 万多分钟的视频新闻素材，导致大家听到的都是美国的一面之词，甚至是"伊拉克拥有大规模杀伤性武器"这样的谎言。这种"扁平新闻"实际上就是一种变相的"新闻管制"，当然美国五角大楼给它起了个很好听的名字，叫作 News Management——新闻管理。希望大家看看《媒体潜规则》这本书，里边有大量的案例，全球新闻媒体充斥着这种"扁平新闻"，让有识之士感到担忧，其背后有利益操纵者，影响了媒体的独立性。

新闻界还有个形象的说法，这种"扁平新闻"的特点是 something about everything，而在社交媒体和大数据的时代出现了一种"纵深"新闻，everything about something，与"扁平新闻"形成了鲜明的对照。换言之，我们更需要的是对新闻意义的深度挖掘和阐释。我们还是来举一些例子。这个网站特别推荐给同学们关注一下，它是由美国西北大学 Medill 新闻学院和工程学院跨学科的合作成果，主要是指导公民记者如何报道科技新闻。这个网站叫作"NARRATIVE SCIENCE"（叙事科学），它的口号非常明确：We Transform Data into Stories and Insight. 他们所做的就是要把数据变成大家喜闻乐见的故事和洞见，换言之，他们做的就是"纵深新闻"。

从新闻伦理的角度来讲，"纵深新闻"也是具有进步意义的，有利于信息的公开和透明。如果现在再来一次伊拉克战争，通过"扁平新闻"来搞"新闻管理"肯定是行不通的，因为2003年的时候我们还没有微博，没有这种所谓的"全民传播"机制，所以那个时候五角大楼比较轻易地做到了通过"扁平新闻"来同化舆论，但是现在基本上做不到了，因为"纵深新闻"的出现消解了操控新闻舆论操控的可能性。

"纵深新闻"的另一种表现形式是"利基"新闻。"利基"是一个营销学上的术语，它原来是指牧师办公室里储存教友信息的一个个小抽屉——壁龛（niche），音译为"利基"，被用来形容"精准营销"的理念。现在将这个理念引入新闻生产，用来满足精准化的分众传播的需求。有一个新闻网站叫HOMICIDE WATCH D.C.，这是《华盛顿邮报》用大数据技术将新闻档案进行"二度开发"制作的一个利基新闻网站，它提供了美国首都华盛顿最近20年来发生的所有杀人案的详细信息，你去华盛顿旅游、租房可以随时查询到某个街区是否安全。

此外，"纵深新闻"的生产结合了各种新技术来提升用户的体验。例如大家熟悉的"可视化新闻"就是运用大数据和"信息视图"（infographics）技术，而新兴的"虚拟现实"（VR）和"增强现实"（AR）技术也被运用进来，让受众获得身临其境的体验，这方面的论文大家可以到我的微信公众号（@清华全球传播）上查询一下，我就不展开讲了。

## 从客观新闻学到对话新闻学

以上从实践的层面上树立全球传播的三个"拓展"，下面我们再探讨一下全球传播的变化在重构新闻学理论上的意义。大家有兴趣的话可以查找一下我的另一篇论文，《从"客观新闻学"到"对话新闻学"》，以此来从理论层面上阐释全球传播的变局。从哲学溯源上来说，从"客观新闻学"到"对话新闻学"的变化反映了从现代性向后现代性的演变；从实践层面来看，从"客观新闻学"到"对话新闻学"体现了媒体形态上的变化，就是从印刷媒体到电子、数字媒体的演进。

大家学过的新闻学最基本的理念实际上来自"客观新闻学"，比如说新闻要客观、公正、平衡，记者要保持相对独立，这个概念在社会学上叫"外化"，即"外化"于各种报道对象的影响。新闻文本具有唯一的、正确的意义，来源于权威性的信源，新闻报道的首要功能是传递信息和告知公众。

"对话新闻学"则主张新闻报道不是一个单向传递的结果，是沟通对话的产物，也是不同话语和立场相互冲突与协商的结果。刚才，我给大家举的奥巴马"医改"的例子就是这样，今天任何一个新闻事件实际上是不同的立场、不同的话语相互协商和沟通的结果。过去《纽约时报》发一篇社论就能够助力奥巴马胜选，但现在对"医改"可以有完全不同的解读，反对派甚至借此攻击奥巴马与希特勒"撞脸""同体"，这就说明全球传播领域的变化也引发了新闻理论的变化。

"对话新闻学"让人看到的是新闻事件的过程，相比之下，"客观新闻学"让人看到的是结果。美国知名新闻学者、国际传播学会（ICA）前主席芭比·赛里泽（Barbie Zelizer）教授最近出了一本书叫《濒临死亡》（About to Die）。她告诉我们，依据"客观新闻学"的理念，新闻呈现的是死亡的结果，呈现的是肝脑涂地、血流成河、尸体横陈，但是依据"对话新闻学"的理念，你看到的是 About to die，这个人究竟怎么死的，这个人在死前最后那一刻的表现往往更有震撼力，它强调的是新闻过程的呈现。

从哲学渊源来看，"客观新闻学"秉承的是以启蒙为核心的现代主义传统；而"对话新闻学"则是后现代主义思潮在新闻学、大众传播学或媒介研究领域的衍生品。从实践意义上看，"客观新闻学"体现的是以文字为核心的印刷媒介的"单向度"新闻生产，是以印刷媒介为核心的；但"对话新闻学"强调的是电子和数字媒体的新型传播生态，解决的是"人人都是记者"这样一个时代，新闻生产成为双向沟通乃至"多音齐鸣"的传播过程中面临的种种问题和挑战。

从哲学意义上，"客观新闻学"把记者和采访对象之间的关系定义成为"吾牠关系"（I-it relation），就是我和牠，这是一个有层级的限制，我用了一个大家不太认识的"牠"来写，这是异体字，就是英语中的"it"，我们通常用的是"它"，但这里面代表了一种等级制，一个是主体，一个是客体；一个是人，一个是动物，都有一个等级制在里面；但"对话新闻学"是"吾汝关系"（I-thou relation），而且不是我你，是"吾汝关系"，向对方表达尊敬，所以你们看这种文明程度比较高的语言中都是有区别的，有敬称。法语中"你"有两个词，一个是"tu"，一个是"vous"，英语中只有一个"you"，所以他们就没有法国人那么文雅，中文同样如此，"您"和"你"还是有区别的，所以实际上"对话新闻学"当中记者与采访对象之间是一种平等关系，如果不是尊重的关系，至少也是平等的关系。

按照客观新闻学的理念，记者应该独立于外部环境之外。而"对话记者"更多是参与式的观察者。"客观新闻"大量的信源主要来自所谓的官方、精英、权威，这就导致了它立场单一，所以为什么说全球传播有个"向下"的拓展，因为在传统的"客观新闻"当中更多体现的是精英和上层社会的立场；但"对话新闻"传递的是来自草根、边缘群体的声音，强调的更多是不同意义之间的角力。我想强调的是，全球传播的变局不单单是实践层面的"拓展"，同时也必然带来传统新闻观念和理论层面的变化。

## 我国对外传播的重新定向：三个"看"

在全球传播大变局这样一个背景之下，我国媒体面临着新的机遇与挑战。前面已经介绍过，2009年起中央启动"加强媒体国际传播能力建设"的工程，六大央媒获得了较大力度的支持和投入，推动了我国媒体走出去，在一定程度上提升了国家形象和软实力。

在此，我要特别强调一下，中央的这个决策与国际的大背景和新闻传播领域的一些重大议题是紧密相关的。例如，"建立国际信息与传播新秩序"，同学们学过传播学史就应该知道"NWICO"，就是"New World Information and Communication Order"，二十世纪六七十年代"传播学之父"施拉姆就提出来了，但是这始终是一个美好的愿望，因为美国不接受NWICO。现在有了这个可能性，因为中国已经成为全球传播体系中不容忽视的重要力量。2015年全球十大互联网公司中，美国有六家，中国有四家，现在的赛博空间中有"狼牙"与"蝙蝠"两大联盟，前者是FANG（脸书、苹果、奈飞、谷歌），后者是BATJ（百度、阿里巴巴、腾讯、京东），中美共治网络空间的物质基础业已形成。

在此背景下，NWICO又被旧话重提。2011年6月，时任新华社社长的李从军同志写了篇构建国际传播新秩序的文章，在美国《华尔街日报》上发表了，但他没有使用"NWICO"这个概念，而是使用了"媒体联合国"（United Nation of Media，UNM）这个更为符合现状的概念。他说，建立更加公正、合理的全球传播秩序，应该像联合国一样，大国小国都有一票，也会有常任理事国和观察员，至少每个人都要有参与的机会。从这个意义上说，UNM与NWICO的理念是完全相同的。因此，我们推动的"传媒走出去"工程不是一个单纯的国家利益行为，它实际上跟世界性的议题息息相关。

这个"传媒走出去"的工程被西方媒体称为"Charm Campaign"——魅力

战役。这个"魅力战役"具有两面性：一方面，西方媒体强调这是一种 Charm Offensive——大规模的"魅力攻势"；另一方面，我们中国人认为这是一个 Charm Defensive——"魅力守势"，实际上我们是带着防守的心态，因为过去我们中国没有一点声音，所以总是被"妖魔化"，现在发出了一些声音，但还是被动防守的姿态，并不是主动出击。

关于"魅力攻势"，西方媒体最关注的就是"孔子学院"。截至 2015 年底，我们已经在 134 个国家和地区建立了 500 所孔子学院，1000 个中小学孔子课堂，学院学生总数达到了 190 万人。有人说，孔子学院已经成了中国的"第二外交部"，每年向全世界派出的孔子学院院长将近 1000 人，派出的教师近万人。这么一个庞大的队伍派到全世界去，人家当然要说你是 Offensive 了。孔子学院的法定代表人是国家汉办主任，这是教育部的一个厅局级岗位。因此西方媒体和知识界就在这些方面大做文章，把孔子学院说成是"魅力攻势"的典型代表，甚至是一种"文化侵略"，鼓动他们所在的大学或中小学学区拒绝孔子学院的进入。

"孔子学院"遭遇的"舆论战"促使我们重新思考我国对外传播存在的一些"短板"，我把它概括为四个方面。首先，近年来，我们在推动对外传播"走出去"工程的进程中，在战略部署和实际操作层面过度关注欧美中心的目标市场和受众，忽视了"西方路灯光影以外的世界"，即过去所谓的"第三世界"国家，其中问题比较突出的是忽视了主动与对我国具有特殊地缘政治意义的一些周边国家和发展中国家进行有效的沟通和互动。

这方面比较突出的例子是 2011 年夏天越南首都河内在 10 周内出现了 9 次较大规模的反华抗议示威；还有 2012 年春菲律宾一些反华势力利用"黄岩岛争端"组织的全球示威活动。在这些示威活动中喊得最多的口号是"停止来自中国的欺凌"，这个口号对于我们这样一个在历史上深受西方列强"欺凌"的国家而言具有一种反讽意味，如果联系到我们与这些周边国家在血缘和文化上的联系和长期以来对他们提供的各种援助，类似这样的口号对于很多中国人而言更显得荒诞和不可理喻。

除了地缘政治、经济和军事上的一些重要诱因之外，不可否认的是，出现这样一种"荒诞"的局面还与我们在对外传播上的相对弱势有关。美国的调查机构"芝加哥全球事务委员会"的研究显示，越南 18—35 岁的年轻人当中有 73% 对美国抱有"强烈好感"，而对中国抱有"强烈好感"的只有 17%。如果我们参照历史事实，这个结果就显得更加"荒诞"和"不可理喻"。中国一直是越南的"传统盟友"，在意识形态和价值观上都有很多相近之处。而美国直到不久前还是对越南犯下战争罪行的"敌国"。"盟友"与"敌国"的地位似乎在一夜之间发生了反转，与这种"反转"有关的则是另一组耐人寻味的统计数字：越南年轻人日常接触到有美国背景的广播电视频道和网站有 24 家，而有中国背景的只有两家。

虽然我们不能说，软实力建设的相对薄弱是引发这种"乾坤倒转"现象出现的直接诱因，但我们不得不承认，无论从内容和渠道来看，越南年轻一代对中国的了解确实有限，以至于对中国缺乏好感。无论在"意见市场"还是在"情感市场"上，中国都处于相对弱势。这种状况在其他属于"西方路灯光影以外的世界"的国家和地区也表现得相当突出。

第二个"短板"是对外传播活动过分强调政府主导和规模效应，忽视了对民间和社区资源的利用。如何实现与国内外的民间社区的充分交流与互动，在目前的国家对外传播工程建设当中都没有得到充分的体现，未能紧紧跟上以社交媒体为代表的"媒体全民化"的发展趋势。

近年来，我们的对外传播"走出去"工程在规模和声势上确实令人瞩目，新华社、《人民日报》等媒体在号称"世界十字路口"的纽约时代广场设立北美总分社，中央电视台在华盛顿的中心街区盖起漂亮的北美中心记者站大楼，这些"面子工程"都令欧美新闻界同行羡慕不已。刚才讲的孔子学院也是"魅力攻势"的典型例子。

这样的大规模扩张一方面反映了我国综合国力的提升和"对外传播走出去"工程实施的有效性，另一方面也激发了一些人的"酸葡萄"心理，这一点在欧美国家表现得尤为突出。前不久，美国国务院以"资质认定"和"签证政策"为由企图"驱逐"孔子学院的中方教师。英国、德国的一些知名中国问题学者以"意识形态输出"为由批评孔子学院的"扩张"，并质疑中国政府采用不合法的"献金"手段"影响"高校的管理者，试图把这场"孔院风波"政治化、全球化。虽然这场风波目前暂时平息，但不能不引发我们对这种由"政府主导"、强调"规模效应"的单一模式进行反思。

显而易见，当前对外传播这种单一模式最大的"短板"就在于其官方属性。尽管央视北美记者站聘请了美国资深新闻人担任顾问，30% 的雇员为当地的专业人员，但这些举措也难以在短时间内改变当地受众心目中"官方媒体缺乏公信力"的刻板印象。虽然少数人挑起"孔院风波"有其政治意图和"酸葡萄"心理的作用，但由"汉办"这样一个官方色彩浓厚的机构而非民间基金会来主导，难免会让他们抓住把柄，大肆渲染。例如，一位西方中国问题专家就在媒体上发文质问："孔子学院的法定代表人是中国政府的官员（国家汉办的负责人），难道这不是把政府搬到了最具独立精神的大学校园？"

除了"官方色彩"较为浓厚，较少利用新兴社交媒体、缺乏与当地社群的互动也是当前我国对外传播的一大"短板"。我们在搞大规模的对外传播"走出去"工程，这在许多西方传媒界同行眼中仍然是"前网络时代"的做法。我们的媒体机构在世界各地圈地、盖楼、布点、雇人，声势浩大，但美国媒体已经开始采用"一个人的国际新闻部"的模式。2011年最引人注目的一位"微博记者"是美国公共广播电台（NPR）的安迪·卡尔文（Andy Carvin），他凭借在"茉莉花革命"中的出色报道赢得了诸多荣誉。他一个人包揽了NPR的大部分国际新闻报道，秘诀在于他充分利用微博与遍布世界各地的"公民记者"和"社区记者"的联系，采用"众包"（crowd-sourcing）的生产机制，发布贴近当地实际、真实反映当地民众诉求的新闻。

虽然"一个人的国际新闻部"还是一种尚在探索和实验的新生事物，但这对于打破目前我国对外传播的单一模式不无借鉴意义。通过社交媒体加强与当地社区与民众的互动，充分利用和整合"公民记者"、民间基金会等"非官方"渠道和资源，逐渐淡化对外传播的官方色彩，提升我国对外传播媒体和机构的公信力和亲和力，应当是我们今后努力的方向。

第三方面的"短板"是当前的对外传播主要采用的是单向传递的"信息模式"，忽视了双向互动的"对话模式"。同样道理，我们的"传媒走出去"工程支持的几乎都是传统媒体，忽视了方兴未艾的新媒体机构。换言之，对外传播的理念没有跟上全球传播三个"拓展"的变化。

总的来看，我们的"魅力攻势"要与"魅力守势"结合，在传播的理念、方式和手段上要顺应全球传播的变局。根据前面讲的三个"拓展"，我认为我国对外传播的重新定向应从以下三个方面展开。

第一是"向东看/向南看"，把对外传播的重点转向关注所谓的"西方路灯光影以外的世界"，即经济相对落后的"东方"和"南方"国家。从短期来看，应当首先关注对我国具有重要战略意义的周边国家和发展中国家。当前更要结合"一带一路"倡议的需要加强对沿线国家进行有针对性的传播。

第二是"向下看"。我们应当把资金和资源从官方主导向"民间力量"倾斜，广泛利用Facebook、Twitter等全球社交媒体平台，采用"众包""众筹"等新闻生产的新型模式，与社区和公众进行有效的互动，让活跃于地方和社区的"草根记者"积极参与新闻生产，提升我国国际新闻传播的公信力和亲和力。诚然，新闻传播"全民化"的趋势并不是要用缺乏新闻专业资质的"草根记者"完全取代媒体机构和专业记者，相反，后者应当着重思索的问题是：如何在确保新闻品质和公信力的前提下，让这些非专业力量更为积极地参与专业媒体机构的新闻生产。这里说的"向下看"同样包括国内的民间机构与社区组织。2012年5月，提出"软实力"概念的美国哈佛大学教授约瑟夫·奈（Joseph Nye）在北大的演讲中提到，现在外国人最想看到的不是展示中国辉煌历史和灿烂文化的大型庆典，而是活生生的当代"公民英雄"。因此，我们应当通过讲好普通中国人的故事来加强对外传播的有效性。我在此列举两个产生较大反响的例子。2011年7月，新华社报道了江西省铅山县女邮递员罗细英十六年如一日服务边远山区百姓的事迹。英国《卫报》驻京记者马尔科姆·穆尔以此为线索，推出了题为"行程已达12.4万英里的超级女邮递员"的报道，被近百家媒体转载。2012年6月，由我国网民拍摄的杭州"最美司机"吴斌在生命最后一刻勇救乘客的视频在世界最大的视频网站Youtube上播出，获得了超过六百万次的点击量，至今仍然是最受全球网民关注的一条来自中国的新闻。

第三是"向纵深看"。尽管近年来中国经济稳步增长，并向"新常态"迈进，习近平总书记提出的"一带一路"倡议和"亚投行"的设立引发了来自东西方各国的密切关注和积极响应。西方媒体和学术界却使用"全球中国化"（chi-globalization）一词来描述中国在全球政治经济版图上的不断拓展及其影响的日渐深入。与此同时，各国媒体及民众对中国的"认知焦虑"却有上升的趋势，各种形式的质疑、疑虑和误读依然层出不穷。究其原因，主要是有关中国的新闻、资讯和评论在专业化和精准化上与外部世界的需求尚有差距，而这一差距在新媒体大行其道的背景下更加凸显。

因此，为了进一步提升中国新闻媒体的竞争力和影响力，我们应当实施"向纵深看"的战略，引入"大数据新闻""可视化新闻"等新的报道形式，深入挖掘和阐明中国政治、经济、社会和文化变革及其对世界所产生的影响，力戒以"中国特色"为名的、浮光掠影的应景式报道，从而有效提升中国媒体在国际舆论场上的话语权和影响力。

整理：萧伟婷　游羽瑄　高媛瑛　昝秀丽

校对：张垒

# 后 记

　　1845年，德国作家罗伯特·普卢兹（Robert Eduard Prutz）出版了《德国新闻史》一书，首次使用了"新闻学"（journalismus）一词，用于区分对"书籍""报纸"和"期刊"所进行的工具性的媒介研究。他强调，新闻学研究不应聚焦于单个记者（journalist）的单个文本，而是应当把"新闻学"视为一种"社会领域"。因此，华裔学者潘忠党教授提出将"journalism"译为"新闻的社会实践"。虽然这个译法并未被汉语学术圈广泛采纳，但它至少提醒我们注意以下事实：新闻学以及后来兴起的大众传播学应当始终把其研究对象置于全球政治、经济、社会与文化的宏大背景之下进行审视与考量。

　　"新闻传播学前沿讲座"是清华大学新闻与传播学院2002年建院后，自2003年秋季学期起按照"素质教育"的理念设计的一门"通识课程"，也体现了在世情、国情、民情的宏观视野下重新认识和发掘新闻传播规律的需求；既是响应习近平总书记关于推动哲学社会科学"时代化中国化大众化"的战略部署，也符合"新闻学"一词在西文传统中的本义和宏旨。

　　经过十多年的努力，这门课程已经成为我院研究生专业课程中的一个颇有影响力的"品牌"。创院院长范敬宜教授为学院制定的办学理念强调"面向主流、培养高手、素质为本，实践为用"，现任院长柳斌杰教授进一步提出把握全球化的发展大势，发展中国特色新闻传播学，为这门课程的总体设计指明了方向。一方面，这门课程是以传授多学科和跨学科的前沿理念和知识为重点；另一方面，这门课又要体现中国崛起和全球政治、社会、文化变局之间的互动关系和前沿走势。要达到这个目标，需要借助清华大学这个具有强大吸引力和辐射力的平台，发挥其多学科和跨学科的优势及其对海内外政界、学界、业界的"聚合"效应，让这门课真正体现理论与实践之间的相互结合，展现历史积淀和前沿变化之间的相互呼应，使之成为清华大学贯彻"古今融汇、中西贯通、学术并重、与时俱进"的教学理念的一个典范。

　　为体现对这门课的重视程度，范院长和柳院长多次亲上讲台，为新闻传播学子们传经送宝。学院历任领导熊澄宇、尹鸿、李彬、崔保国、史安斌等教授先后担任课程的主持人，聘请新闻宣传部门的主管领导、海内外学界业界中的领军人物和骨干精英来担任主讲人。为了充分体现课程的"前沿性"，还邀请了部分具有新锐思想的青年学人走上讲坛。

2006年，时任学院副院长的李彬教授主持编纂了《清华新闻传播学前沿讲座录》，以"中国社会与大众传播"为主题，收录了16篇演讲记录稿。该书出版后赢得了良好的社会反响，形成了"前沿讲座录"的品牌效应。自2008年至今，这门课程一直由李彬和史安斌两位教授共同主持，形成了较为固定的课程架构、脉络和演讲人阵容。2012年出版了《清华新闻传播学前沿讲座录》续编，将主题扩展为"全球传播背景下的中国媒体与社会变局"，篇幅扩大到24篇。2016年呈现在读者面前的第三编如期问世，以柳院长确立的"发展中国特色新闻传播学"为主题，循例从2012—2015年积累的演讲记录稿中精选27篇以飨读者。目前正在着手编辑的第四编仍然沿袭第三编的主题，收录了2016—2020年的演讲记录稿30篇。

2022年"清新"迎来了建院20周年，在课程主持人之一李彬教授的倡议下，编者从2001—2021年的演讲稿中精选了17篇构成本书，也算是对15年来课程成果的总结和展示，并为建院20周年献上一份薄礼。开篇选用的是李彬教授所做的题为《重思中国传播学》的演讲。他紧扣"学术""前沿"两个主题，旁征博引，整理和耙梳出当代中外文化政治冲突与融合的芜杂脉络，提出了"文化自觉"这一值得中国知识界和文化界——特别是新闻传播学界和业界——做出深入思考和有力回应的紧迫课题。这篇演讲经过作者本人数易其稿，反复修订，既点破了本书的题旨，也切中了时代脉搏，堪称本书代前言的"不二之选"。本书的"终篇"是本课程另一位主持人史安斌教授题为《全球传播的新视阈与中国对外传播的重新定向》的演讲，以近年来西方新闻传播理论的演进、全球传播变局和我国全面实施的"传媒走出去"工程为切入点，对范院长、柳院长和李彬教授从不同角度提出的新闻传播学的本土化时代化问题做了进一步的阐发和开掘。

其余15讲按照演讲者所聚焦的主题分为"新闻与责任""传播与社会""历史与现实""中国与世界"四个部分。这种划分是为了编辑和阅读上的便利，这些主题和相对应的演讲稿之间是彼此呼应和相互交融的。由于演讲者的知识、学术背景和话语体系具有鲜明的多样性，读者在仔细品味每一位演讲者的精彩言论的同时，也不妨将他们对同一问题的回应加以对照。例如，对于"新闻传播学的时代化中国化大众化"这个命题，我们可以在本书中找到来自不同话语体系的回应：马克思主义、官方主旋律、传统国学、革命历史、民族主义、自由主义、专业主义、文化相对主义、技术决定论、功能主义、管理主义、后殖民主义等等。相信这样的对照阅读会激发读者的深入思考，以期准确把握这些"前沿讲座"的弦外之音。

本书收录的演讲稿的记录和整理工作由2003—2020年间本院选修此课程的700余名硕士生和博士生共同完成，由先后担任本课程助教的硕士生杨芳、乔申颖，博士生李宏刚、郭云强、张垒、刘滢、赵涵漠、廖鲽尔、盛阳、王沛楠、张耀钟、丁远哲等分头组织协调和校对，由张耀钟进行统稿，最后再由主编对全书进行校读和定稿。其中部分记录稿经过了演讲者本人的审定，还有不少记录稿未经本人审定，但也由演讲者授权主编进行了文字上的处理。记录稿中出现的错误和疏漏概由主编负责，恳请方家不吝指正。

2022年12月于清华园